JN441198

주식투자, 돈 버는 사람은 따로 있다!

당신만 몰랐던, 상위 1% 투자전문가들의 비밀을 밝히다!

주식투자 교과서 따라하기

초판 1쇄 발행 2026년 3월 2일

지은이 주식닥터(김승회)
펴낸이 장길수
펴낸곳 지식과감성#
출판등록 제2012-000081호

주소 서울시 금천구 벚꽃로298 대륭포스트타워6차 1212호
전화 070-4651-3730~4
팩스 070-4325-7006
이메일 ksbookup@naver.com
홈페이지 www.knsbookup.com

ISBN 979-11-392-3105-2(03320)
값 22,500원

• 이 책의 본문은 G마켓 산스, 넥슨Lv1고딕, 나눔 고딕 글꼴이 적용되어 있습니다.
• 잘못된 책은 구입하신 곳에서 바꾸어 드립니다.

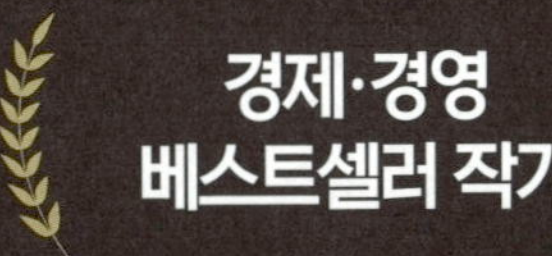

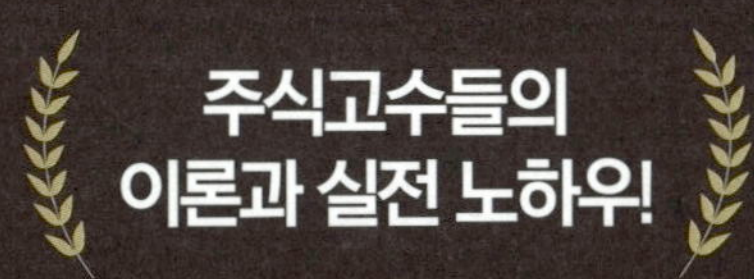

주식투자 교과서 따라하기

주식닥터(김승회) 지음

주식투자, 돈 버는 사람은 따로 있다!

당신만 몰랐던, 상위 1%
투자전문가들의 비밀을 밝히다!

지식과감성#

주식닥터의 한마디!

주식투자,
실패 없는 성공은 없습니다!

안녕하십니까, 주식닥터입니다. 벌써 4번째 집필입니다. 큰 사랑을 보내 주신 주신 독자 여러분들 덕분이라 생각하고 있습니다.

군 생활 시절 어떻게 하면 돈을 많이 벌 수 있을까 매일매일 고민했습니다. 변호사와 같은 전문 직종에 종사해야 하나, 아니면 증권사에 취직하여 증권맨이 될까? 그것도 아니라면 장사를 해야 하나, 그리고 찾았던 방법이 창업이나 증권사 취직보다 시간과 비용이 적어 바로 시작할 수 있는 주식투자였습니다. 저의 첫 주식투자는 50만원으로 시작했습니다.

20대 초반 저 역시도 주식 초심자였습니다. 매수, 매도라는 단어조차 생소할 정도로 주식에 대한 지식이 없었지만 무작정 시작해 아무 종목이나 매수, 매도했던 기억이 납니다. 무작정 많은 돈을 벌고자 하는 욕심만 있었을 뿐 아무런 공부도 정보도 없이 종목을 매매했고 누구나 예상할 수 있듯이 준비 없는 투자는 저에게 무참히 패배의 쓴맛을 안겨 줬습니다.

하지만 투자는 개인의 선택이기에 실패의 결과는 오로지 저의 몫이었습니다. '왜 내 투자가 성공하지 못할까?'라는 고민을 하다가 이래서는 안 되겠다 싶어 책도 사서 읽고, 강의도 들으면서 공부를 했습니다.

그러면서 평소에 눈여겨보지도 않았던 차트에 양봉과 장대양봉의 의미가 다르다는 것부터 알기 시작해서 차근차근 배워 나간 것을 적용시키다 보니 자연스럽게 200만원까지 투자금이 늘어났습니다.

그러나 책이나 강의에서 듣던 매매타점이라는 것은 아무리 공부해도 너무 어렵게 느껴졌습니다. 특히 보조 지표나 이동평균선 매매 방법은 겉으로는 그럴싸하지만 막상 도입해 보면 잘 맞지 않고, 확률적 움직임이라는 걸 깨닫게 됐습니다.

수익과 손실의 공방 속에서 자연스레 물리는 종목이 하나둘씩 늘어나기 시작하더니, 점차 제가 백화점 부럽지 않게, 다양한 종목을 보유하게 됐습니다. 투자금이 늘어갈수록 리스크는 커졌고 수익의 맛을 잊지 못했는데 손실만 보다 보니 주식을 아예 놔 버리기도 했습니다.

그리고는 몇 달 후에 종목이 어떻게 되었나 하고 슬그머니 확인을 해 봤는데 신기하게도 가망이 없다고 생각했던 종목이 2배 이상 올라 있었고 -30% 이상 손실 중인 종목도 있었습니다.

그걸 보고 주식은 -100% 손실이 되는 경우는 없으니 결과적으로 2배 이상 수익이 나는 종목을 다른 종목에 비해 비중을 많이 갖게 되면 손실 볼 일은 없다는 것을 느꼈습니다. 다양한 서적으로 재무제표, 차트 보는 방법, 재무제표 분석 등을 익히고 주식투자를 바라보는 시각이 달라지는 것이 느껴졌습니다.

주식은 누군가에겐 낮은 금리로 은행에 저축하는 것보다 높은 수익률을 안겨 주는 유용한 재테크 수단이 될 수 있지만 누군가에겐 평생 원망 또는 애증의 대상이 될 수도 있습니다. 주식투자는 원금이 보존되지 않는 투자이기 때문에 본전에 집착하거나 지나친 욕심을 부리다가는 더 큰 손해를 낳을 수 있는 투자입니다.

더 위험한 것은 '카더라'를 통해 자신이 매수한 주식이 반드시 오를 것이라고 맹신하며 애증의 관계로 '존버'하고 있는 것입니다. 투자 중에 적극적으로 정보를 수집하여 투자자가 변화를 만들어 내는 것이 필요한 재테크가 주식투자입니다. 제대로 된 준비 없이 매수하면 나쁜 결과가 뒤따라올 것이라는 것은 누구나 다 알 수 있는 상식입니다.

제가 말씀드리고 싶은 건 한 번 실패했다고 두 번 실패하라는 법은 없다는 것입니다. 위기 극복에는 충분한 시간이 필요하고 이를 기꺼이 받아들일 마음의 준비가 되어 있다면 여러분도 주식투자에 성공할 수 있습니다.

2020년 3월 코로나19가 전 세계를 강타하면서 경제도 큰 타격을 받았습니다. 하지만 한국 투자 시장은 새로운 트렌드를 만들어 냈습니다. 과거 도박으로 치부되던 시선에서 벗어나 이제는 건전한 재테크이자 노후대비를 위한 필수적인 수단이라는 인식이 커졌습니다.

이 시기에 주식시장을 뜨겁게 만든 자금은 대부분 주식 초심자 즉 주린이들의 자금입니다. 개인투자자들의 공매도 참여도 허용됐습니다. 주식과 거리가 멀었던 20, 30세도 주식시장에 뛰어들고, 영혼까지 끌어모아 투자한다는 뜻의 '영끌', 빚내서 투자한다는 뜻의 '빚투'라는 신조어가 생겨났습니다.

이처럼 주식시장은 계속해서 변화하고 있습니다. 20대의 저처럼 주식에 대한 경험이 부족하신 분들이나 경험이 있어도 기본지식이 부족하신 분들 나아가 주식 공부를 계속해서 진행 중이신 투자자분들 모두가 볼 수 있도록 내용을 구성하였습니다.

주식투자로 성공할 수도 있고, 실패할 수도 있지만 결국 시장에서 최후까지 살아남는 사람은 장기적 계획하에 상식적인 투자원칙을 따르는 사람입니다.

주식투자에 꼭 엄청난 기술이 필요할 것은 아닙니다. 가장 기초적인 지식부터 하나씩 쌓아 나아가면 누구나 할 수 있습니다.

여러분 포기하지 마십시오! 저는 수년에 걸쳐 쌓은 상위 1% 투자전문가들의 비밀을 여러분들은 책 한 권으로 쉽게 얻어 가시길 바랍니다.

CONTENTS

1장

친구 따라가다 폭삭 망하고 싶지 않다면

자본주의라는 시스템 속에 살고 있는 우리는 누구나 돈을 벌고 그 돈으로 삶을 영위해 나갑니다. 이렇게 중요하고 소중한 돈을 잘 지키고 불려 나가기 위해 자연스레 우리는 투자와 경제에 관심을 기울입니다. 하지만 관심에서 실제 투자로 이어지는 과정에서 우리는 잠시 주춤하게 됩니다.

주식투자를 하기로 마음을 먹었다면 주식에 대한 기본적인 이해는 필수입니다. 기초가 튼튼해야 더 멀리 갈 수 있습니다. 투자의 기본성질과 투자 전 필수로 생각해 보고 가야 하는 포인트 세 가지를 알려 드리겠습니다.

주식에 대한 시선이 많이 바뀌었다 해도 은행 예금이나 부동산보다는 친숙하지 않은 것이 사실입니다. 과연 투자라는 것이 위험하기만 한 것일까요? 우리에게 있어 안전한 투자란 무엇인지 이야기를 풀어가고자 합니다.

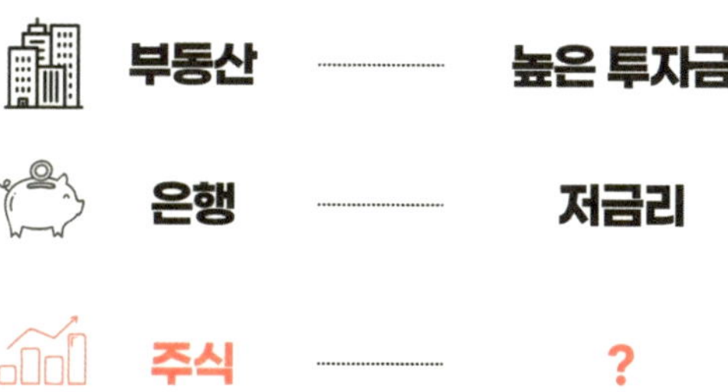

첫째, 주식투자에 대한 시선을 바꿔라!

생각해 보면 우리의 삶은 경제 활동을 시작하기 훨씬 이전부터 시작됩니다.

여러분이 대학진학을 앞둔 수험생이라고 생각해 봅시다. 여러분은 벌써 여러 가지 선택의 기로에 놓여 있습니다. 어떤 전공을 선택하고, 어떤 대학을 다닐지 입학해서 어떤 사람을 만나 나의 시간과 에너지를 쏟을지 졸업 후엔 어떤 직업에 종사할 것인지.

우리가 살아가는 한 삶은 "한정적인 시간과 에너지 그리고 자금 내에서 최적이라고 생각되는 결정의 연속"입니다. 이는 다른 말로 "투자"라고 할 수 있습니다.

류현진 선수가 어린 시절 보인 재능에 부모님이 투자해 주지 않았다면 지금은 어떤 삶을 살고 있을까요? 손흥민 선수가 동네 조기축구회에서 그치지 않고 프리미어리그에서 세계적인 선수로 인정받을 수 있었던 것은 그들의 생각과 꿈 그리고 선택지가 국내에 머무르지 않고 다양한 가능성과 선택지를 염두에 두고 시간이나 재화를 투자하여 커리어를 쌓아 왔기 때문입니다.

이미지: Freepik.com

주식과 같은 투자대상은 그 자체가 위험한 것이 아니라 이를 잘못된 방법으로 투자하는 것이 위험한 것이란 말이죠. 같은 주식시장에서 한정된 종목들로 투자하는데, 왜 누구는 돈을 벌고 누구는 손실을 보는지 이제 아시겠습니까? 주식투자가 무조건 정답이라는 이야기를 하는 것은 아닙니다. 내가 있는 곳이 항상 안전한 곳은 아니며 내가 아는 세상이 전부라는 생각을 깨 주시라는 이야기입니다. 이것이 이해되었을 때 비로소 주식이라는 것을 적절한 투자수단으로 활용할 수 있습니다.

이것이 바로 제가 누누이 강조하는 경제와 투자의 본질을 공부하고 가야 하는 이유입니다.

'몰라서 투자하지 못한다'라는 말은 어찌 보면 '핑계'입니다. 강의 중에도 제가 알려 드린 노하우들을 잘 흡수해서 자기 것으로 만들어 가시는 분들이 있는 반면, 계속해서 머물러 계시는 분들이 있습니다.

한 가지 예를 들어 보겠습니다. '1+1=2'라는 공식 모르시는 분 계십니까? 이 세상에는 모든 것을 알고 태어난 사람은 없습니다. 우리가 지금 알고 있는 모든 것이 나 자신의 관심과 노력으로 알게 된 것임을 명심하고 따라와 주시길 바랍니다.

둘째, 투자 전 원칙을 세우자

초보 투자자가 성공적인 투자자가 되기 위해서는 일확천금보다는 작더라도 꾸준하고 확실하게 투자수익을 얻으려고 노력해야 합니다. 쉽게 말해 토끼보다는 거북이가 바람직하다는 이야기입니다.

주식시장은 엄청난 금액이 실시간으로 오고 가지만 되돌아서면 아무것도 없을 수 있습니다. 투자를 막 시작하신 분들에게는 무섭게 들릴 수도 있지만, 이 말은 자신의 투자원칙을 바르게 세우고 가는 투자자가 성공할 수 있는 무대라는 뜻입니다. 투자는 학벌보다는 투자자의 관점 즉 투자관이 훨씬 더 중요합니다.

투자의 원칙은 싱거울 정도로 단순합니다. 첫 번째는 기업의 가치를 따져 보는 것이고 두 번째는 손해를 보지 않는 것입니다. 이렇게 단순한 원칙이지만 가장 어려운 원칙이기도 합니다. 이 두 가지 원칙에 대해서는 천천히 알려 드리도록 하겠습니다.

어떤 분야이든지 꾸준히 노력하다 보면 노하우와 길이 보이게 됩니다. 모두가 투자의 귀재가 될 필요는 없지만 원칙을 지켜야만 모두가 무사히 귀환할 수 있습니다.

셋째, 주식을 꼭 해야만 하는 이유를 깨닫자

월급만으로는 막대한 부를 형성하기 힘들다는 현실에 동의한다면 투자를 해야 합니다.

투자는 객관적으로 시장을 분석한 후에 시작하는 것입니다. 성공적인 투자에 있어 단기간의 대박이라는 것은 없습니다. 장기적인 계획이 없이 자신이 투자하는 대상에 대한 분석 없이 따라가다 보면 도박장의 겜블러와 다를 것이 없어집니다.

유명소설인 『톰 소여의 모험』의 저자인 마크 트웨인도 주식투자에 실패하고 남긴 말이 있습니다.

"10월은 주식투자하기 가장 위험한 달 가운데 하나다. 그리고 나머지 위험한 달들은 7월, 1월, 9월, 4월, 11월, 5월, 3월, 6월, 12월, 8월, 2월이다."

한마디로 주식투자에는 1년 내내 항상 위험이 따른다는 말입니다. 이처럼 실패라는 위험이 항상 도사리고 있는 주식시장에서 요행을 바라고 투자하는 것은 투자가 아닌 도박을 하는 것입니다. 주식투자를 하기 위해서는 항상 신중한 태도로 임할 필요가 있습니다.

시작 전에 다시금 목표점을 확실히 잡아 보고 이미 투자를 하고 있더라도 다시금 점검해 보고 넘어가는 것이 좋습니다.

주식 투자를 하는 이유

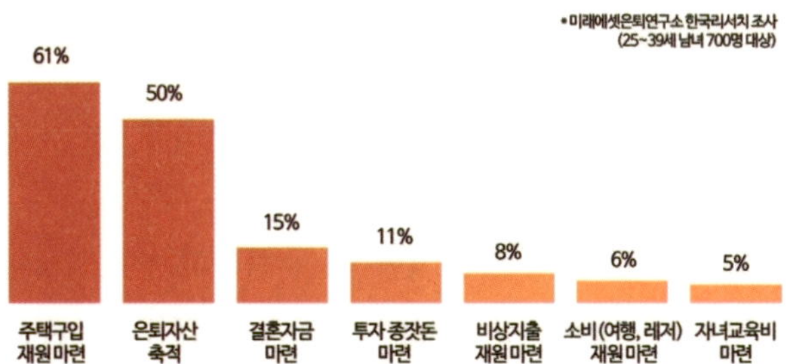

출처: 미래에셋은퇴연구소 한국리서치 조사

1. 거래시간

우리나라 주식거래 시간은 오전 9시부터 오후 3시 30분까지입니다. 주말과 공휴일을 제외한 평일에 장이 열리고 증시 개장일인 1월 2일은 오전 10시부터 오후 3시 30분까지 열립니다.

정규장은 이해하기 쉬우나 장이 열리기 전 장전 거래시간과 정규장 마감 후 시간외 거래 등이 초보자분들에겐 어려울 수 있습니다.

오전 9시 정규장이 열리기 전 8시 30분부터 9시까지 그리고 정규장 마감 전 10분 동안에는 '단일가 매매(동시호가)'로 거래가 이루어집니다. 동시호가는 일정 시간 동안 나온 주문을 한꺼번에 모아서 적절한 가격으로 동시에 체결시키는 것입니다.

8시 40분부터 9시 전까지 20분 동안은 거래 주문을 넣을 수는 있지만 체결은 되지 않습니다. 이때 넣은 주문은 9시가 되어야 체결이 됩니다. 이때는 호가만 접수하는데 장전에 주식 가격이 호가창에서 움직이는 것이 이것 때문입니다. 주문을 쌓아 놓고 실제 체결은 9시가 되어야 완료됩니다. 당일 **시가**는 이렇게 쌓여진 주문의 평균 가격으로 정해집니다.

국내 증시일정 및 거래시간

정규시간		09:00 ~ 15:30 (1월 2일 10:00 ~ 15:30)
동시호가	장 시작 동시호가	08:00 ~ 09:00
	장 마감 동시호가	15:20 ~ 15:30
시간외 종가	장전 시간외 종가	07:30 ~ 08:30
	장후 시간외 종가	15:40 ~ 16:00
시간외 단일가		16:00 ~ 18:00 (10분 단위로 체결, 당일 종가대비 ±10% 가격으로 거래)

정규장이 마감되고 오후 3시 40분부터 4시까지는 당일 **종가**로 매매를 할 수 있습니다. 당일 종가는 정규장 마감시간인 오후 3시 30분의 가격입니다. A종목이 오후 3시 30분에 1만원을 찍고 정규장이 마감됐으면 오후 3시 40분부터 4시까지는 A종목을 1만원에 사고팔 수 있는 겁니다. 이때 매도하는 사람이 없다면 매수도 할 수 없습니다.

다음 그림의 왼쪽이 매도 잔량입니다. 팔려고 내놓은 매물이 있다는 뜻으로 매도 잔량이 쌓여 있어야 매수를 할 수 있습니다. 이 그림의 오른쪽이 매수 잔량입니다. 마찬가지로 매수할 사람이 있다는 뜻으로 매수 잔량이 쌓여 있어야만 매도를 할 수 있습니다.

호가창 – 시간외 매매 잔량

293490	신	20% 카카오게임즈	72,500	
직전	매도	18:00:10	매수	직전
	654	73,000	▲ 100	0.14%
	62	72,900	12,196	75.09%
	60	72,800	– 79,600	65,200
	226	72,700	예 0	0
	321	72,600		0%
72,400	시가	72,500	947	
72,600	고가	72,400	3,624	
72,400	저가	72,300	2,173	
189원	거래비용	72,200	65	
KOSDAQ150		72,100	7	
	25,520	정규시장	64,715	
		시간외	19,899	

출처: 키움증권 코스콤

오후 4시부터 6시까지는 10분 단위로 거래가 체결되는 '시간외 단일가 매매'가 진행됩니다. 당일 주식 상한가에서 하한가 범위 내에서 당일 종가의 ±10%를 적용받아서 거래할 수 있습니다. 보통 장 마감 후 호재나 악재 공시가 뜨면 이러한 시간외 거래에서 주가변동성이 강해지기도 합니다. 시간외 단일가 매매 시간에 주가가 상승할 때 다음 날 '**갭상승**', 하락하면 다음 날 '**갭하락**' 출발할 가능성이 큽니다. 단 일정 거래량이 동반되어야 합니다.

시가: 당일의 처음 거래된 가격

종가: 당일의 마지막으로 거래된 가격

갭상승: 전날의 고가보다 더 높은 가격으로 형성된 시가

갭하락: 전날의 저가보다 더 낮은 가격으로 형성된 시가

2. 호가창

투자자들은 **호가창**을 통해 현재 거래되고 있는 가격을 알아보고 매수세와 매도세가 어느 정도 수준인지 분석해서 매매를 할 수 있습니다.

호가창

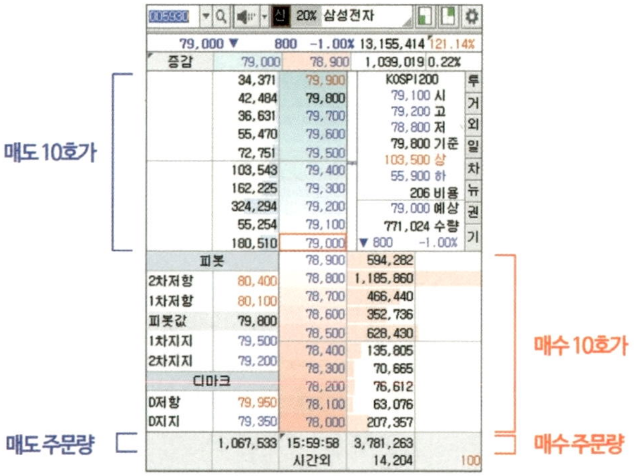

매도 10호가

매수 10호가

매도주문량

매수주문량

출처: 키움증권 코스콤

호가창을 보게 되면 숫자들의 중앙에서 네모 박스가 위아래로 변동이 되는 걸 볼 수 있습니다. 네모 박스는 실시간으로 체결되고 있는 가격을 지정해서 보여 주는 표시입니다. 현재 박스가 7만 9천원에 있으면 이 가격으로 거래가 이루어졌다는 뜻입니다. 체결된 양은 왼쪽 하단에 표시되고 5주가 방금 전에 막 체결이 되었다는 것을 알 수 있습니다.

호가창 하단에서는 가격을 배제한 모든 매도 주문과 매수 주문의 양을 알 수 있습니다.

체결강도=매수 주문 체결량÷매도 주문 체결량×100

체결강도는 단기 트레이딩 시 참고할 수 있는 매도세와 매수세의 우위를 확인할 수 있는 중요한 지표입니다. 실제적인 수급을 따지기 위해서는 진짜 체결이 이루어졌는지를 알아보기 위해서 체결강도를 따져보는 것이 좋습니다. 체결강도가 높으면 매수세가 강하고, 체결강도가 낮으면 매도세가 강하다는 의미입니다.

100%는 현재 가격에서 추세가 정체되었다는 뜻입니다. 대부분 걸려 있는 주문량을 보고 수급을 파악하는데 세력이 허매수, 허매도 주문을 걸어 놓고 다른 투자자들에게 심리적인 혼동을 주는 경우가 많기 때문에 실체결을 바탕으로 수급을 파악하는 것이 중요합니다.

매도량이 월등히 많음에도 불구하고 견조한 상승세를 보이는 경우 일정 순간 매도량이 없어지고 매수량이 늘어나며 급상승세를 보이는 경우가 많습니다.

주가를 어느 정도 반짝 올렸다가 누르기를 통해 단타성 물량과 나중에 나올 매물을 미리 나오게 한 이후에 더 이상 매도물량이 나오지 않는 시점에 이르면 주가를 끌어올리는 것입니다.

세력의 급등 전 움직임

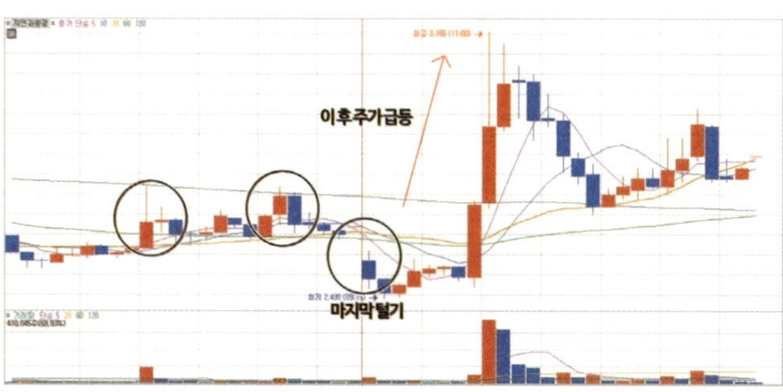

출처: 키움증권 코스콤

호가창은 매수, 매도 각 10호가씩 총 20호가를 확인해 보는 것이 좋습니다. 숨겨진 주문들을 한눈에 파악할 수 있고 앞으로 주가의 방향을 예상해 볼 수 있기 때문입니다. 매도 잔량이 적고 상승추세라면 몇 **호가**까지 상승할지 대략 예측해 볼 수 있습니다.

호가창 비교

증감	매도	15:59:57	매수	증감
	362,028	77,500	▲ 400	+0.52%
	267,345	77,400		12,829,128
	235,270	77,300	거래비용	201
	96,971	77,200	99,500	53,700
	49,278	77,100	KOSPI200	
77,400	시	77,000	37,341	
77,400	고	76,900	28,506	
76,400	저	76,800	43,167	
77,000	예상	76,700	42,597	
829,169	수량	76,600	39,795	
	2,223,615	총잔량	528,662	
		시간외	34,080	3

[매수, 매도 각 5호가로 확인했을 때]

매도	15:59:57		매수	KOSPI200
49,278	77,100	77,000	37,341	▲ 400
96,971	77,200	76,900	28,506	+0.52%
235,270	77,300	76,800	43,167	거래량
267,345	77,400	76,700	42,597	12,829,128
362,028	77,500	76,600	39,795	70.62%
192,276	77,600	76,500	50,802	상/하
223,603	77,700	76,400	51,284	99,500
180,083	77,800	76,300	44,122	53,700
199,528	77,900	76,200	151,622	시/고/저
417,233	78,000	76,100	39,426	77,400
223,615	총잔량		528,662	77,400
	시간외잔량		34,080	76,400

[매수, 매도 각 10호가로 확인했을 때]

출처: 키움증권 코스콤

허매도가 쌓여 있음에도 매수를 고려할 수 있는 경우도 있습니다. 대개 매도물량이 대량으로 쌓여 있으면 매수를 주저하게 되고 그로 인해 종목의 상승탄력이 둔화되기 마련입니다.

하지만 다른 흐름을 보이는 경우도 꽤 있는데 그중 매수를 고려할 수 있는 경우는 바로 허매도가 대량으로 쌓여 있고 매수세가 현저히 적음에도 불구하고 호가를 무시하고 매수하는 세력이 있는 경우입니다.

이때에는 매도 총잔량이 매수 총잔량의 300% 이상이어야 하며 3분봉 거래량이 30만주 이상이어야 합니다.

호가: 팔거나 사려는 물건의 값을 부르는 것
호가창: 주식을 매매하려고 넣은 주문의 가격을 표시한 창

3. 차트

주식차트를 보면 기본적으로 일봉, 주봉, 월봉, 분봉, 초봉, 틱봉으로 구성되어 있습니다. 일봉은 하나의 캔들이 하루 동안의 주가 흐름을 나타냅니다. 하루 동안 주가가 하락세를 보였으면 하락을 나타내는 음봉, 파란색 봉이 표시될 것이고, 상승세를 보였다면 상승을 나타내는 양봉, 빨간색 봉이 표시될 겁니다. 봉은 캔들이라고 말하며 캔들은 시가, 고가, 저가, 종가를 표시하고 막대 모양으로 그려집니다.

차트에는 주가이동평균선도 표시됩니다. 이평선이라고도 부르는 이 선은 특정 기간 동안의 주가 평균치를 연결한 선입니다. 주가의 흐름을 판단하는 지표로 사용합니다. 보통 5일, 10일, 20일선을 단기 이평선이라고 부릅니다. 60일, 120일선을 중기 이평선이라고 부릅니다. 이 이상은 장기 이평선이라고 부릅니다.

주가이동평균선

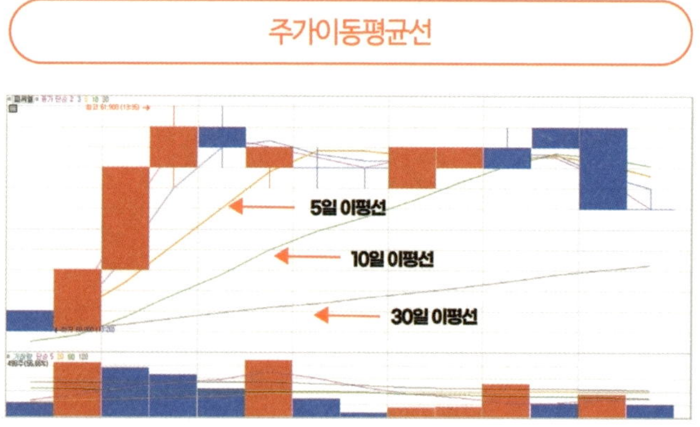

출처: 키움증권 코스콤

주식 차트를 보면 봉이나 이평선 말고도 해당 주식의 **거래량**을 확인할 수 있습니다. 거래량을 나타내는 기둥의 높낮이와 색상으로 파악이 가능합니다. 막대의 길이는 그날의 거래량을 나타내고 빨간색은 전과 비교해 거래량이 상승했다는 뜻입니다. 반대로 파란색은 전과 비교해 거래량이 감소했다는 뜻입니다.

주가와 거래량

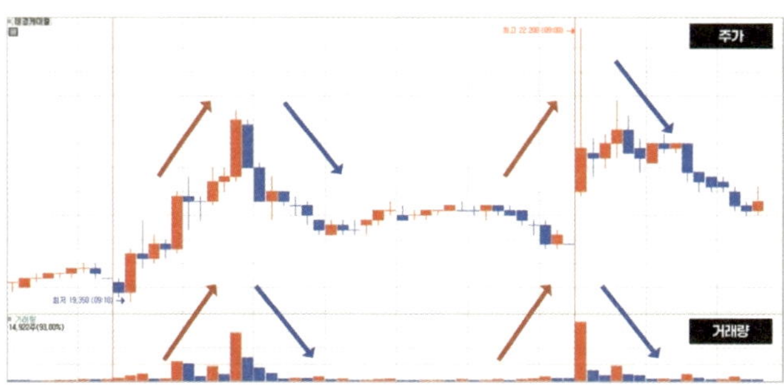

출처: 키움증권 코스콤

거래량: 주식이 거래된 양

주식닥터의 필수 개념 정리

1. 양봉과 음봉

초보자가 처음 주식차트를 접하면 어떻게 봐야 하는지 매우 어렵고 복잡하게만 느껴집니다. 주식차트는 주식의 변동성에 관한 모든 정보를 담고 있기 때문에 투자자는 차트를 읽고 해석할 줄 알아야 합니다. 차트의 가장 기초는 봉(캔들)이라 부르는 양봉과 음봉입니다.

빨간색은 주가의 상승을 의미하며 양봉이라고 부릅니다. 파란색은 주가의 하락을 의미하며 음봉이라고 부릅니다. 예를 들어 삼성전자의 주가의 **시초가**가 8만원이었는데 종가가 7만 8천원에 끝이 났다면 음봉이고 8만 1천원에 끝이 났다면 양봉이 됩니다.

주가는 항상 등락을 반복합니다. 양봉은 매도보다 매수하려는 사람이 많고 음봉은 매수보다 매도하는 사람이 많다고 해석하시면 됩니다. 봉의 길이가 길 때 장대양봉, 장대음봉이라고 합니다. 봉 위아래로 길게 나와 있는 꼬리는 고가와 저가를 의미합니다. A종목의 시초가가 3천원, 종가가 4천원, 저가가 2천원 고가가 5천원이면 다음과 같은 봉의 모양이 생성됩니다.

양봉과 음봉

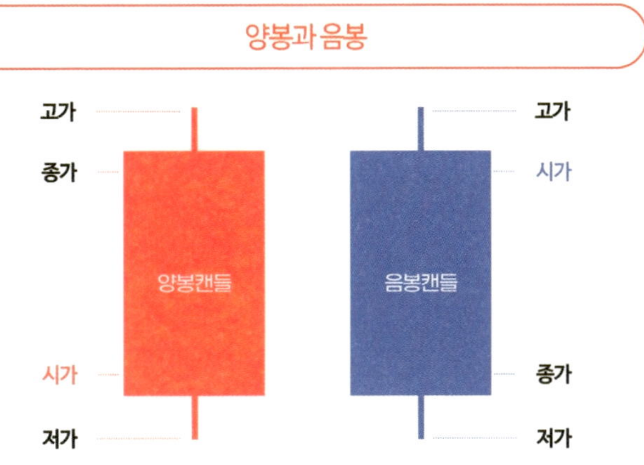

몸통에서는 시가와 저가의 시세 차이를 보면 되고, 꼬리는 저가와 고가의 시세 차이를 보면 됩니다. 시가와 종가의 시세 차이가 커 하락세의 몸통이 긴 봉이 보인다면 해당 기업의 **악재**나 안 좋은 이슈가 있었던 건 아닌지 유추해 봐야 합니다.

양봉, 음봉 모두 위 꼬리가 긴 봉은 주가가 한 번의 큰 상승을 보인 뒤 하락이 나와 만들어진 것입니다. 따라서 단기적인 주가 하락의 신호로 볼 수 있습니다. 반대로 아래 꼬리가 긴 봉은 당일 저점 대비 종가가 크게 상승했다는 의미로 단기적인 주가상승의 신호로 볼 수 있습니다. 이처럼 투자의 심리에 의해 주가 움직임에 따라 꼬리가 달라지기 때문에 간단하지만, 꼭 확인해야 하는 중요한 분석입니다.

시초가: 시가와 같은 의미
악재: 주가가 하락할 수 있는 조건, 이슈

캔들의 모양과 주가의 변화

출처: 키움증권 코스콤

2. 이동평균선

봉차트와 마찬가지로 주식차트의 기본적인 분석 기술 도구 중의 하나가 이동평균선입니다.

이동평균선은 HTS나 MTS에서 확인할 수 있습니다. 이동평균선은 주가의 평균값을 나타냅니다. 예를 들어 5거래일 동안 A종목의 종가가 1천원, 1천500원, 2천원, 2천500원, 3천원으로 형성됐다면 5일 이동평균선의 값은 2천원이 됩니다. 차트의 **주가변동**에 따라 형성된 봉들의 종가 가격의 평균을 선으로 이은 것이 이동평균선입니다.

주가는 회귀 속성이 있어 이동평균선에서 멀어지면 다시 돌아오려는 모습을 보입니다. 따라서 이동평균선으로 우리는 주가의 진행 방향과

대략적인 상승, 하락을 예측할 수 있습니다. 보통 이동평균선은 5일, 20일, 60일, 120일을 활용합니다. 이동평균선이 상승하는 모습을 보이고 이동평균선 위에 주가가 있으면 상승추세라고 볼 수 있습니다. 반대의 경우는 하락추세의 신호로 볼 수 있습니다.

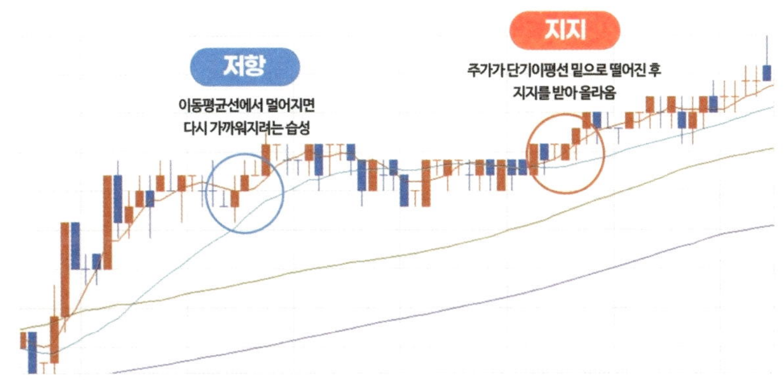

출처: 키움증권 코스콤

현재 주가가 5일 이동평균선 위에 있고 밑으로 20일, 60일, 120일의 순서로 위치하는 것을 '정배열'이라고 합니다. 정배열은 주가가 지속적으로 상승했거나 추세가 완전히 전환됐을 때 주로 보입니다. 때문에 정배열 상태에서는 앞으로의 주가 흐름이 상승세로 이어질 가능성이 높다고 보시면 됩니다. 반대로 역배열은 주가와 이동평균선이 지속적으로 하락했을 때 주로 보입니다. 때문에 역배열 상태에서는 앞으로의 주가 흐름이 하락추세로 이어질 가능성이 매우 높습니다. 이러한 역배열이 나타나는 종목에 잘못 투자하면 막대한 손실을 볼 확률이 높습니다.

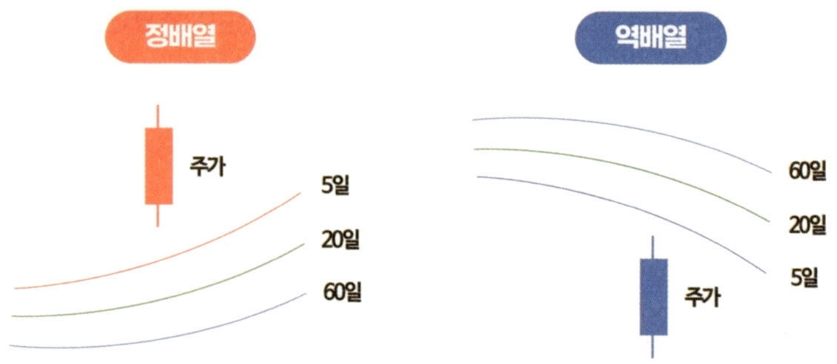

이동평균선으로 알 수 있는 매매지표에는 골든크로스와 데드크로스가 있습니다. 골든크로스와 데드크로스는 이동평균선이 교차하는 지점을 말합니다. 단기 이평선이 장기 이평선과 교차하여 상승하는 것을 골든크로스라고 합니다. 골든크로스는 주가의 추세가 상승추세로 전환됐다는 신호입니다. 반대로 데드크로스는 단기 이평선이 장기 이평선과 교차하여 하락하는 상황을 말합니다. 데드크로스는 주가의 추세가 하락추세로 전환됐다는 신호입니다. 이렇듯 이동평균선을 이용하여 매매판단의 보조지표로 활용할 수 있습니다.

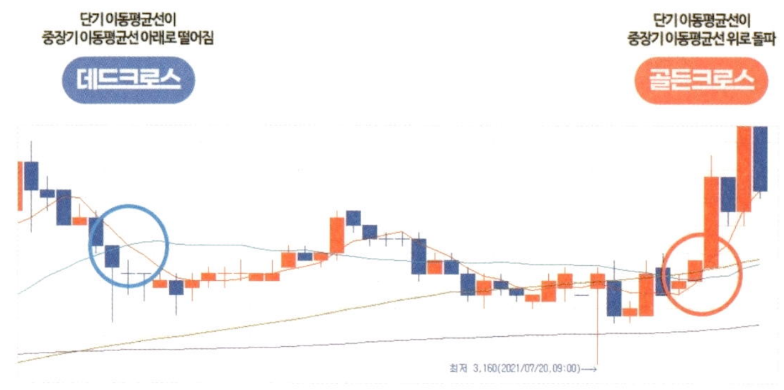

출처: 키움증권 코스콤

HTS: 컴퓨터용 주식 매매 프로그램

MTS: 모바일용 주식 매매 프로그램

주가변동: 특정 기간 동안 주가가 상승 또는 하락한 정도

3. 매매체결의 원칙

증권거래소에서는 공정하고 합리적인 가격 결정을 위하여 매매체결을 시킬 때 몇 가지 원칙을 세워 두고 있습니다.

1) 가격 우선의 원칙

가격이 유리한 주문을 우선적으로 체결시키는 원칙을 말합니다. 다음 상황에 대입해서 생각해 보시면 이해하기 쉽습니다. 여러분이 쇼핑을 한다고 가정해 봅시다.

여러분은 당장 사고 싶은 마음에 드는 옷을 발견했습니다. 여러분이 보기에는 1만원 정도면 충분할 것 같지만 시중에 1만원에 판매하고 있는 곳이 없다면 1만 2천원에 판매하고 있는 그 가게에서 구매해야겠죠.

구매자의 입장인 여러분은 10원이라도 저렴한 가격에 사고 싶어 하겠지만 10원 더 저렴하게 판매하고 있는 사람이 없다면 여러분은 당장 그 가격에 옷을 살 수 없는 겁니다.

주식시장에도 구매(매수)하려는 투자자와 판매(매도)하려는 투자자가 있습니다. 여러분이 A라는 종목을 1만원에 매수하려고 합니다. 하지만 그 가격대에 매도하는 투자자가 없다면 체결이 되지 않습니다. 반대로 1만원에 매도하려고 했더라도 그 가격에 매수를 원하는 투자자가 없다면 체결이 되지 않습니다.

이처럼 주식시장에서는 매도가(판매)가 '낮을수록' 매수가(구입가)는 '높을수록' 우선 체결되는 것을 가격 우선의 원칙이라고 부릅니다.

2) 시간 우선의 원칙

같은 가격의 주문이라도 1초라도 먼저 주문을 낸 사람의 것을 우선적으로 체결시키는 것을 의미합니다.

선물/옵션거래 같은 경우 시간이 중요하기 때문에 전산시스템이 잘 되어 있는 증권회사를 이용하는 것이 좋습니다.

선물: 상품이나 금융자산을 미리 결정된 가격으로 미래에 인도, 인수할 것을 약속하는 거래

옵션: 상품이나 유가증권 등의 특정 자산을 미리 정해진 조건으로 사거나 팔 수 있는 권리. 이를 매매하는 것을 옵션거래라고 함

시간 우선의 원칙

주문받습니다~
먼저 온 순서대로
체결시켜 드립니다

이미지: Freepik.com

3) 수량 우선의 원칙

가격과 시간이 같다면 더 많은 수량을 매매하는 사람의 주문이 우선적으로 체결되고 더 많이 배정해 준다는 원칙을 의미합니다. 대량 주문이 소량 주문보다 유리하게 체결됩니다.

4) 위탁 우선자의 원칙

가격, 수량, 시간이 모두 같다면 위탁자를 우선으로 체결해 주는 것으로 증권회사보다는 고객의 주문이 우선시되는 것을 말합니다.

2장

주식투자에 대한 과장된 리스크

과거로부터 지금까지 투자의 수단으로 믿을 것은 부동산밖에 없었습니다. 부동산은 환금성이 무거운 투자 수단이라는 것이 아연해질 만큼 주상복합, 분양아파트의 **초단타 매매**가 성행했습니다.

그 결과 타워팰리스 120평짜리 시가는 40억이 넘고, 강남의 30평 아파트도 평당 1억원을 돌파했습니다. 이렇게 특정 투자 수단이 한 국가의 기초적 경제 체력을 넘어서면 무리가 옵니다.

2021년 서울 아파트값 누적 상승률은 지난해 한 해 상승률의 2배를 넘어섰습니다. 계속되는 집값 상승을 잡기 위해 정부는 대출 규제와 종합부동산세 인상 등 정책을 강화했습니다. 사실상 연봉만으로 내 집 마련하기는 힘든 세상이 되었습니다.

우리는 투자의 패러다임이 변했음을 인지하고, 새로운 투자 대안을 찾아 나서야 합니다. 이미 많은 사람들이 주식투자는 도박으로 치부하던 시각에서 벗어나 건전한 재테크이자 노후대비를 위한 수단으로 인식하고 있습니다.

따라서 우리는 주식투자에 대한 과장된 리스크로부터의 두려움에서 벗어나야 합니다. 세계 표준처럼 인식되는 미국의 자본시장도 오랜 저금리 흐름으로 무츄얼펀드, 사모펀드의 천국이라 불리고 있습니다.

초단타 매매: 같은 말로는 당일매매. 주식을 매수한 당일에 매도하는 매매 기법

첫째, 실패에 대한 사고의 전환

주식투자의 실패를 미리 두려워하는 투자자는 도전조차 해 보지 못하고 포기합니다. 그런 사람들이 꼭 지나고 나서 "아 이때 사 둘걸" 하고 후회하는 겁니다. 안전을 추구할 수는 있을지언정 결코 아무것도 얻을 수 없을 것입니다. 충분한 노력과 생각을 통한 투자는 실패를 해도 값진 경험으로 남아 배울 점이 있습니다.

아파트도 상승 가능한 지역에 투자해 적어도 1, 2년 이상은 기다려야 투자이익이 나오는 법이지요. 게다가 부동산은 **분할매수**할 방법도 없습니다. 투자하는 순간 엄청난 목돈이 들어가는 부동산에 비해 주식투자는 분할매수가 가능합니다. 큰 목돈이 없더라도 소액으로 시작할 수 있다는 장점이 있습니다.

대부분 본인이 감당할 수 없는 금액만큼을 한 번에 투자하기 때문에 큰 손실로 남는 경우가 많습니다. 10% 손실이 나더라도 충분히 여유가 있을 만큼의 투자금으로 시작해 보세요. 실패가 두렵다면 이처럼 리스크를 줄이는 방법을 모색하여 투자하면 됩니다.

축구 경기를 보면 수십 번의 슛 중에서 1~2개가 성공하죠? 축구선수가 한두 번의 슈팅이 들어가지 않았다고 중간에 포기하면 게임은 절대 이기지 못합니다. 경험은 돈을 주고도 살 수 없습니다. 실패에 좌절하지 않고 분명하게 문제점을 확인한다면 승률은 조금씩 높아질 것이고 훗날 꼭 여러분에게 수익으로 돌아올 것입니다.

분할매수: 첫 매수에서 목표한 수량을 전부 사지 않고 점진적으로 매수하는 것

둘째, 아무도 관심 갖지 않을 때가 기회다

특별한 예일 수 있습니다. 삼성전자 주식이 50만원을 넘어서는 시점에서 시가총액으로 100억원 이상이 되는 개인이 33명이라고 합니다. 이 중에서는 스톡옵션으로 주식을 받은 삼성 전문경영인도 있습니다. 하지만 다수는 삼성전자와 무관한 사람입니다. 그중 한 사람은 삼성전자 주가가 1만원일 때부터 비가 오나 눈이 오나 꾸준히 매수했다고 합니다. 이런 행운이 우리에게는 없다고 이야기해서는 안 됩니다.

부동산을 비유로 들자면 강남구, 송파구, 서초구, 용산구의 이촌동 등을 빼면 부동산 가격이 두 배씩 급등했던 지역은 없었습니다. 최근까지도 평당 300만원 하는 아파트가 존재했던 강북구 도봉동의 집값도 2배가량 치솟았다고 합니다. 결론적으로 부동산으로 돈을 번 사람은 누구도 부동산을 거들떠보지 않을 때 되팔지 않고 움켜쥐고 있거나 그 시점에 투자한 사람입니다.

평소에는 증권시장에 관심도 없다가 주가가 전고점을 뛰어넘어 상승의 **모멘텀**으로 전환하는 시점에 빚내서 투자하면 **차익실현매물**을 받아주는 처지밖에 안 될 겁니다. 하락장은 오히려 기회입니다.

1980년 강남 대치동
은마아파트 일대

현재의 강남

출처: 서울역사아카이브, 대치동 은마아파트 일대 항공사진, 1980년 촬영, 서울특별시 항공사진

시가총액: 주가와 발행주식 수를 곱한 것. 기업의 가치를 평가하는 지표

모멘텀: 탄력, 가속도라는 뜻. 주가상승 또는 하락추세의 원동력을 표현할 때 사용하는 용어. '상승, 하락 모멘텀이 강하다'라고 표현

차익실현: 매수 가격과 매도 가격 간에 차액이 발생하여 이익을 얻는 것

차익실현매물: 차익실현이 가능한 매물

셋째, 상식을 따르는 투자를 하라

피터 린치의 저서에 재밌는 이야기가 나옵니다. 뉴욕주의 초등학교 6학년생들이 선생님의 지도하에 모의주식투자에 나섰습니다. 선생님은 아이들을 슈퍼마켓에 데려가서 자신들이 가장 좋아하는 제품을 집으라고 했습니다. 그 제품을 만드는 회사들로 **포트폴리오**를 만든 아이들이 미국의 5천 개가 넘는 **주식형 펀드**보다 더 높은 수익률이 나왔다고 합니다.

국내 기관들이 운영하는 주식형 펀드 중에서 약 25%만이 **종합주가지수** 상승 이상의 수익률을 낸다는 통계를 보면 아예 믿을 수 없는 이야기도 아닌 듯합니다. 주식투자를 어렵게 생각하지 않으셨으면 합니다. 꾸준히 여유가 생기는 대로 매입하고 기간을 여유롭게 잡아 보세요. 그 뒤에 반드시 한 번은 오는 전고점을 돌파하는 시점에 차익을 실현하면 됩니다.

주식투자에서 **우량주**는 항상 놀라운 가격 복원력을 가지고 있습니다. 소위 빚투(빚내서 투자하다)는 성급해지고 판단력을 잃을 위험이 더 커지게 됩니다. 상식을 따라 투자하시길 바랍니다.

펀드

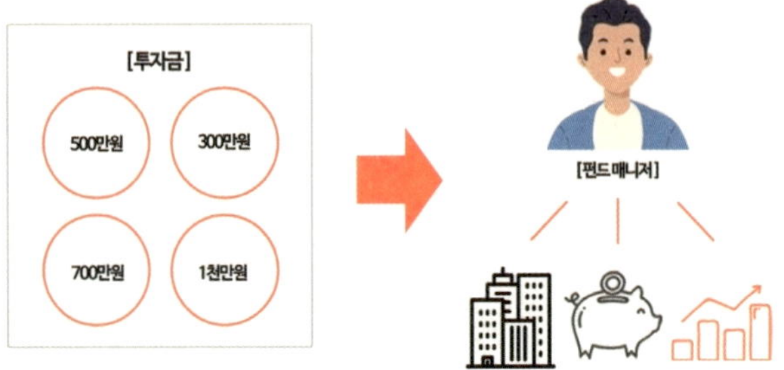

이미지: Freepik.com

주식형 펀드: 투자금의 대부분을 주식에 투자하는 펀드

종합주가지수: 대한민국에 상장된 모든 주식을 대상으로 산출한 지수. 우리나라 주가 수준과 주가 동향을 나타냄

우량주: 실적과 현금 흐름이 좋고 경영이 안정적인 회사의 주식을 의미

포트폴리오: 자산을 분배해서 투자하는 것

주식닥터의 핵심 기초 강의

1. 갭상승, 갭하락이란?

갭(Gap)이란 사전적인 의미로는 공간적 틈이나 격차를 뜻합니다. 주식시장에서는 시세가 갑자기 폭등하거나 폭락하여 차트상에 빈 공간이 생기는 것을 갭이라고 합니다. 전날 장이 마감한 후 다음 날 장이 열리기 전까지 엄청난 **호재**가 발생한 종목은 다음 날 시가가 전날의 종가보다 높은 곳에서 형성됩니다.

갭상승은 장이 열리기 전 동시호가 시간에 전날의 고가보다 높은 가격에 매도 주문을 내기 때문입니다. 그러면 엄청난 호재에 확신을 가진 투자자들이 높은 가격에도 불구하고 매수 체결을 하기 때문에 상승 추세가 더욱 강해져서 결국 이날의 종가는 시가보다 더 높은 가격으로 마감될 확률이 높습니다. 전일 종가가 1천원인 주식이 1천100원으로 갭상승 출발할 경우 1천5원에서 1천95원 사이에 매수하지 못한 투자자들이 1천100원부터 매수하게 됩니다. 이럴 경우 1천원 이하에 매수한 투자자들의 매도 차익실현 물량이 나오면서 순식간에 거래량을 동반한 장대 음봉이 연출될 수 있기 때문에 갭상승 출발이 ±5% 이상 이루어질 경우 투자에 유의하셔야 합니다.

갭하락

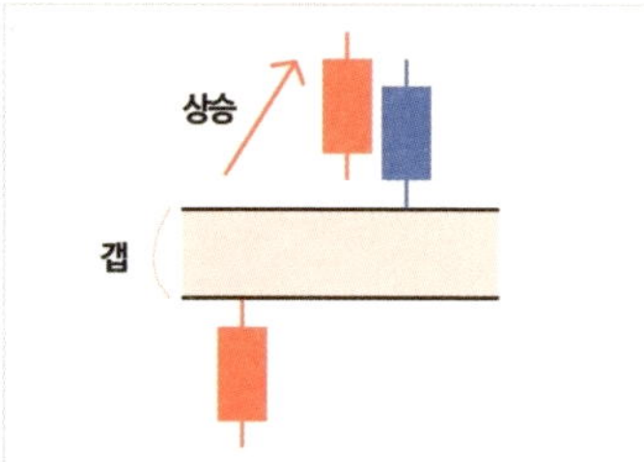

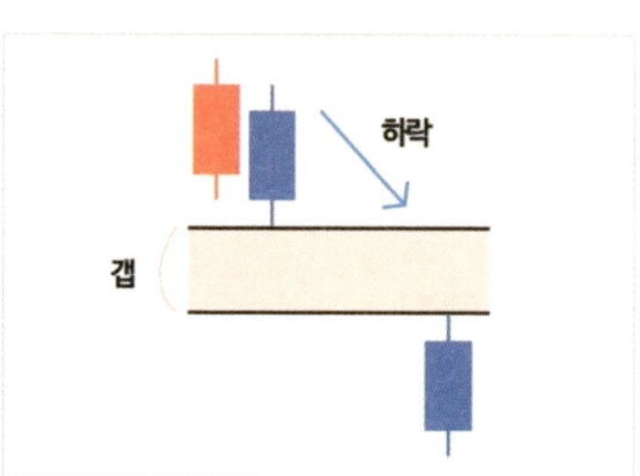

갭하락은 계속해서 하락세를 보이는 주식에 장 마감 후 악재가 터졌을 때 불안해진 투자자들이 주식을 빨리 내놓고 싶어서 장이 열리기 전 동시호가 시간에 전일 저가보다도 더 낮은 가격으로 매도 주문을 내놓기 때문입니다. 이로 인해서 시가가 전일 저가 아래에서 형성하면서 공포심리에 주도된 투자자들의 매도세가 주가를 주도하여 전날보다 크게 떨어져 음봉 마감될 가능성이 매우 높습니다. 주가가 하락세일 때 갭하락이 발생했다면 그 추세는 더욱 강해집니다. 보통 -5% 이상 갭하락하는 경우에 **추격 매수**는 손실 폭을 키울 수 있으니 투자에 유의하시길 바랍니다.

호재: 주가상승의 요인이 되는 재료

추격매수: 주가가 상승한 후에 더 큰 상승을 바라고 추가로 매수하는 것

2. 지지와 저항

지지와 저항은 주식투자를 하면서 가장 많이 듣게 되는 말입니다. 투자자들은 기술적인 단기매매를 할 때 지지와 저항을 확인하면서 목표가 및 손절가를 설정하고 대응하기도 합니다.

어려운 부분 없이 생각보다 간단합니다. 1차원적 지지와 저항 정도만 이해하더라도 큰 문제는 없습니다. 저항이라는 것은 매도세가 많은 특정 구간을 돌파하는 것이고, 지지는 매수세가 많은 구간을 깨고 주가가 하락한다는 의미입니다.

보조지표로서 활용할 수 있지만, 지지와 저항만 보고 매매하면 다른 부분을 놓칠 수 있으니 반드시 거래량 분석과 병행되어야 합니다. 또한 추세에 대한 기본이 확실히 잡혀야지만, 주가의 기술적 흐름을 예측하고 대응하는 데 도움이 됩니다.

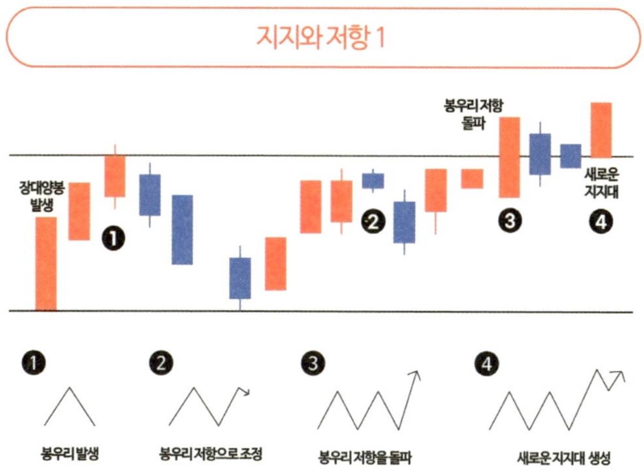

지지와 저항에 따라 주가가 변동되는 종목이 많은데, 지지와 저항은 사선 추세선과 함께 외인 및 기관의 수급이 붙은 우량주에 더 잘 맞습니다.

다만 급등주의 경우 세력들이 악성 물량을 털어 내기 위해 인위적으로 상승 파동을 그리면서 주가를 끌어올려 개인투자자들의 추격매수를 끌어내는 경우가 있으므로 유의하시길 바랍니다.

거래량이 동반된 특정 캔들(양봉)이 바닥권에서 발생할 때 큰손들의 개입이 있었다고 판단할 수 있습니다. 이럴 땐 단기매매를 진행해도 좋습니다.

거래량을 동반한 장대양봉이 나타날 경우(단, 위 꼬리가 길면 매도 저항세가 강해지기 때문에 안 된다), 그다음 날 거래가 줄었다면 양봉을 만든 매수세력의 물량이 그대로 남아 있다는 의미가 됩니다.

그 이후 강하게 캔들저항 가격대의 매도세 물량을 소화하고 2차 매수세가 붙는다면 단기적으로 수익금을 챙기기 좋은 매매 타이밍이 됩니다.

지지와 저항 2

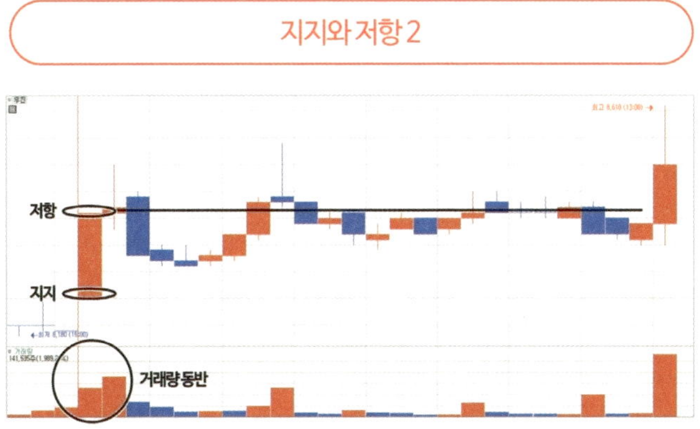

출처: 키움증권 코스콤

외국인 및 기관의 수급: 대한민국의 주식을 매매하는 외국인들과 기관들의 매매 동향(외국인은 외국에 있는 투자은행, 펀드, 연기금 등을 말하며 기관 투자자는 증권사, 자산운용사 등이 고객의 자산으로 투자하거나 은행, 보험 등이 고객의 예금이나 보험금 등을 이용하여 투자함)

급등주: 주식등락에 대한 다양한 환경적 요인에 의해 호재를 이루어 단기간에 가치가 상승하는 주식

3. 추세

추세란 어떠한 현상이 일정한 방향으로 나아가는 걸 의미합니다. 즉, 이동평균선에도 추세가 있고, 주가의 움직임에도 추세가 있습니다. 다만, 주식시장이 변동성이 크고 민감해서 추세매매는 다소 신뢰성이 부족한 부분이 있다는 걸 참고하시길 바랍니다.

이동평균 추세 중에 가장 중요한 선은 60일선입니다. 60일선의 추세를 잘 파악한다면 추세 파악이 쉽고 용이합니다.

60일 이동평균선 1

출처: 키움증권 코스콤

노란색 선이 60일선인데 60일선이 상향할 때 주식을 매입해 하향할 때 매도를 진행할 수 있습니다. 상승 초기에는 20일선을 기준으로 캔들이 상승과 하락을 반복하다가 60일선이 상향으로 전환되면 추세전환 신호로 받아들일 수가 있습니다. 만약 반대의 경우 추세 하향신호로 받아들여 매도를 진행하면 됩니다.

60일 이동평균선 2

출처: 키움증권 코스콤

추세선은 의미 있는 지지 구간을 점으로 찍어 선으로 이은 것을 나타냅니다. 주식시장에서 장기추세는 일반적으로 1년 이상으로 분류됩니다. 중기 추세는 1달에서 3달, 단기 추세는 1달 이하의 것으로 분류합니다. 장기추세의 경우 추세 지지선에서 지지받고 주가가 반등하는 경우가 있습니다.

그러나 만약 추세 지지선을 지지받지 못하면 상승을 기대한 투자자들의 실망매물이 쏟아져 나오면서 주가급락이 나올 수 있어 기술적 관점에서 추세이탈은 매도 신호로 받아들일 수 있습니다.

실망매물: 주가가 상승해야 하는 시점에서 상승하지 않을 때 투자자들의 실망에 의해 나오는 매물

신고가: 투자자가 설정한 기간 동안 가장 높은 가격(보통 52주(1년) 신고가 또는 상장 이후 신고가 등이 의미 있음)

반락: 오르던 시세가 갑자기 떨어짐. 반대어 반등

주식닥터의 필수 개념 정리

1. 시가총액

주식투자를 하면 매일매일 주가를 확인합니다. 그런데 왠지 시가총액이라는 단어는 낯설게 느껴지실 수도 있습니다. 하지만 투자 시 주가보다 중요한 것이 시가총액이라는 사실 알고 계셨나요?

시가총액이란 회사의 총가치를 나타내는 지수입니다. 시가총액을 활용하면 기업의 규모를 쉽게 비교할 수 있습니다.

시가총액 계산법
시가총액=주가×총발행주식 수

시가총액 계산법이 있긴 하지만 네이버에 종목명을 검색하면 우리가 일일이 계산해 보지 않아도 쉽게 알 수 있습니다.

삼성전자와 SK하이닉스 주가, 시가총액 비교

삼성전자	vs	SK하이닉스
76,100	주가	104,000
454조 3천500억	시가총액	75조 7천122억

*2021년 9월 16일 기준

삼성전자와 SK하이닉스를 보면 주가는 삼성전자가 7만 6천100원으로 10만 4천원인 SK하이닉스보다 낮습니다. 그렇다고 해서 SK하이닉스가 삼성전자보다 큰 기업일까요? 정답은 시가총액을 비교해 보시면 됩니다.

삼성전자가 454조 3천500억원으로 75조 7천122억원인 SK하이닉스와 크게 차이가 납니다. 이렇듯 시가총액은 투자판단 시 매우 유용하게 사용할 수 있습니다.

만약 항공 관련 사업이 유망할 것으로 예상하고 관련 주식을 매매할 예정이라면 항공 관련주들을 시가총액 순으로 나열하여 해당 분야를 선도하는 1위 기업을 쉽게 알아낼 수 있습니다. 그 기업을 분석하여 적당한 가격이라고 판단되면 매수를 진행하는 것이 좋습니다.

2. 포트폴리오

포트폴리오란 주식투자에서 위험을 줄이고 투자수익을 극대화하기 위한 일환으로 여러 종목에 분산투자하는 방법입니다.

제임스 토빈은 "계란을 한 바구니에 담지 말라"라는 말을 했습니다. 이 말은 한 바구니에 계란을 담았다가 바구니가 떨어지면 계란 전체가 깨진다는 의미로 주식시장에서는 한 종목에 현금을 올인하지 말라는 의미로 해석됩니다.

주식시장을 오래 접하다 보면 제임스 토빈의 말은 진리가 됩니다. 운용자금이 적은 주식 초기엔 부담감 없이 진행하기에 수익을 보는 경우가 잦습니다. 하지만 점점 투자금을 늘릴수록 단, 1% 차이가 엄청난 수익과 손실금을 불러오기에 멘탈 유지도 힘들어지고 더 큰 욕심을 부리게 되어 손실 보는 경우가 점점 많아지게 됩니다.

투자자는 결국 리스크 분산의 위험을 깨닫고 여러 종목을 사게 됩니다. 이런 변화는 너무나 당연하지만, 사실 분산투자는 굉장히 어렵습니다. 분산투자하면 많은 분들이 오해하시는 것이 있습니다. 여러 종목에 투자한다고 다 분산투자가 아닙니다.

정확한 분산투자란 '업종→테마→종목→펀더멘탈→기업분석→차트분석'을 통해 매수 시점이 포착된 종목을 최소 3~10개 정도 나누어 투자하는 것을 의미합니다.

분산투자

포트폴리오 매매 준비 단계
1. 정부 정책, 시장 상황, 정치 상황 등을 심도 있게 분석하여 유망 업종과 **테마군**을 분석합니다. 2. 업종 및 테마가 어느 정도 확정되면 그 안에서 **펀더멘탈**과 **수급**이 살아 있는 종목들을 선별합니다. 3. 기본 분석에 의거하여 최근 3개년도 **재무제표**를 심도 있게 분석합니다. 4. 기술적인 분석을 통해 현재 주가가 단기 상승을 보일 종목인지, 장기 종목인지 선별합니다.

사실 이 작업은 굉장히 어렵고 일일이 해내기 어렵습니다. 하지만 대다수의 투자자분들이 종목 이름이 마음에 든다거나 인터넷의 '카더라' 정보를 통해 매매하는 것을 보면, 1번과 같이 전체 시장 상황만 눈여겨보고 투자하셔도 큰 폭의 손실이 날 수 있는 리스크는 줄여 주게 될 겁니다.

포트폴리오 매매는 리스크는 줄여 주고 안정적인 수익을 내는 투자 전략입니다.

재무제표: 기업의 경영 성적과 재정 상태 등에 대한 회계 정보로 작정된 회계 보고서

테마군: 주식시장에 상장된 주식 중 하나의 주제를 가진 사건에 의해 같은 방향으로 주가가 움직이는 종목들

펀더멘탈: 기업의 성장 가능성과 영업이익, 매출, 재무상태 등을 분석한 가치를 의미

수급: 수요와 공급

check! **투자용어가 어렵다면?**

339page 투자용어 사전

주식 투자용어가 어려운 투자자분들을 위해 투자용어 사전을 수록했습니다.

3. 급등주를 만드는 요인

누구나 매수할 때 대박과 같은 급등주가 되길 바라지만 급등주는 그렇게 쉽게 나오지 않습니다. 자기가 산 주식이 정말 100%, 200%, 300% 오른다고 하더라도 대부분 개미투자자들은 끝까지 가지 못합니다. 주가가 30% 상승한 상태에서 5%만 빠지더라도 쉽게 심리가 흔들리기 때문입니다.

요즘 같은 경우는 정말 대박주들이 나오기도 힘듭니다. 많이 올라 봐야 200% 정도입니다. IT 열풍 당시의 미친 장세를 제외하고도 산성피앤씨라는 골판지 회사는 바이오 회사에 지분을 투자했다는 이유로 1천원대에서 5만원 가까이 갔습니다. 기본이 500%였고 단기간에 4,000%가 오르는 종목들도 있었습니다.

급등하는 종목에도 어느 정도 공통점이 있는데 대체로 다음과 같은 특징이 시장에서 주목받으면서 시세가 나오기 시작합니다.

1) 실적 호전

실적 호전은 모든 종목에 호재가 됩니다. 실적 호전으로 관리종목이나 부실종목에서 벗어난 종목들은 그 시점에 단기간 급등하는 경우가 많습니다.

2) 우회상장

비상장사인 우량회사가 우회상장을 위해 계약을 체결했다는 뉴스가 나오면 부실주라도 단기간 주가가 크게 오릅니다.

3) 테마주

시장을 주도하는 테마에 포함되었을 때, 특히 정부정책과 관련한 테마에 속하면 오랫동안 급등세를 보이는 경우가 많습니다.

4) 인수합병(M&A)

M&A는 주식시장의 아주 오래된 테마입니다. 나중에 주가의 방향은 M&A 결과에 따라서 달라지지만, 이 뉴스가 처음 터질 때는 급등하는 것이 보통의 경우입니다. 2010년 현대엘리베이터를 예로 들 수 있습니다.

5) 신기술 개발

신기술과 신약 개발 소식은 첨단산업과 바이오 업종에서 간혹 터져 나옵니다. 상용화하기까지는 몇 년이 걸릴지 알 수 없는 개발 소식일지라도 시장에서는 과도하게 반응하는 경향이 있습니다.

6) 내부자 매수

해당 기업의 대표이사나 임원 등 회사 관계자들이 주식을 산다는 것은 주가에 매우 긍정적인 요소입니다. 특히 주가가 바닥에 있을 때 내부자의 매수가 강하게 들어오는 경우 급등을 기대할 수 있습니다.

대체적인 특징을 정리해 봤지만 급등주를 매매한다는 것은 실로 리스크가 엄청난 일입니다. 본격적인 시세가 나오기 전에 매수하는 경우가 아니라면 자칫 고점에서 크게 물리기도 합니다.

이와 같은 특징을 정리한 것은 이런 뉴스가 발생했을 때 추격매수를 하라는 것이 아니라 우연히 매수한 종목이 급등했을 때 짧게 수익을 실현하기보다는 조금 더 지켜보라는 의미가 큽니다.

급등주만 찾아다니는 것은 결코 바람직하지 않지만 매수한 종목이 급등주가 될 때에는 좀 더 여유를 가지고 지켜보는 것도 좋습니다.

3장

주식은 단거리가 아닌 마라톤이다

주식투자는 길고 지루하며 외로운 마라톤과 같습니다. 주식투자를 하다 보면 설레는 행복 속에 하루를 보낼 때도 있고 가끔은 밤잠을 설치는 괴로움 속에 하루를 보낼 때도 있습니다. 주식투자를 인생처럼 길게 함께할 재테크로 생각한다면 끊임없이 노력하고 관찰하고 때를 기다릴 수 있어야 합니다.

밀림의 제왕 사자는 얼룩말을 사냥하기 위해서 막무가내로 얼룩말을 쫓아다니지 않습니다.

덤불에 숨어서 얼룩말 떼가 다가오기를 기다리고 그 얼룩말 중에서 가장 강한 녀석이 아닌 가장 약한 녀석을 기다립니다. 먹잇감을 노리는 사자와 같이 얼룩말을 쫓아서 뛰어다니지는 않는다는 점을 명심해야 합니다.

장기적인 관점에서의 타이밍에 따라 매매해도 그 어떤 재테크보다 높은 수익을 거둘 수 있습니다.

3년으로 투자기간을 정하고 100% 수익률을 목표로 잡아서 투자한다고 가정해 봅시다. 뜻밖의 이벤트가 발생해 며칠 만에 그 종목이 100%의 수익을 달성해서 매도를 할 수도 있습니다. 안목과 원칙에 있어서는 장기투자자로서 접근했지만, 성공적인 단기투자를 할 수 있다는 말입니다.

주식 책을 한두 권이라도 읽은 사람이면 "시세를 사는 게 아니라, 때를 산다"라는 말을 들어 봤을 것입니다. 장기적으로 주식이 폭락했을 때 저렴한 가격에 사서 일정한 수익률을 달성하면 팔고 다시 폭락하는 때가 오기를 기다리면 됩니다. 단기투자이든 장기투자이든 순간의 타이밍을 포착하는 것이 중요합니다.

장기투자: 일정 기간 이상 투자를 하면서 수익을 얻는 매매 방법
단기투자: 단기간에 수시로 주식을 사고파는 매매 방법

첫째, 위대한 투자자들의 마인드를 배워라

보통 주식을 시작할 때 '인생 한 방' 또는 '대박 한번 터뜨려 보겠다'라는 포부를 가지고 시작합니다. 하지만 반대로 원금은 고사하고 반토막이 난 계좌를 안고 잠 못 이루는 사람들이 많은 것이 사실입니다. 오죽하면 "1년 만에 주식투자로 1억 만드는 법"에 대한 답으로 "처음에 2억으로 시작하면 됩니다"라는 우스갯소리가 있을까요.

하지만 투자 없이 예금이나 적금으로 물가상승률에도 못 미치는 이자를 받으며 내 집 장만이나 결혼, 출산 등의 꿈을 이루기에는 힘든 세상이 됐습니다.

그렇다면 도대체 주식투자에 성공한 사람들의 비밀이 뭘까요? 남들에게 없는 초능력이라도 있는 걸까요?

워(렌)런 버핏은 100만 장자가 된 이후에도 구형 폭스바겐 2만 5천 달러짜리 차를 샀다고 합니다. 또 1달러의 골프 내기할 때도 마치 1천만달러나 되는 것처럼 신중했다는 일화도 있습니다. 그런데 소액의 자금으로 주식투자를 하는 수많은 **개미투자자**의 모습은 어떤가요? 대부분 인터넷 포털 창에 어떤 회사인지 검색도 안 해 보고 매수하는 경우가 허다합니다. 주식투자에서 가장 위험한 것이 '~카더라'라는 것을 명심하시길 바랍니다.

여러분이 재벌 2세가 아니라면 투자자금 대부분은 아침 일찍 출근해서 상사의 눈치를 보고 고생하며 받은 월급으로 이루어질 겁니다. 이렇게 소중한 투자자금을 영문도 모르는 종목에 투자하고 있는 것이 현실입니다. 이렇게 투자할 바에야 차라리 본업에 집중해서 연봉을 올리라고 말씀드리고 싶습니다. 직장 내에서 헌신하고 열심히 일한다면 승진과 연봉 인상은 따라올 터이지만 생각 없이 투자하다가는 더 큰 불행만 따라올 것이기 때문입니다.

그냥 드리는 말씀이 아닙니다. 무조건적인 투자를 권유하기보다는 정말 여러분의 인생에 있어서 도움이 될 방향을 제시해 드리고 싶습니다. 직장이 바쁘고 투자에 할애할 여건이 도저히 나지 않는다면 섣불리 주식투자를 시도하지 마세요. 차라리 먼저 본업에 집중하고 충분한 투자금과 여유를 가지게 됐을 때 시작해도 늦지 않을 겁니다.

알면 즐겁고 모르면 괴롭다는 말이 있습니다. 특별한 초능력은 없습니다. 끊임없이 공부하고 노력하는 것만이 답입니다.

개미투자자: 개인투자가를 비유적으로 이르는 말

둘째, 능동적인 투자자의 자세 갖추기

과거에는 정보가 힘이었던 시대였습니다. 그때는 전령이 말을 타고 기밀문서를 수송하다 적에게 잡혀서 기밀이 누설되면 역사가 바뀌던 시절이었습니다.

요새는 기술이 발전하여 스마트 시대를 넘어 AI 시대가 되었습니다. 정보의 양보다는 질이 중요한 시대가 됐다는 말입니다. 어디서든 쉽게 정보에 다가갈 수 있는 스마트폰이 있고 유명한 증권전문가들도 유튜브와 인터넷 카페 등에서 많은 정보를 제공하고 있습니다. 이제는 투자자들에게 정보가 부족하여 잘못된 판단을 하는 경우보다는 개인적인 노력 부족이나 획득한 정보에 대한 판단을 잘못한 경우가 대부분일 것입니다.

TV 뉴스를 통해 정보를 획득하는 투자자를 생각해 봅시다.

뉴스에서 A기업의 액면분할에 대한 이슈가 나옵니다. 많은 투자자의 환호와 주가의 강세에 A기업의 주식을 매수했으나 주가는 잠시 강세를 보이고 하락세를 보였습니다. 분명 호재로 보였는데 왜 주가는 하락했을까요?

액면분할은 액면가를 떨어뜨리고 주식 수를 증가시키는 방법입니다. 사실 기업의 시가총액에 어떤 영향도 주지 않습니다. 하지만 가격이 비싼 기업이 액면 주가를 떨어뜨리면 주가가 매우 싸 보이는 효과가 발생합니다. 비싸서 접근이 어려웠던 투자자들도 쉽게 매수할 수 있게 되기 때문에 거래량이 증가해 주가상승으로 이어지는 경우가 많아 호재로 보긴 합니다. 하지만 단기적인 효과에 그치는 경우가 많습니다.

또 주가는 미래를 선반영하는 특성이 있습니다. 뉴스는 **제보자→기자→편집자**를 거쳐 시청자에게 도달하게 됩니다. 9시 뉴스를 통해서 방송된 내용은 나뿐만 아니라 모두 알게 되는 확정된 내용입니다. 따라서 아무리 긍정적인 내용이라도 더 이상 특별한 일이 아니게 되는 겁니다. 이걸 주식시장에서는 "상승 재료의 소멸"이라고 합니다. "소문에 사서 뉴스에 팔아라"라는 격언이 주식시장에서 통용되는 이유입니다.

재료 소멸

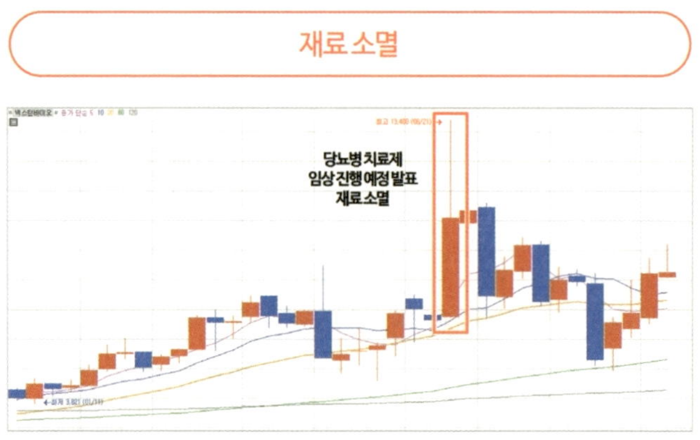

출처: 키움증권 코스콤

이렇듯 매체에서 다루는 뉴스를 그대로 받아들이기보다는 능동적인 자세로 그것에 대한 추론을 통해 분석하여 접근해야 합니다. 모든 발표, 뉴스는 어떤 동기로 발표되느냐, 그리고 어떤 출처에 의한 것인가에 따라 긍정적으로 해석할 수도 있고 부정적으로 해석할 수도 있습니다.

개인투자자들이 정보의 비대칭성을 극복하는 방법이란 역시 기본에 충실하는 방법 외에는 없는 것 같습니다. 누군가의 특별한 비법이나 노하우를 따라간다 해도 그것이 오로지 자기 자신에게 남아 추후 투자에 도움이 되기 위해서는 노력이 따라야 합니다. 꾸준한 경험을 통해 자신만의 원칙과 마인드를 찾게 된다면 오랫동안 주식시장의 승리자로 남을 수 있을 것입니다.

셋째, 기본기가 탄탄해야 오래 달릴 수 있다

달리기에서 가장 중요한 건 테크닉보다 기본자세를 익히는 것이라고 합니다. 좋은 자세로 뛰어야 균형이 잡힌 상태로 오랫동안 달리기를 지속할 수 있기 때문일 겁니다. 기본기를 알고 있기만 하고 완전히 자기 것으로 만들지 못한 상태에서는 체력적으로나 한계점에 도달했을 때 자세가 풀릴 수밖에 없겠죠.

주식투자도 마찬가지입니다. 감이나 촉이 좋아 운이 좋게 연달아 큰 수익을 올리는 투자자라도 결국 큰 시한폭탄을 안고 달리는 것과 마찬가지입니다. 당장은 느리고 뒤처지는 것 같다는 느낌을 받더라도 시기의 문제일 뿐 길게 본다면 기본기가 탄탄한 투자자들이 마지막에 크게 웃게 될 겁니다.

꾸준한 수익률을 위해 제가 가져가는 몇 가지 기본 원칙에 대해 설명드리겠습니다.

1) 나만의 노하우 만들기

앞서 분산투자의 중요성을 설명했지만, 필자는 실제로 그다지 많은 종목을 보유하지 않습니다. 분산투자의 중요성을 누구보다 잘 알고 부정하지 않지만 많은 종목을 보유하는 것이 맞지 않기 때문입니다. 일반 투자자들이 오해하는 것이 있는데 유명한 투자가들의 노하우를 무작정 따라 하면 수익이 난다는 생각입니다.

전업투자를 하는 사람과 직장인이 투자에 할애할 수 있는 시간과 노력이 다르고 각자의 투자 금액도 다를 것인데 무조건 똑같이 따라 한다고 해서 수익이 날 수 있을까요? 여러 종목에 분산투자를 했다고 하더라도 무조건 리스크가 줄어드는 것도 아닙니다. 단지 확률로써 이야기하는 것이지요. 분산투자가 좋은 것인지 집중 투자가 좋은 것인지 전문가마다 견해가 다른 것도 같은 이유입니다.

너무 많은 이론을 본인의 투자에 적용하려고 하면 오히려 잃을 것이 많아질 수 있습니다.

또 투자 원칙을 세우라고 해서 거창한 것일 필요도 없습니다. '주식 시장 분위기에 편승한 이슈 종목은 섣불리 매수하지 않는다' 같은 것도 나만의 투자 원칙이 될 수 있습니다.

따라서 다른 사람의 노하우는 그 전략이 필요한 상황이나 이유에 대해 이해만 하고 본인의 스타일에 맞게 몇 가지 원칙만을 고수하는 것이 좋습니다.

2) 같은 페이스를 유지하기

주가에 영향을 미치는 요소들은 수없이 많습니다. 우리나라는 특히나 수출 비중이 높은 나라이기 때문에 특히나 각 나라의 증시에도 영향을 많이 받습니다. 그래서 하루하루 이슈에 일희일비하며 투자해서는 좋은 성과를 얻기가 어렵습니다.

호재가 있으면 주가가 상승할 확률이 높고 악재가 있으면 주가가 내려간다는 것은 누구나 아는 사실이지만 이때마다 매도와 매수를 반복할 수도 없는 일입니다. 어제는 호재였던 이슈가 오늘은 악재가 되고 어제는 악재였던 이슈가 오늘의 호재가 되는 일도 있습니다. 게다가 악재가 발생한 뒤 크게 하락 국면을 맞은 주가가 7일 사이에 폭등하는 경우도 있습니다. 일반투자자들이 호재나 악재를 확실히 판단하기란 어려운 일입니다.

소문이나 뉴스에 쉽게 휘둘려 잦은 매매를 반복하지 말고 꾸준히 같은 페이스를 유지하며 가는 것이 좋습니다

3) 확신이 없으면 매매 쉬기

데이트레이딩을 지향하시는 분 중에 당일 어떤 종목이라도 매수하지 않으면 마음이 불안할 정도로 주식에 중독된 분들이 계십니다. 평상시와 같은 평정심을 유지하지 못한 채로 매매를 하다 보면 큰 수익을 기다리지 못하고 짧게 끊어 버리게 되고 조금만 손실이 나면 불안해서 손절할 확률이 높습니다.

올바른 종목 선정을 통해 매도 타이밍에 수익을 실현하고 나서 바로 또 다음 종목을 매수하지 않아도 됩니다. '빨리 다음 종목을 찾아서 매수해서 수익을 내야 하는데'라는 조급한 마음보다는 그동안 수고한 나에게 잠시 휴식을 준다는 마음으로 머리를 비우십시오.

더 좋은 성과를 위해 휴식은 필수 요건입니다. 스트레스가 줄어든 후 그동안의 매매를 정리해 보고 다른 업종의 동향 파악하는 시기를 가지면서 앞으로의 계획을 재정비할 수 있습니다. 여유로움이 생기면 조바심을 내며 달렸을 때보다 시장을 바라보는 시선의 폭도 넓어지는 것을 느낄 수 있을 것입니다.

데이트레이딩: 주식의 단기 차익을 얻기 위한 초단타 매매

주식닥터의 필수 개념 정리

초보투자자가 "어떤 주식을 사야 하나요?"라고 질문을 한다면 그 질문에 돌아오는 답은 각양각색일 것입니다. 각자의 성격과 스타일이 다르듯이 개인마다 가진 투자 성향이 너무나도 다르기 때문입니다.

그런 투자 스타일에 맞춰서 크게 두 가지로 나누어 본 것이 바로 '성장주'와 '가치주'입니다.

1. 성장주

성장주는 현재가 아닌 미래를 보고 투자하는 것입니다. 넷플릭스를 예로 들어 보겠습니다.

코로나19 장기화로 인해 '사회적 거리두기'가 진행되면서 소위 '집콕' 열풍이 불었습니다. 자연스럽게 영화관에 가기 불안한 소비자들의 심리가 집에서 편하게 즐길 수 있는 넷플릭스의 소비로 이어졌습니다. 코로나19 유행 초기, 미래에 언택트 시대가 올 것으로 예측하고 매수했던 투자자들은 엄청난 수익을 거뒀을 것입니다.

성장주의 장점은 저금리와 경기 불황 속에서 높은 성과를 내는 것입니다. 경기가 안 좋을 때 대부분 기업들은 타격을 입게 됩니다. 그중에 넷플릭스처럼 성장을 보여 주는 기업이라면 투자자들은 높은 가격이라도 매수를 하게 되고 그 매수세에 힘입어 더욱더 큰 성과를 내는 것입니다. 한마디로 경기 불황에 성장주는 '희소성이 있는 자원'인 셈입니다.

물론 단점도 있습니다. 코로나19 유행 초기 백신 개발이 빨리 진행되어 장기화되지 않았다면 지금처럼 큰 폭의 상승은 기록하지 못했을 수도 있습니다. 이처럼 성장주는 미래 예측에 실패했을 때는 투자손실이 매우 클 수 있습니다. 성장주에 투자하실 때 꼭 이 점을 유념하시길 바랍니다.

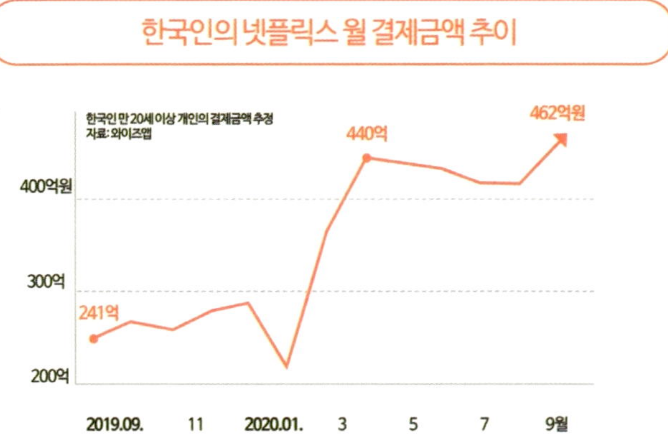

2. 가치주

가치주는 미래가 아닌 현재에 중점을 두고 투자하는 것입니다. 롯데백화점을 예로 들어 보겠습니다.

대한민국의 대표적인 유통기업으로 자리 잡은 롯데백화점은 가치주입니다. 반면에 동네에 새로 생긴 신생기업의 마트는 성장주입니다. 신생기업의 마트는 대표적인 기업으로 성장하기 위해 투자를 계속해야 합니다. 앞으로 미래가 어떻게 될지 확실하지 않아도 투자를 계속해야 해서 불안합니다. 롯데백화점은 성장 가능성은 작지만 그동안 쌓아 놓은 수익이 있어서 안전합니다.

롯데백화점은 국내에 모르는 사람이 없는 대표적인 백화점입니다. 매년 이익도 꾸준히 증가하고 현금도 많이 보유하고 있습니다. 지금 당장 롯데가 망할 것이라고 하면 믿을 사람이 아무도 없을 대기업입니다.

그런데 롯데리츠 즉 롯데백화점을 운영하는 회사의 주가는 지지부진하고 있습니다. 2021년 5월 기준 1분기 영업이익 261%가 급등했지만 주가는 2019년에 비해 하락한 상태입니다. 언택트 시대에 여행을 못 가는 소비자들의 심리가 쇼핑으로 몰려 수혜주로 평가받는데도 주식시장에서 인정을 받고 있지 못하는 것입니다.

이처럼 가치주는 경기 호황기에 유리합니다. 저금리 경기 불황일수록 투자자들은 성장성이 큰 기업에 환호하게 되고 그로 인해 가치주가

상대적으로 매력이 떨어지게 되는 것입니다. 반대로 경기가 좋아지게 되면 전체 기업들의 실적이 다 같이 올라가게 되고 그로 인해 상대적으로 안정성 있게 들고 갈 가치주에 관심이 돌아가게 됩니다.

그럼 코로나19가 장기화되는 지금 시점에서 무조건 성장주가 답일까요? 그건 아닙니다. 가치주 중에서도 성장주의 특징을 가진 종목들이 있습니다.

가치주의 대표 업종은 철강, 건설, 유통, 자동차, 제지, 석유화학, 은행, 보험 등이 있습니다. 대표적인 기업으로 카카오가 있습니다. 카카오의 플랫폼은 이미 대다수 국민의 생활필수품이 되었고 그동안 벌어놓은 이익으로 투자를 통해 유통, 금융 등 다양한 업종에 진출해 있습니다. 따라서 코로나19 사태에도 다른 경쟁사들과 비교가 안 될 정도로 상당한 이익을 낼 수 있었습니다.

최근 뉴욕증시 **인플레이션** 우려로 인해 저평가 가치주에 대한 관심이 커지고 있습니다. 이런 상황에서 여러분에게 최선의 선택은 안전한 자산과 함께 성장성을 보여 주는 종목이라고 할 수 있습니다.

인플레이션: 통화량이 팽창하여 가치가 폭락하고 계속적으로 물가가 올라 일반 대중의 실질적 소득이 감소되는 현상

수혜주: 특정한 주제나 쟁점, 사건에 영향을 받아 가격이 오르는 주식

3. 주가의 이면, 속성 이해하기

주가라는 것은 기업의 미래가치와 시장의 기대 심리가 반영되는 것입니다. 조금은 이해하기 어려운 개념일 수도 있지만 주가는 미래를 선반영한다는 사실만 확실히 알고 가면 됩니다.

보통 기업의 실적이 좋으면 주가가 올라가게 됩니다. 기업이 한 해 동안 벌어들인 돈이 많다면 기업의 가치가 상승한다는 것은 모두가 예측 가능한 일입니다. 하지만 단기적으로 봤을 때 기업의 실적이 그대로 주가로 이어지지 못하는 경우가 있습니다. 가장 대표적인 예로 삼성전자를 들 수 있습니다.

삼성전자의 실적발표일이 다가오면 국내 주요 증권사들이 먼저 잠적 실적추정치를 내놓습니다. 때문에 '삼성전자의 실적이 크게 좋아질 것이다'라는 소문은 실제 실적발표 몇 달 전부터 계속해서 퍼지게 됩니다. 실적발표 전 급등세를 보이던 삼성전자는 2020년 2분기에 예상 영업이익 6조원대를 1조원 이상 뛰어넘었습니다. 하지만 주가는 실적발표와 함께 하락세를 보였습니다. 눈치 빠른 투자자들은 실적발표 전 미리 호재를 파악하고 뉴스가 확정된 후 매수하는 투자자들에게 매물을 넘기고 수익을 챙겨 떠납니다.

주가는 미래를 선반영하기 때문에 삼성전자의 실적이 좋을 것이라는 기대심리가 이미 주가에 반영되었고 좋은 뉴스가 확정돼도 주가가 별다른 힘을 받지 못하는 것입니다. 주식을 처음 시작하는 투자자들에게는 이해하기 어려운 현상일 수도 있습니다. 하지만 주식시장에서는 너무나도 당연한 일입니다.

실적 발표 전/후 주가 변동

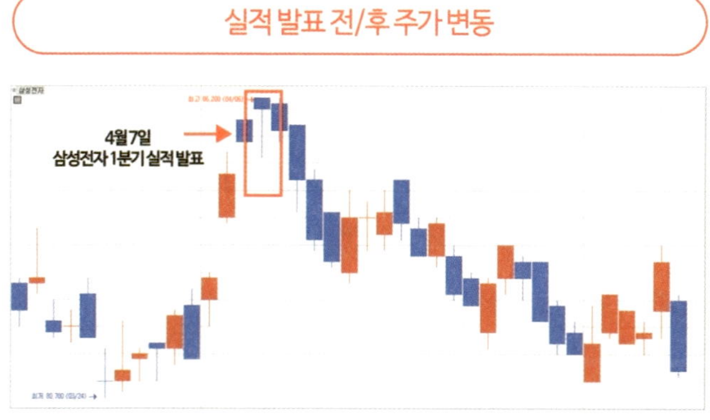

출처: 키움증권 코스콤

4. 거래량과 주가의 관계

거래량이란 말 그대로 '주식이 거래된 양'을 의미합니다. A기업의 주식을 투자자들이 1,000주를 매수했다고 하면 거래량은 1,000이 됩니다. 주식시장에서 거래량은 주가를 점치는 중요한 지표가 됩니다. 거래량이 많다는 것은 투자자들이 많은 관심을 보인다는 뜻이고, 거래량이 적다는 것은 투자자들에게 관심을 받지 못하는 증거가 됩니다. 따라서 거래량이 꾸준히 증가하고 기업의 전망이 좋은 종목에 투자하는 것이 좋습니다.

주식은 시장에 나온 매물이 있어야 매수가 가능합니다. 거래량이 많다는 것은 많은 투자자가 매도를 한 주식을 많은 투자자가 매수했다는 의미입니다. 새로운 매물이 나왔을 때 평소보다 강한 매수세가 나오면 상승의 신호로 볼 수 있습니다.

1) 하락추세에서 거래량이 동반되면서 주가가 하락할 때

하락추세에서 주가에 거래량이 동반되면서 하락할 때에는 얼마 지나지 않아 주가상승이 시작됨을 의미합니다. 거래량이 계속해서 늘어나면서 하락한다는 것은 하락추세의 끝에 와 있다고 해석할 수 있습니다.

이때 거래량 증가의 의미는 매도세력이 초보투자자들의 심리를 이용해 매도물량을 시장에 나오게 하고 그 물량을 소화하면서 반등을 노리고 있다는 뜻입니다.

주가와 거래량 1

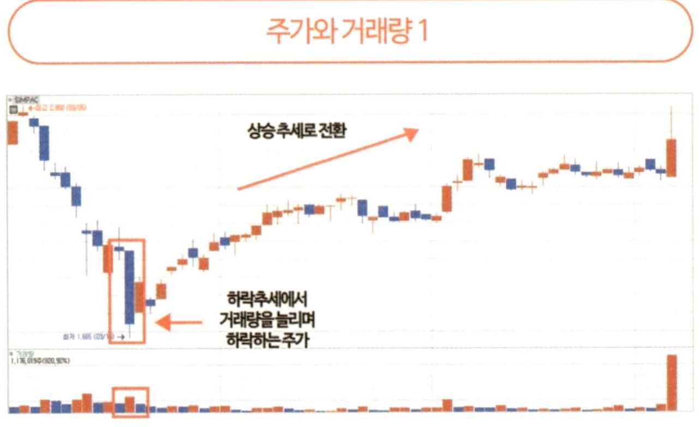

출처: 키움증권 코스콤

2) 하락추세에서 거래량은 폭등했는데 주가는 급락할 때

이때에도 역시 주가의 상승 신호로 볼 수 있습니다. 일정 기간 하락추세에 있던 주가가 거래량을 늘리면서 급락할 때는 과매도 영역에 진입했다는 것을 의미합니다.

이런 현상은 주가가 실제 가치보다 많이 훼손되어 있음을 알려 줍니다. 주가의 하락에 심리가 흔들린 투자자들이 공포심에 주식을 매도하면서 나타나는 현상입니다.

주가와 거래량 2

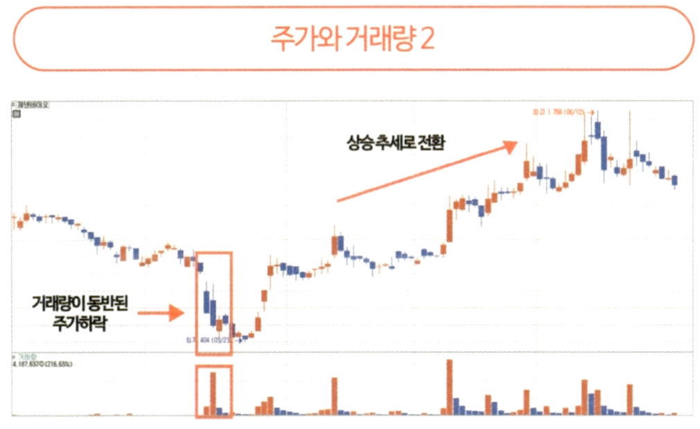

출처: 키움증권 코스콤

3) 하락추세에서 거래량이 많은데 주가가 소폭하락하거나 상승할 때

이런 현상은 주가가 지지받고 있다는 것을 의미합니다. 주가는 하락추세이지만 매수세력이 꾸준히 주가를 지지하고 있기 때문에 주가가 크게 하락하지 않는 것입니다. 이런 상황에서 주가는 결국 매수세력의 반격으로 상승추세로 전환됩니다. 거래량이 많은 장대양봉이 발생한다면 바로 강세로 전환될 수 있습니다.

이렇듯 보통 주가가 하락추세일 때 거래량이 증가하면 주가 상승 신호로 볼 수 있고 반대로 주가가 상승일 때 거래량이 급증한다면 하락의 신호로 볼 수 있습니다.

주가와 거래량 3

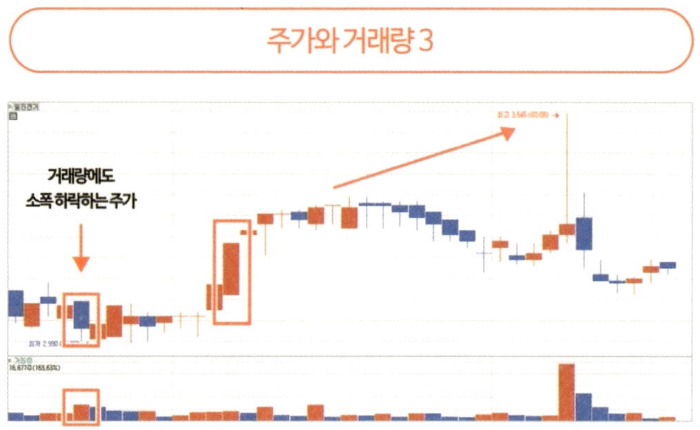

출처: 키움증권 코스콤

거래량이 감소하는 구간에서는 주가가 횡보하는 현상이 발생합니다. 매수도 매도도 감소했기 때문에 투자자들이 종목에 대해 별다른 반응 없이 **관망**하고 있다고 생각해도 됩니다.

거래량 분석이 주가의 방향성을 100% 증명해 주는 것은 아닙니다. 하지만 거래량 분석은 기술적 분석에서 가장 중요한 요소 중의 하나이므로 체크해 보는 것이 좋습니다.

재료 소멸: 주가 움직임에 영향을 미치는 뉴스가 사라지는 것. 재료의 종류에는 유상증자, 무상증자, 수주계약, 실적, 파이프라인, 신제품 개발, 조회공시 등이 있음

관망: 현금을 보유한 채로 매매를 하지 않고 지켜보는 상태

5. 전자공시

전자공시란 투자자의 투자판단을 돕기 위해 기업에 대한 정보를 투자자에게 공개하는 시스템입니다. 주식시장에 상장한 기업이라면 분기/반기사업보고서, **감사보고서**, 실적발표 등 중요한 경영사항을 대외적으로 알려야 합니다. 그 창구가 바로 전자공시입니다. 따라서 주식투자자들이 필수로 봐야 하는 사이트입니다.

전자공시를 확인하는 방법은 어렵지 않습니다. 포털 창에 전자공시(dart.fss.or.kr)를 검색하면 바로 접속할 수 있습니다. 회사명에 알아보고 싶은 기업명 또는 종목코드를 입력하면 해당 기업의 다양한 공시정보를 확인할 수 있습니다.

분기보고서를 통해 회사의 연혁과 자본금 변동사항 및 재무제표, 감사 결과를 확인할 수 있습니다. 그 외에 최대주주 변동 신고서나 합병과 같은 주가에 큰 영향을 줄 수 있는 정보들이 많기 때문에 반드시 투자 전 전자공시를 확인하는 것이 좋습니다.

감사보고서: 회사의 재산이나 업무의 집행 상태를 검토하고 그 결과를 보고하기 위해 작성한 문서

전자공시 시스템

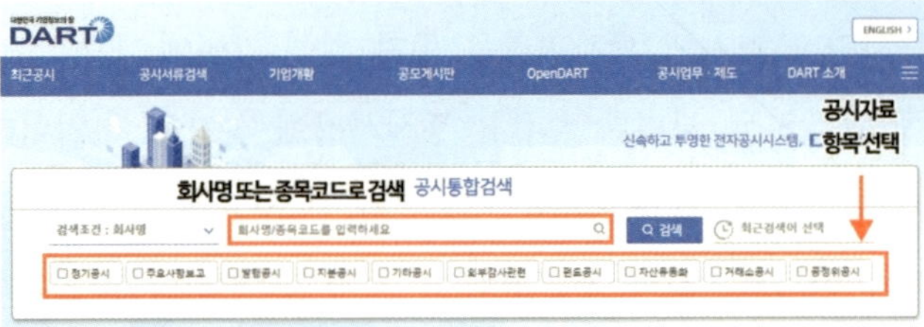

출처: 전자공시시스템 DART

6. 투자용어 알기

영어 공부를 하다 보면 전에는 몰라서 무심코 지나쳤던 간판의 단어나 식당의 메뉴판에 있는 단어가 눈에 들어올 때가 있습니다. 또는 해외여행을 가면 영어를 잘하지 못해도 몇 개의 아는 단어로 유추해서 소통하거나 물건을 구매하기도 합니다. 그럴 때면 아는 만큼 보인다는 말이 뼈저리게 느껴집니다.

주식도 마찬가지입니다. 주식투자도 주식투자만의 언어가 있습니다. 종가, 호가와 같은 기본적인 단어부터 PER, PBR 등 가치를 측정하는 단어까지 주식 세계에서 통용되는 언어를 알지 못하면 그만큼 성공하는 투자에서 멀어지게 됩니다.

주식용어가 낯선 투자자 여러분들을 위해서 본문 사이사이 주식용어 설명 주석을 달고 마지막 장에 꼭 필요한 용어와 전문 단어의 총정리본을 수록했습니다. 아는 만큼 보인다는 말을 명심하시고 시간 내어 공부하시길 바랍니다.

check! **투자용어가 어렵다면?**

339page 투자용어 사전

주식 투자용어가 어려운 투자자분들을 위해 투자용어 사전을 수록했습니다.

주식닥터의 핵심 기초 강의

예전에는 소형주, 중형주, 소형주의 구분을 자본금에 따라 분류했었습니다. 2003년부터 한국거래소에서 시가총액 규모별 주가지수를 산출해 발표하면서 자본금이 아닌 시가총액으로 분류하기 시작했습니다. 시가총액이 높은 순으로 1위에서 100위까지를 대형주, 101위에서 300위까지를 중형주, 나머지를 소형주로 분류합니다.

주식 분류 기준 – 기업 규모에 따른 분류

대형주	중형주	소형주
시가총액 1~100위	시가총액 101~300위	나머지

1. 소형주 종목 선정

소형주 위주의 포트폴리오 구성의 장점은 기관이나 외국인들이 집중적으로 매수하는 기업이 아니기 때문에 공매도 회피가 가능하다는 것입니다. 또한 정보와 속도전에서 느린 개인투자자들에게 더욱더 장점이 될 수 있습니다.

소형주 종목 선정 시 반드시 아래 6개의 조건을 충족하는 종목을 선택하셔야 합니다. 이 중 하나라도 통과하지 못한다면 매수 종목에서 제외하는 것이 좋습니다.

1) 시가총액 1천300억원 이하
2) PBR 1.3배 이하
3) PSR 1배 이하
4) 이익잉여금×1.5〉시가총액
5) 매년 매출액 성장 조건
6) 부채비율 100% 미만

PBR은 주가와 1주당 순자산을 비교하여 나타낸 비율인데, 현재의 주가가 주당 순자산 대비 몇 배로 거래되고 있는지를 알 수 있는 중요한 지표입니다.

또 소형주에서 중요하게 작용하는 PSR은 반드시 체크해야 할 사항입니다. PSR은 주가를 주당 매출액으로 나눈 것입니다. 간단하게 비교하는 방법은 시가총액과 최근 결산 매출액을 비교해서 매출액이 시가총액보다 높은 기업을 선택하시면 됩니다.

이익잉여금은 기업이 영업을 통해서 번 돈 중에서 배당하고 남은 금액입니다. 주주가 낸 돈인 자본금이 종잣돈 같은 역할이라면 이익잉여금은 급여에서 지출 이후 남은 금액 정도로 비유할 수 있겠습니다. 시가총액이 이익잉여금보다 낮은 기업들은 많지 않기 때문에 주가의 위치가 바닥인지를 확인하는 중요한 포인트라고 할 수 있습니다.

또 매년 외형성장을 하고 있는지 잘 살펴봐야 합니다. 기본적으로 적자기업은 제외시키고, 매년 매출액이 증가하고 있으며 분기별 매출액이 전년 동분기 대비해서 성장하고 있는지를 체크해 봐야 합니다. 3분기까지의 누적 매출액을 확인하게 되면 큰 이변이 없는 한, 4분기 매출액을 확인하지 않더라도 성장 여부를 판단할 수 있습니다.

1~3분기 실적공시는 45일 이내에, 4분기 실적공시는 90일 이내에 하게 되어 있습니다. 3월은 '상폐시즌'이라는 말이 있습니다. 3월은 12월 결산 법인의 감사보고서 제출기간으로 감사의견이 '적정'이 아닌 '부적절' 또는 '거절'로 나올 경우 상장폐지가 될 수 있기 때문입니다.

실적 공시 발표일

일반적으로 상장기업은 12월 결산법인이 많기 때문에 아래와 같이 실적을 발표하게 됩니다.

(3월 결산법인인 경우 대표적으로 3S 같은 경우는 1분기를 4~6월로 봅니다)

기업 실적 (12월 결산법인 기준)	실적발표일	보고서 종류
1월 - 3월	분기 종료일 +45일 이내 (대략 5월 15일 전)	분기보고서
4월 - 6월	반기 종료일 +45일 이내 (대략 8월 15일 전)	반기보고서
7월 - 9월	분기 종료일 +45일 이내 (대략 11월 15일 전)	분기보고서
10월 - 12월	감사 종료일 +90일 이내 (대략 3월 30일 전)	감사보고서

기업의 부도 위험은 없는지 확인하려면 부채비율 또한 살펴봐야 합니다. 부채가 많으면 업황의 변화나 기업의 실적 악화 시에도 유연하게

대처할 수가 있지만 부채가 많은 기업들에게는 타격이 클 것입니다. 따라서 기업이 가지고 있는 부채를 제때 상환할 능력이 있는지 파악해야 합니다.

부채비율=부채÷자기자본

적정비율은 100% 미만입니다. 0%에 가까운 기업일수록 **무차입** 경영을 하고 있다는 뜻입니다. 부채비율은 매년 줄어드는 것이 좋은 신호이며, 갑작스럽게 부채비율이 늘어난다면 반드시 기업 IR **담당자**와의 통화를 통해서 이유를 들어야 합니다. 납득하기 어렵거나 단기적으로 해소될 사항이 아니라면 보유 주식을 전량 매도하기 위한 전략을 세워야 합니다.

사내유보: 기업의 순이익 가운데 기업 안에 적립되는 금액. 사내유보로 쌓인 자금은 이자나 배당금을 지급할 필요가 없어 기업에 유리한 자금
무차입: 돈이나 물건 따위를 꾸어 들이지 않는 것
IR 전문가: 기업의 가치를 극대화하기 위해 투자자를 대상으로 커뮤니케이션 활동을 하는 사람

2. 중·대형주 종목 선정

중·대형주를 매매하실 때에는 재무구조 및 재무제표를 조금 더 꼼꼼하게 보셔야 합니다. 그 이유는 수익성 악화 시 기관이나 외국인들의 매도가 강하게 나올 수 있기 때문입니다. 한번 추세가 잡히면 추세에 따라 오랜 기간 지속되는 특징이 있습니다. 기관과 외국인들의 수급이 들어오는 종목들은 시가총액 1천300억원 이상의 종목입니다.

1) 시가총액 1천300억원 이상
2) PBR 1.3배 이하
3) 영업이익×10〉시가총액
4) PER 업종 평균 대비 저평가
5) ROE 15% 이상, 영업이익률 10% 이상
6) 부채비율 100% 미만

중·대형주를 매매할 때 PBR은 소형주와 동일하게 적용되는 중요한 지표이니 종목 선정 시 반드시 포함시켜 체크해 봐야 합니다.

영업이익은 기업의 주된 영업활동에 의해 발생한 이익을 의미합니다. 즉, 순수하게 영업을 통해 벌어들인 이익인데, 영업이익 10배의 프리미엄을 가산해 시가총액과 비교해서 현재 주가가 저평가인지 고평가인지를 확인하는 방법입니다. 주식투자 시 시가총액은 기업이 얼마에 거래되고 있는지를 확인할 수 있는 중요한 지표이기 때문에 반드시 체크해야 될 사항입니다.

기업의 분기별 실적을 체크할 때 영업이익의 증감률을 확인하셔야 하며, 분기별 누적 영업이익 또는 순이익이 감소할 경우 이미 주가가 많이 하락한 상황이거나 주가가 고점일 가능성이 높기 때문에 매도에 대한 전략을 반드시 세워야 합니다.

중·대형주 매매 시 PER을 활용하는 방법은 전체기업 대상이 아닌 해당 업종의 평균 PER에 대비하여 확인합니다. PER은 제외하고 평균 PER을 구해서 현재 내가 매수하려고 하는 기업이 평균 대비 저평가인지를 분석 및 활용이 가능합니다.

소형주는 외형성장이 중요하다면, 중·대형주는 수익성 개선 및 ROE의 증감률에 따라서 주가가 민감하게 반응합니다. ROE는 투입한 자기자본이 얼마만큼의 이익을 냈는지를 나타내는 지표이며 '자기자본이익률'이라고 합니다.

부채비율은 소형, 중형, 대형주 여부와 상관없이 반드시 체크해야 되는 지표입니다.

ROE: 자기자본이익률. 경영자가 기업에 투자된 자본을 사용하여 어느 정도의 이익을 올리고 있는지 나타내는 지표

3. 매수 전 필수 체크 사항

1) 자본잠식된 기업은 반드시 피할 것

자본잠식이란 기업의 적자폭이 커져 잉여금이 바닥나고 납입자본금이 잠식된 상황을 말합니다. 너무 어렵게 들린다면 회사의 재무상태가 좋지 않은 상황이라고만 이해하셔도 됩니다. 자본잠식이 50% 이상 시 관리종목 편입 사유이며, 2년 연속 50% 이상과 전액 잠식 시는 **상장폐지** 사유에 해당합니다.

또한, 자본잠식된 기업의 경우 재무구조 개선을 위해 감자를 결정하게 되는데, 이 또한 주가가 급락할 수 있는 잠재적 악재를 내포하고 있는 것이기 때문에 반드시 매수 전 체크해야 될 사항입니다.

상장폐지: 주식시장에 상장된 주식이 매매 대상으로서 자격을 상실해 상장이 취소되는 것

2) 부채비율이 높은 기업은 피할 것

업종마다 평균적인 부채비율의 차이는 있습니다. 하지만 기본적으로 부채비율이 높은 기업들의 주가 움직임은 상당히 둔하다는 걸 알고 가야 합니다. 부채비율이 높다면 현금흐름이 많이 악화된 기업들이 많기 때문에 되도록 100% 미만 기업을 선택하는 것이 좋습니다.

적자기업이 아닌데도 부채비율이 줄어들지 못한다면 주가에 부정적으로 미칠 가능성이 매우 큽니다.

기업의 현금흐름뿐만 아니라 재무구조 측면 차원에서도 부정적이기 때문에 주가가 탄력을 받지 못하고 하락 또는 **횡보** 국면에서 머물 확률이 높습니다.

횡보: 주가의 큰 변동이 없이 일정한 가격대에서 옆으로 움직이는 것. 바코드 모양

3) 적자기업은 피할 것

한번 적자가 나기 시작하면 흑자로 전환될 확률이 낮아집니다. **대박주**는 **동전주**와 흑자전환 기업에서 나온다는 말이 있긴 하지만, 저자는 이 말에 동의하지 않습니다. 오히려 쪽박을 찰 가능성이 큽니다.

안정적인 실적 및 성장성이 동반되면서도 주가가 아직 저렴하게 거래되는 기업이 많기 때문에 적자기업은 피하는 게 이득입니다.

다음은 단기적 이슈로 급등 이후 제자리를 찾아 돌아오는 차트 흐름입니다. 적자폭이 개선되지 못했기 때문에 기업의 가치는 매년 감소하고 있는 모습이며, 주가의 바닥이 없는 상황에서 계속적인 하락이 나올 가능성이 매우 큽니다.

이러한 상황에서 계속 **물타기**로 비중을 높여 나간 투자자라면 아찔한 경험을 할 수 있는 상황입니다.

적자기업 재무제표

자산총계	86,460	83,361	89,852
[유동부채]	4,954	4,655	4,123
[비유동부채]	1,078	938	509
부채총계	6,032	5,593	4,632
[자본금]	4,083	4,083	4,083
[자본잉여금]	11,980	11,980	11,980
[기타자본항목]	(19,410)	(18,064)	(17,473)
[기타포괄손익누계액]	0	29	65
[이익잉여금]	83,775	79,739	86,565
자본총계	80,428	77,767	85,219
종속·관계·공동기업 투자주식의 평가방법	지분법	지분법	지분법
	(2020.01.01 ~ 2020.12.31)	(2019.01.01 ~ 2019.12.31)	(2018.01.01 ~ 2018.12.31)
매출액	39,081	35,347	37,850
영업이익(손실)	974	(8,347)	(9,428)
당기순이익(손실)	3,982	(6,142)	(9,505)
주당순이익(손실)(단위:원)	617	(889)	(1,368)

출처: 전자공시시스템 DART

대박주: 주가가 매우 큰 폭으로 오른 주식 또는 앞으로 주가가 크게 오를 가능성이 있는 주식

동전주: 동전으로 살 수 있을 정도로 가격이 싼 주식. 주가 1천원 미만의 주식

물타기: 매수한 주식의 주가가 하락할 때 추가로 매입하여 평균매입단가를 낮추려는 행위

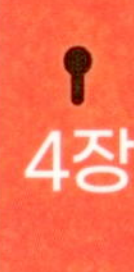

4장

투자와 투기의 차이

이제 주식은 남녀노소를 가리지 않고 선택이 아닌 필수가 되어 버린 듯합니다. 특히 작년부터 현재까지 IMF 때의 '금 모으기 운동'처럼 '주식 모으기 운동' 열풍이 불게 되어 주식을 하지 않으면 이야기에 끼어들 수도 없다고 할 정도로 주식을 하는 사람들이 많아졌습니다.

첫째, 군중심리 다스리기

어린이날 선물로 장난감 대신 주식을 사 줬다는 말을 심심치 않게 들을 수 있게 되었습니다. 확실히 주식에 대한 관심이 제가 처음 주식에 입문했던 20년 전과 비교할 수 없을 정도로 '핫'합니다.

그렇다면 모두가 투자를 투자답게 하고 있는지 궁금합니다. 내가 기업에 대해 알아보고 공부하고 선택하는 것은 투자입니다. 내가 기업에 대해 알아보지 않고 누군가의 말을 따라 사는 것은 투기입니다. 주식시장에서 늘 패배하는 사람들의 특징은 첫째, 남들이 하니까. 둘째, 남들이 사니까. 셋째, 남들이 파니까. 이 세 가지 법칙을 늘 철저하게 따릅니다.

세계적인 가치주 투자회사인 트위디 브라운의 최고정보책임자인 크리스토퍼 브라운은 자신의 저서 『가치투자의 비밀』에서 '투자자는 홀로 남겨지는 것을 싫어해서 마치 특정 스포츠팀을 응원하고 있는 서포터스처럼 주위 사람들이 모두 같은 선택을 했다는 사실에 안심하고 그 느낌을 간직한다'고 말했습니다.

대부분의 투자자가 재산을 모을 때는 자식같이 아끼고 보살피며 모으면서 투자할 때는 단체 가이드 관광이라도 간 것처럼 따라다닙니다. 손실을 보더라도 남들도 다 같이 손해 봤다는 것에 안도감을 느끼고 책임을 회피할 수 있기 때문입니다. 결국 피땀 흘리며 번 돈을 물같이 쓰는 셈입니다.

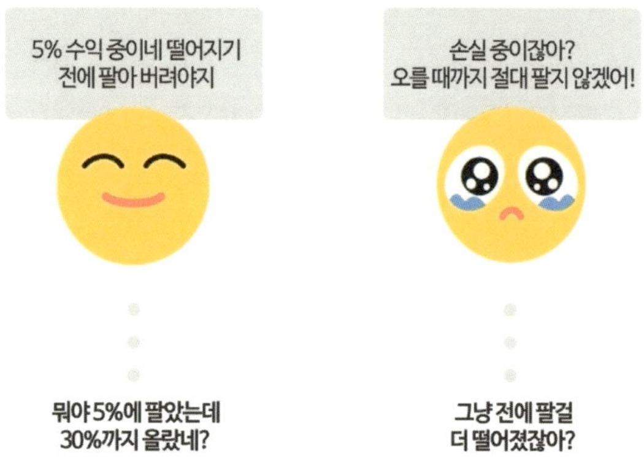

이미지: Freepik.com

주식은 반드시 여유자금으로 해야 합니다. 남들이 다 한다고 '빚투', '영끌' 해서 주식투자를 하다 보면 상환 압박 때문에 수익 중인 종목은 빨리 팔게 되고 반대로 손해 보면 안 된다는 생각에 손실 중인 종목은 오래 끌게 됩니다. 때문에 수익보다는 손실이 나는 구조가 되고 손실을 만회하기 위해 더 큰 위험을 감수하는 경우도 생기게 됩니다.

특히 이번 대출규제로 금리가 상승하면서 빚내서 투자했던 분들은 수익률을 대출이자가 상승한 만큼 이상으로 내야 하는 상황이 됐습니다.

내가 투자하는 금액이 적을지라도 꾸준하게 투자를 한다면 충분히 자산을 불릴 수 있습니다. 그래서 투자를 할 때에는 오랜 시간을 기다릴 줄 아는, 돌덩이같이 무거운 돈을 가지고 해야 합니다.

둘째, 투자의 진정한 기쁨을 알기

주식투자를 하다 보면 운 좋게 **상한가**에 매도하여 짜릿한 기분을 느끼기도 하고, 수익금으로 가지고 싶었던 물건이나 먹고 싶었던 음식으로 보상을 받아 기쁘기도 합니다. 하지만 이런 것은 신기하게도 오래가지 않습니다.

무슨 소리인지 이해가 잘 안 되는 분들이 많으실 것 같습니다. 많이 경험해 보지 않아서 그러리라 생각됩니다. 근본적으로 주식은 오늘 매도하여 수익을 실현하면 내일 다시 처음으로 돌아가게 됩니다.

주식은 모든 종목이 매일 같이 수익을 내주지는 않습니다. 하락이 있어야 상승도 있는 법입니다. 오늘 수익이 나서 팔았다고 해도 내일 또 수익이 난다는 보장도 없습니다. 연구를 통해 종목을 찾고 매수 타점을 잡고 매도 시점을 조율해야 합니다. 마치 밀림의 왕인 사자가 큰 먹잇감을 찾아 배불리 먹고 내일 또 먹이를 구하러 나가야 하는 상황과 비슷합니다.

막상 매도하고 나면 신기할 만큼 곧 허무함이 밀려옵니다. 상한가에 매도했어도 다음 날 또 상한가를 가면 어제의 기쁨은 순식간에 없어지고 빨리 팔아 버린 나를 원망하게 됩니다. 이런 것은 손실회피 편향과도 관계가 깊습니다. 사람들이 손해를 싫어할 뿐만 아니라 어떤 이익을 얻었을 때의 기쁨보다 손실을 보았을 때의 상실감을 더 크게 느낀다는 것입니다.

이익을 취하고자 하는 욕구보다 손실을 피하고자 하는 욕구가 더 강하게 작용하기 때문에 이익이 난 상황에서도 더 큰 수익이 나면 후회감이 드는 것입니다. 이런 경험을 하고 나면 대부분의 투자자들은 다른 종목에서 수익이 나도 이전에 후회했던 경험을 떠올려 파는 것을 주저하다가 타이밍을 놓쳐 주가가 더 떨어지는 상황에 놓이기 쉽습니다. 또는 저번의 손실을 한 방에 만회하고 싶은 욕구가 강해져 주식에서 가장 경계하는 '올인'을 하게 될 가능성이 높습니다.

이미지: Freepik.com

주식투자의 가장 큰 기쁨은 주식 수가 늘어나는 즐거움입니다. 저는 이 즐거움을 누려 보기 전에는 주식에 눈이 뜨이지 않았다고 말씀드리고 싶습니다. 현재 은퇴하고 경제 유튜버로 지내는 분의 이야기를 드려볼까 합니다. 이분은 젊은 시절부터 삼성전자에 투자를 시작하셨는데, 그때 삼성전자 1주당 가격이 2천원 정도였다고 합니다. 현재 삼성전자의 1주당 가격은 8만원대입니다. 무려 4,000% 이상의 수익입니다.

1~2주로 시작한 주식이 몇십 주가 되고 몇백 주가 되어 느끼는 든든함과 기쁨은 단기간 수익을 내고 느끼는 쾌감과는 비교가 되지 않습니

다. 시간이 오래 걸리는 점이 단점이라 생각할 수도 있습니다. 하지만 꾸준히 모아 가는 주식은 정기적으로 **배당금**을 안겨 준다는 점만 보더라도 시중의 1% 금리의 적금보다 낫다는 생각이 드실 것입니다.

상한가: 그날 거래 가능한 가격 중 제일 높은 가격
배당금: 주식을 보유하고 있는 투자자들에게 회사가 이익 중 일부를 분배해 주는 것

셋째, 꾸준함이 최고의 무기

이외에도 수많은 심리가 투자 결정에 영향을 미칩니다. 담배와 술이 건강에 나쁘다는 것을 알면서도 끊지 못하거나 쇼핑중독에 걸려 소비를 줄이지 못하는 것처럼 심리라는 것은 안다고 해서 마음먹은 대로 바꾸기 어려운 것입니다.

게다가 주식투자라는 것은 상당한 전문성을 필요로 하는 것입니다. 물론 개인투자자들 중에서도 전문성을 갖추고 몇십억, 몇백억을 번 사람들도 있지만 직장에서 열심히 일하거나 집에서 성실히 가정을 꾸려가는 대부분의 개인투자자들이 이들만큼 노력과 시간을 쏟아부을 수 있을까요? 어렵습니다.

그렇다면 어떻게 해야 할까요? 주식투자에 대한 전문성도 없고 시간과 노력을 들이기도 부족한 상황이라면 최대한 손실을 최소화하는 방향이 정답일 것입니다. 남들 따라서 잘 알지도 못하는 소형주나 테마주에 투자하기보다는 **대형 우량주**에 장기투자하시길 권해 드립니다. 우량주는 대체로 주가변동 폭이 적고 주가가 떨어지더라도 회복 가능성이 높습니다. 장기투자는 오래 할수록 위험이 줄어들고 안정적인 수익을 기대할 수 있습니다. 꾸준함이 최고의 무기라는 것을 명심하세요.

대형 우량주 장점

1 중소형주에 투자할 때보다 안정성이 있다
대형 우량주는 재무구조가 탄탄하고 불황이 왔을 때 버티는 힘도 강합니다.

2 거래가 활발하다
대형 우량주는 거래량이 많기 때문에 호가 범위가 촘촘해서 언제든지 원할 때 사고팔 수 있습니다.

3 정보가 많다
검색 포털에 기업명을 검색하기만 해도 실적과 신제품 발표 소식, 전문가의 투자 의견 등의 정보를 쉽게 얻을 수 있습니다.

대형 우량주: 대형주 중에서 빠른 급성장을 보이지는 못하지만 저성장 기업보다는 빠른 성장을 보이는 주식

주식닥터의 필수 개념 정리

1. 주식배당금이란?

주식회사에서는 주주들이 회사의 주인입니다. 투자자들이 회사의 주식을 사면 그 돈을 자금으로 기업이 일정 기간 영업활동을 하고 벌어들인 이익에서 남은 돈의 일부를 투자자들에게 다시 나누어 주는 것이 배당금입니다. 배당은 기업의 의무가 아니기 때문에 모든 기업이 배당하는 것은 아닙니다. 배당해 온 기업이라도 이익이 생기지 않았다면 배당을 안 할 수도 있습니다.

보통 국내 상장기업의 대부분은 연 1회 배당금을 지급합니다. 매 반기마다 배당금을 지급하는 기업도 있고 분기마다 지급하는 기업도 있습니다. 이처럼 기업마다 1년간 버는 돈도 다르고 배당성향도 다르기 때문에 일일이 확인을 해야 합니다. 전자공시에서 각 기업의 분기보고서나 사업보고서에서 **배당성향**과 주당 배당금, 배당수익률을 확인할 수 있습니다.

서울도시가스 배당지표

나. 주요배당지표

구 분	주식의 종류	당기 제38기	전기 제37기	전전기 제36기
주당액면가액(원)		5,000	5,000	5,000
(연결)당기순이익(백만원)		131,241	29,464	41,790
(별도)당기순이익(백만원)		153,818	14,076	30,617
(연결)주당순이익(원)		33,801	7,512	10,653
현금배당금총액(백만원)		65,059	6,797	6,797
주식배당금총액(백만원)		-	-	-
(연결)현금배당성향(%)		49.6	23.3	16.4
현금배당수익률(%)	보통주	17.7	2.3	2.0
	-	-	-	-
주식배당수익률(%)	보통주	-	-	-
	-	-	-	-
주당 현금배당금(원)	보통주	16,750	1,750	1,750
	-	-	-	-
주당 주식배당(주)	보통주	-	-	-
	-	-	-	-

- 제 38기 분기배당 금액 : 주당 15,000원(배당 총액 : 58,264백만원)

출처: 전자공시시스템 DART

서울도시가스의 배당 공시입니다. 서울도시가스의 배당성향은 49.6%입니다. 100억원의 수익을 내면 49억원 정도를 배당으로 준다는 의미입니다. 주당 배당금은 1만 6천750원이고, 배당수익률은 17.7%입니다. 은행 예금의 이자가 1%도 안 되는 걸 보면 엄청난 메리트라고 할 수 있습니다.

배당금은 네이버 증권 페이지와 증권사 HTS, 한국거래소 홈페이지, 전자공시시스템 DART의 사업보고서에서 확인할 수 있습니다.

배당성향: 배당금을 당기순이익으로 나눈 값에 100을 곱한 값(배당성향이 높을수록 회사가 이익금을 충실하게 투자자들에게 공유했다는 의미)

2. 투자정보 사이트

투자의 핵심은 정보입니다. 남들이 모르는 고급정보를 손에 넣을 수 있다면 좋겠지만, 일반투자자들에게 쉬운 일이 아닙니다. 다음은 투자자분들이 알아 두면 좋은 투자정보 사이트입니다. 여러분의 주식투자에 조금이라도 도움이 되기를 바랍니다.

✔ **전자공시(dart.fss.or.kr)**

모든 기업의 전자 공시 열람이 가능한 사이트입니다.

✔ **인베스팅닷컴(investing.com)**

실시간으로 전 세계의 시장지수를 확인할 수 있는 사이트입니다.

✔ **네이버증권(finance.naver.com)**

국내기업의 주가, 시세, 투자자 동향 등 전반적인 지식을 한눈에 확인하기 간편한 사이트입니다.

✔ **한경컨센서스(consensus.hankyung.com)**

무료로 증권사 리포트를 모아 볼 수 있는 대표적인 사이트입니다.

✔ **피터케이 블로그(blog.naver.com/luy1978)**

주식투자 수익으로 큰 부를 얻어 전업투자자가 되신 피터케이 님의 블로그입니다. 개인투자자들에게 유용한 조언을 해 주고 있습니다.

5장

나만의 투자 스타일 찾기

주식투자에 성공하기 위해서는 두 가지를 알아야 하는데, 하나는 주식이고 다른 하나는 '자기 자신'입니다. 자신이 어떤 투자 성향을 가지고 있고, 어떤 약점이 있는지를 모른다면 성공할 확률은 높지 않습니다.

한국의 서비스는 빠릅니다. 신속 배달서비스, 수리서비스, 심지어는 도로 보수공사나 아파트 건설까지도 다른 나라에 비해 월등히 빠른 서비스를 제공합니다. 태어날 때부터 이런 서비스를 받은 한국인들 특성상 기다리는 걸 잘하지 못하는 경향이 있습니다. 그래서 수익도 빠르게 나길 원하는 것 같습니다.

하지만 거북이 성향이 있는 사람이 토끼 투자를 하고, 토끼 성향이 있는 사람이 거북이 투자를 하게 되면 아무리 오랫동안 주식투자를 한들 손해를 볼 수밖에 없습니다. 지피지기면 백전백승이라 하죠. 꼭 내가 단기투자 성향인지 장기투자 성향인지 이분법으로 나누지 않고도 내 성향에 맞는 방법을 찾고, 내가 편한 투자방법을 찾아 스트레스와 심리적 부담이 최소화되는 쪽으로 투자하면 됩니다.

첫째, 나의 투자성향을 파악하라

여러분은 본인의 투자성향을 알고 계십니까? 2020년 3월 코로나19로 주식시장이 급락하면서 증권거래소가 6개월 동안 공매도를 금지한다고 발표했습니다. 그 이후 증시가 반등하면서 단기간에 주가상승이 이루어졌고 주식투자인구는 800만이 넘어섰고 신규 주식 계좌 개설수는 역대 최고치를 기록하였습니다.

그러나 주식시장은 항상 상승세일 수는 없죠. 2021년 5월 공매도가 다시 개시되었습니다. 공매도 금지 기간에 주식을 시작한 투자자들은 막연한 두려움을 가질 수밖에 없습니다.

공매도 금지 기간에 개인투자자들이 매수한 종목은 이미 높은 주가상승을 보인 종목일 가능성이 많습니다. 시장이 하락세로 꺾이는 순간 손절하지 못한 많은 투자자들은 비자발적인 장기투자자가 될 수 있는 확률이 매우 높습니다.

보통 3개월 이내로 투자할 경우 단기투자, 3~5년 이상 투자할 경우 중기투자, 10년 이상을 장기투자라고 합니다. 하지만 사실 단기투자라고 해서 꼭 며칠 안에 승부를 봐야 하는 것은 아닙니다.

또 장기투자라고 해서 어떻게든 3년 이상 보유하려고 할 필요도 없습니다. 왜냐면 어떤 분들은 6개월 이상만 돼도 장기투자라 하고 어떤 분은 1년 이상이라고 합니다. 각자의 견해가 다르기 때문에 대충 짧은 기간에 수익을 보고 싶은지, 적금처럼 장기간에 걸쳐 수익을 볼 것인지 정도만 생각해도 됩니다.

1) 단기매매

7일 이상, 1달 이내의 단기매매라면 이동평균선 분석이나 시장 정보 등을 중시하면서 단기적인 목표수익률을 정해 놓고 기계적으로 매매하는 것이 유리합니다. 큰 수익을 노리기보다는 5~10% 내외의 단기차익을 기대하고 매매를 하는 방법입니다. 주가의 흐름이 예상과 달리 움직일 경우 몇 퍼센트 범위에서 손절매할지도 미리 결정해 두는 것이 손실을 키우지 않는 현명한 전략입니다. 종목에 있어서는 일시적인 호재성 뉴스나 단기 테마가 형성되는 종목군을 중심으로 선택하시면 됩니다. 경우에 따라 동일한 종목의 주가 움직임을 잘 관찰하면서 **박스권**의 저점에 근접하면 매입해 고점 언저리에서 매도하는 방법도 병행할 수 있습니다.

박스권: 주가가 일정한 가격 폭 안에서만 움직일 때

2) 중기투자

몇 달이나 1년 정도의 기간을 두고 하는 중기적인 투자라면 분기별로 발표되는 기업의 매출액이나 영업이익 등 기본적인 분석을 중심으로 투자하되, 국내 기관이나 외국인 매매 동향도 살펴보고 부수적으로 추세선(Trend Line) 등 몇 가지 기술적 지표를 참고하는 방법이 바람직합니다. 활황 장세에서는 시장의 주도주에 과감하게 편승해 꾸준한 수익이 나기를 기다립니다. 그 후 거래량이 크게 늘면서 주가의 단기적인 상승폭이 크게 나타날 때를 이익 실현의 기회로 활용하는 것이 좋습니다. 중기투자에서 주도주가 아닌 주변주에 투자할 경우 시장에서 소외되어 오랫동안 심적 고생을 하거나 손실 폭을 키울 수 있습니다.

3) 장기투자

1년 이상 또는 수년간을 두고 하는 장기적인 투자라면 해당 산업의 장기 전망을 분석하고 그 업종에서 가장 앞서가는 일류 기업을 선택해 매입한 후 땅을 사 놓았다는 심정으로 묻어 두는 투자를 해야 성공할 수 있습니다. 이 경우 단기적인 조정이나 일시적인 장외 악재 출현 등에 대해서는 무관심하게 대응하며 오로지 해당 기업의 내재가치 변화에만 초점을 맞추는 전략이 필요합니다. 턴어라운드(기업회생·실적개선)를 기대하고 부실기업에 장기투자할 경우 기업 내용이 개선되지 않는다면 오히려 큰 폭의 손실을 감수하거나 심한 경우 상장폐지되는 경우도 있으므로 장기투자는 철저히 우량 기업에 한해야 합니다.

이처럼 주식투자기간에 따라 종목 선정과 매매 방법이 다르기 때문에 매매 전에 확실히 준비하는 것이 좋습니다. 일반투자자분들 중 단기투자자의 길을 지향하시는 분들이라면 주식시장의 등락과 시장 정보를 파악하고 기술적인 부분에 시간과 노력을 들여야 합니다. 혼자 하기 힘들다면 전문가의 손을 빌려도 됩니다. 중장기투자자는 기업의 내재가치를 따져 우량 기업 중심으로 꾸준히 투자하는 것이 좋습니다. 어떤 방식을 택하든 자신에게 맞는 투자방법을 찾는 것이 중요합니다.

둘째, 나는 손절을 할 수 있는 사람인가

이 질문은 단기투자자와 장기투자자를 나눌 수 있는 가장 핵심적인 질문입니다.

물론 투자 성향은 개개인마다 다르지만 크게 두 가지로 분류할 수 있습니다. 바로 손절을 감수할 수 있는 단기투자자와 손절을 할 수 없는 장기투자자입니다. 만약 자신이 죽어도 손절을 할 수 없다고 생각하시는 분은 절대 토끼 투자를 해서는 안 됩니다. 토끼 투자는 시장의 주목을 받는 변동성이 큰 종목에서 매수 및 매도에 타이밍을 잡아 수익을 취하는 기술입니다.

단기투자자의 성향으로 기술적 트레이딩을 꿈꾸는 분이라면 손절의 미덕을 반드시 배우셔야 합니다. 이와 반대되는 것이 거북이 투자입니다. 오히려 주가가 떨어졌을 때 매수 기회로 삼고 추가 매수를 해서 종목의 비중을 키워 장기적인 수익을 보는 것입니다. 그렇기 때문에 손절을 할 수 있는지 없는지가 토끼 투자자와 거북이 투자자를 나누는 제1 원칙이라고 생각하시면 됩니다.

장기투자	단기투자
1 기술적 지표가 아닌 기업 가치를 중시.	1 기업 가치보다는 기술적 지표를 중시.
2 주가가 떨어졌을 때 매수해서 주가가 기업의 가치만큼 회복하기를 기다려서 수익을 냄.	2 기업 가치와 무관하게 단기적 이슈나 기술적인 매매가 이루어지므로 타이밍이 중요.
3 좋은 기업의 주가가 본질 가치를 찾아가기 전의 단기간 하락에 일희일비하지 말아야 함.	3 기술적 매매이기 때문에 경제 상황에 영향을 덜 받는 편이지만 작은 수익이라도 실현 한 후 다시금 매수하는 것이 좋음.

셋째, 기본적 분석과 기술적 분석

장기투자자이든 단기투자자이든 일단 중요한 것은 수익을 안겨 줄 만한 종목을 매수해야 한다는 것입니다. 앞서 전자공시 등을 통해 기업 분석하는 방법을 알아봤습니다. 이런 분석은 기본적 분석에 해당됩니다. 기본적 분석은 정치상황, 경기, 산업동향, 노사문제, 정부의 경제정책, 기업의 성장성, 수익성 등을 다각도로 따져 보고 재무제표, 손익계산서 등의 수치 자료를 분석하는 것을 말합니다.

하지만 기본적 분석에만 의존하기에는 한계점이 있습니다. 실제 주가가 그 기업의 가치보다 낮게 형성되어 있을 때 주식을 매수해서 주가가 가치보다 높아질 때 판다면 수익을 낼 수 있겠지만 기업공시, 재무제표는 매 분기마다 한 번씩 1년에 총 4번밖에 발표되지 않기 때문에 주가와 기업의 가치에 차이가 크게 날 수 있습니다.

또 일반 개인투자자가 깊이 있는 분석을 통해서 종목을 매수한다는 게 현실적으로 가능할지도 의문입니다. 그래서 기술적 분석도 필요합니다. 기술적 분석은 주가와 거래량의 흐름을 분석하여 미래 주가를 예측하는 것입니다. 과거의 차트나 주가 거래량 같은 자료를 활용해서 분석하는 것이 기술적 분석에 해당됩니다. 기술적 분석을 통해 하락세에 놓인 주식으로도 수익을 낼 수 있습니다. 주가는 1분 1초마다 움직이는 속성이 있기 때문입니다.

이처럼 투자를 올바른 방향으로 가져가 수익을 잘 내고 싶다면 기본적 분석과 기술적 분석 모두 필요합니다. 기본적 분석을 통해 시장의 거시적 흐름을 분석하고 과거 데이터를 통해 매수 시점과 매도 시점을 판단하여 투자를 진행할 수 있습니다.

우선 기본적 분석은 체크할 부분이 많기 때문에 일반투자자분들은 앞서 알려 드린 종목선정 방법을 이용해서 재무제표와 손익계산서 정도만 살펴보셔도 충분합니다. 아무리 기본적 분석과 기술적 분석을 완벽하게 하더라도 투자의 결과를 장담할 수는 없기 때문에 모든 분석 지표를 적용하려 하지 말고 한두 가지 정도를 포인트로 잡고 거기에 맞춰서 매매를 하는 것이 좋습니다.

결론적으로 기본적 분석과 기술적 분석을 전문가처럼 완벽하게 알 필요는 없다는 말입니다. 너무 어렵게 생각하지 말고 개념 정도만 이해한 뒤에 본인에게 맞는 투자방식을 찾는 것이 좋습니다.

주식닥터의 투자성향 TEST!

1. 매월의 현금 수입을 만들기 원하시나요?

이 질문에 동의하시는 분들은 토끼 투자 즉 단기투자자의 스타일을 가진 분입니다. 단기투자자의 스타일을 가지신 분들은 기업의 미래가치나 전망보다도 단기 수요와 단기 공급을 파악하는 등 기술적인 분석으로 종목을 가져가셔야 합니다. 특히 초보투자자분들이 단기투자를 하기 위해서는 처음엔 소액으로 가져가시면서 꾸준히 실력을 키워 가셔야 손실을 줄이실 수 있습니다.

2. 부동산과 같은 보유자산을 원하시나요?

이 질문에 동의하시는 분들은 거북이 투자 즉 장기투자자의 스타일을 가진 분입니다. 장기투자자의 스타일을 가지신 분들은 기업의 재무제표를 활용하여 미래가치와 전망 같은 기본적 분석과 업황에 대한 전망, 배당성향 등을 분석하여 종목을 가져가셔야 합니다. 장기투자라도 고액을 한 번에 투자하기보다는 목표수익률을 정해 놓고 꾸준히 끈기 있게 모아 가며 투자하시는 것이 좋습니다.

이렇게 자신의 투자성향을 알게 되었다면 그것에 맞게 투자 원칙이나 방향성을 세워 공부하면 됩니다. 물론 어떤 성향이든 우열도 없고 정답도 없습니다. 딱 하나의 정답은 내가 마음 편하게 매매를 할 수 있는 스타일을 찾아가는 것입니다.

주식닥터의 필수 개념 정리

1. 공매도란?

공매도는 빌 공, 팔 매, 건넬 도 자를 써서 있는 그대로 없는 것을 판다는 말입니다. 대체 어떻게 없는 것을 판다는 말일까요?

공매도는 주식을 대출해서 주식으로 갚는 것으로 생각하시면 쉽습니다.

은행에서 대출 받아 산 집의 값이 크게 오르면 대출을 상환하고도 차익이 남습니다. 공매도도 마찬가지입니다. 증권사에게 주식을 빌려 주가가 올랐을 때 매도한 뒤 주가가 내려갔을 때 주식으로 갚으면 차익을 남길 수 있습니다.

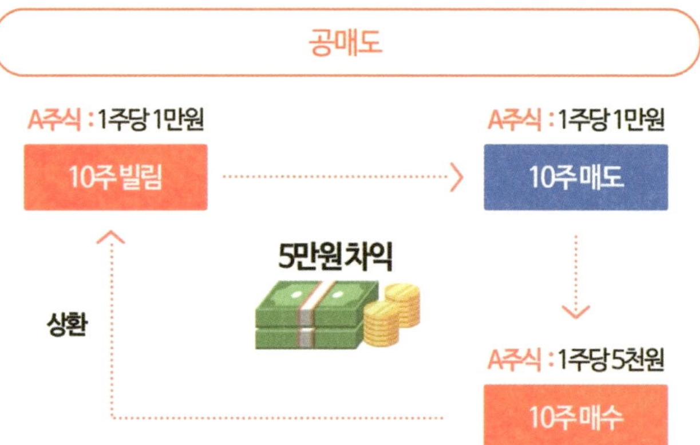

여러분이 주당 1만원 하는 주식을 10주 빌려서 매도한 뒤 10만원의 수익을 얻은 뒤 주당 5천원으로 떨어졌을 때 주식을 사서 거래소에 갚으면 5만원의 차익을 남길 수 있는 겁니다.

그럼 반대로 공매도 이후에 가격이 오르면 어떻게 될까요? 주당 1만원에 산 주식을 주당 1만 5천원일 때 갚아야 하니 손해를 보게 되겠죠. 공매도 세력은 주가가 폭락하면 더 큰 차익을 얻을 수 있겠죠? 그래서 해당 기업에 대해 부정적인 소문을 유포하기도 하고 그런 불공정 행위에 당한 기업은 자금조달이 어려워지고 결국 망할 수도 있습니다.

실제로 21년 2월 한국의 개인투자자들이 공매도를 반대하며 침묵시위도 하고 공매도 반대 버스를 운행하기도 했습니다.

미국에서도 매인 투자자들이 공매도에 대항했던 사건이 있었습니다. 바로 '게임스탑 사태'입니다.

21년 1월 미국의 개인투자자들이 대형 헤지펀드 큰손들의 공매도에 대항하기 위해 게임스탑 주식을 집중 매수하여 하락추세에 있던 주가를 폭등시킨 사건입니다.

게임스탑 주가

출처: google

게임스탑은 주가가 5달러 정도 되는 오프라인 비디오게임 유통업체인데요. 이전부터 별다른 성장 요인이 없던 기업이기에 주가하락이 예상되는 시점에서 공매도세력이 시가총액의 140%를 공매도했습니다.

이에 분노한 개인투자자들이 게임스탑 주식을 사, 한 달 동안 주가를 1,400% 상승시키는 데 성공했습니다. 게임스탑 사건에 대해 테슬라의 CEO인 일론 머스크도 공매도 제도를 비난하며 다음과 같이 말했습니다.

"집이 없으면 집을 팔지 못한다. 차가 없으면 차를 팔지 못한다. 그런데 주식은 없어도 팔 수 있다는 게 말이 되나? 공매도는 사기일 뿐이다."

공매도의 순기능은 적정한 가치에서 벗어난 종목에 대한 거래를 원활하게 해 주고 유동성을 높여 주는 것입니다. 또 투자자들에게 선택의 폭을 늘려줘 투자의 위험성을 분산시킬 수도 있죠. 실제로 공매도는 주가에 단기적으로 악영향을 줄 수 있지만 장기적 영향은 적습니다.

그런데 공매도는 조건도 까다롭고 대여기간, 담보 기준 등에 대한 제약이 크기 때문에 개인투자자들에게 진입장벽이 매우 높습니다. 자금력이 있는 기간과 외국인 투자자들은 상대적으로 공매도를 하기 수월합니다.

2021년 5월 3일 개인의 공매도의 접근성을 확대하기 위해서 새로운 **개인대주제도**를 시행했습니다. 하지만 아직도 공매도는 기업과 외국인투자자들 쪽으로만 '기울어진 운동장'입니다. 때문에 많은 개인투자자들이 공매도를 싫어하는 것입니다.

그렇다면 개인투자자들은 공매도를 어떻게 대비해야 할까요? 일반적으로 주가가 과도하게 오른 주식이나 고평가된 주식이 공매도 내 주식에 미칠 영향을 어느 정도 예상을 가능하게 해 주는 두 가지 방법이 있습니다.

첫 번째로는 잔고수량을 확인해 보는 것입니다. 잔고수량은 한국거래소 정보데이터시스템 공매도 통계에서 확인할 수 있습니다. 잔고수량이란 빌린 주식 중 아직 갚지 않은 주식 수를 말합니다.

공매도 거래 상위 50종목

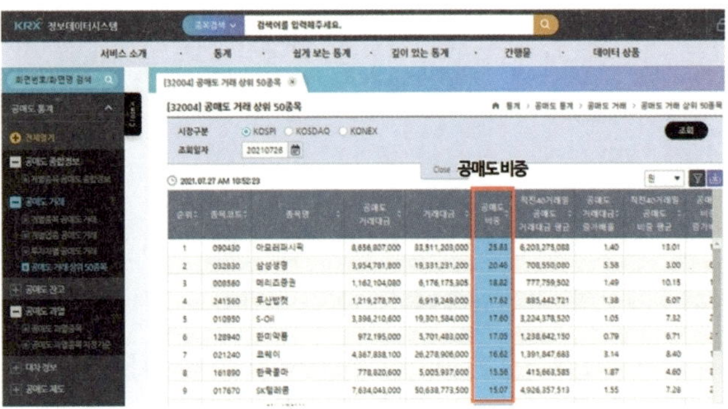

출처: KRX 정보데이터시스템

두 번째로는 목표주가를 확인하는 것입니다. 목표주가란 **애널리스트**가 예상한 미래 특정 시점의 주가를 말합니다. 목표주가는 컴퍼니가이드에서 확인할 수 있습니다.

공매도가 무조건적으로 나쁘다고 할 수도 없고 좋다고도 할 수 없습니다. 공매도의 영향에 대해서는 업계에서도 의견이 분분하고 예상하기도 어려운 것이 현실입니다. 기본적으로 주가를 결정하는 것은 기업의 실적과 성장성임을 잊지 마시기 바랍니다.

개인대주제도: 개인투자자에게 매도 증권을 대여해 주는 제도

애널리스트: 주식 종목, 경제 시황, 시장 및 경영 현황 등을 분석하는 직업

2. 매수 전 필수 체크 사항

1) 자본잠식된 기업 피하기

자본잠식이란 기업의 적자폭이 커져 잉여금이 바닥나고 납입자본금이 잠식된 상황을 말합니다. 자본잠식이 50% 이상 시 관리종목 편입 사유이며, 2년 연속 50% 이상과 전액 잠식 시는 상장폐지 사유에 해당됩니다.

또한, 자본잠식된 기업의 경우 재무구조 개선을 위해 감자를 결정하게 되는데, 이 또한 주가가 급락할 수 있는 잠재적 악재를 내포하고 있는 것이기 때문에 반드시 매수 전 체크해야 될 사항입니다.

주식을 하다 보면 신문 기사에 한 번씩 '감자'라는 단어가 쓰이는 것을 본 적 있으실 겁니다. 감자란 자본감소를 줄인 말로 기업이 여러 사유로 인해서 자본 총액을 줄이는 것을 뜻하는 말입니다. 기업이 감자를 하는 일반적인 사유로는 회사 정리, 분할, 합병이나 사업 보전 등의 목적이 있습니다. 감자는 유상감자와 무상감자로 나누어집니다.

유상감자는 기업이 자본금을 줄일 때 그만큼의 자본금을 주주에게 보상하는 것이고, 기업 재무상태표상으로도 자산과 자본이 한꺼번에 줄어들게 되어 실질적 감자라고 불립니다. 유상감자는 보통 현재의 회사 규모에 비해 자본금이 지나치게 크다고 판단하여 자본금 규모를 적절하게 줄일 때 사용됩니다. 단기적으로는 공급량이 줄어 기존 주식의 가치가 상승하기 때문에 주가상승이 발생되어 호재로 느껴질 수 있지만 장기적으로 줄어든 기업 자본금으로 기업 안정성에 부정적인 영향을 미칠 수도 있습니다.

무상감자란 기업이 자본금을 줄일 때 주주에게 아무런 보상도 하지 않는 것입니다. 유상감자가 실질적 감자라면 무상감자는 형식적 감자입니다. 무상감자는 재무상태표의 이익잉여금이 0 아래로 떨어져 나타나는 결손금이 너무 많아진 경우, 이 결손을 지워 버리고 장래의 이익 배당을 가능하게 하기 위해 많이 사용되는 방식입니다. 무상감자는 유상감자와 달리 주주가 아무런 보상을 받지 못하기 때문에 주식시장에서는 엄청난 악재로 분류합니다. 따라서 회사에 투자하기 전에 회사의 재무제표를 분석해 볼 필요가 있습니다.

자본총계와 자본금 비교

자본금	897,514
우선주자본금	119,467
보통주자본금	778,047
주식발행초과금	4,403,893
이익잉여금(결손금)	178,284,102
기타자본항목	(268,785)
자본총계	183,316,724
부채와자본총계	229,664,427

출처: 전자공시시스템 DART

우선 기업의 재무제표를 보고 자본총계와 자본금을 비교해 보셔야 합니다. 자본총계가 자본금보다 적다면 자본 잠식 상태라고 볼 수 있습니다. 이러한 기업은 반드시 피해야 합니다. 이익잉여금을 쌓아 놓기는 커녕 매년 만성적자로 인해 결손금이 누적된 상황일 겁니다. 이러한 기업은 잠재적 악재를 내포하고 있기 때문에 반드시 매수 전 체크를 하셔야 합니다.

다음으로는 결손금을 확인하셔야 합니다. 결손금 누적은 재무 구조적 측면에서 상당히 위험한 상황입니다. 이슈나 뉴스 또는 카더라 통신에 의존한 단기 수익을 노리고 투자했다가는 큰 낭패를 볼 수 있기 때문에, 매수 자체를 하지 않는 것이 현명한 판단입니다. 실제로 이러한 재무구조를 가지고 있는 기업은 감자공시를 하였고, 하한가 등 주가 급락이 나왔으며, 거래정지가 된 것을 확인할 수 있습니다.

결손금: 기업의 경영활동 결과 순자산이 오히려 감소하는 경우에 그 감소분을 누적하여 기록한 금액

자본잠식 위험 체크

1. **자본총계가 자본금 보다 큰 가?**

   자본총계 > 자본금

   - 자본총계가 자본금보다 작은 기업은 만성적자일 가능성 ↑

2. **결손금이 장기적으로 누적되진 않았는 가?**

   - 결손금 누적은 주가 급락, 거래 정지, 감자 공시 등의 위험.

2) 부채비율이 높은 기업 피하기

업종마다 평균적인 부채비율의 차이는 있습니다. 하지만 기본적으로 부채비율이 높은 기업들의 주가 움직임은 상당히 둔하고 현금흐름이 많이 약화된 기업들이 많기 때문에 되도록 100% 미만 기업을 선택하는 것이 좋습니다.

부채비율이 높으면 기업의 신용등급이 떨어지게 됩니다. 기업의 신용등급 하락은 거래처와의 거래와 투자를 위한 금융 기관을 통해 자금조달에도 안 좋은 영향을 끼칩니다. 부채비율 100%를 기준으로 삼는 이유는 부채비율이 100% 이하인 기업은 부채보다 자본이 더 크다는 의미이기 때문입니다.

부채비율 확인

당기순이익	57	48	51
지배주주순이익	53	45	43
비지배주주순이익	4	3	8
자산총계	5,202	5,795	5,924
부채총계	3,958	4,495	4,559
자본총계	1,244	1,300	1,365
지배주주지분	1,177	1,229	1,288
비지배주주지분	67	71	78
자본금	108	111	113
부채비율	318.25	345.70	334.01
유보율	996.97	1,015.13	1,034.58
영업이익률	1.01	0.94	0.76
지배주주순이익률	0.50	0.40	0.40
ROA	1.15	0.87	0.87
ROE	4.69	3.74	3.44

큰 투자를 해서 부채비율이 단기적으로 높아질 수 있지만 자본보다 빚이 많은 기업은 누가 봐도 위험하다는 것을 알 수 있습니다. 보통 부채비율이 200% 이상이면 재무적 안전성이 불안하다고 판단합니다.

부도나 자본잠식, 파산 등은 상장폐지 요건에 해당하며 대부분 부채에 대한 이자나 원금을 갚지 못했을 때 발생합니다.

적자기업이 아닌데도 부채비율이 줄어들지 않으면 탄력을 받지 못하고 하락 또는 횡보 국면에서 머무는 등 주가에 부정적인 영향을 끼칠 확률이 높습니다.

부채비율 100% 이하 체크

1 부채비율

부채비율(%) = 부채 ÷ 자본 X 100

부채비율 100% 이하는 부채보다 자본이 크다는 의미.

2 부채비율이 높으면 부도나 자본잠식, 파산 등의 상장폐지 요건에 해당되는 위험이 있음.

3) 적자기업 피하기

한번 적자가 나기 시작하면 흑자로 전환될 가능성이 줄어듭니다. 대박주는 동전주와 흑자전환 기업에서 나온다는 말이 있지만, 저자는 이 말에 동의하지 않습니다. 오히려 쪽박 찰 가능성이 높아질 뿐입니다.

안정적인 실적과 성장성이 동반되면서도 주가가 아직 싸게 거래되는 기업이 많기 때문에 적자기업은 되도록 피하시는 것을 추천드립니다.

적자 기업은 단기적 이슈로 급등해도 빠르게 제자리를 찾아 돌아올 확률이 높습니다. 적자폭이 개선되지 못하기 때문에 기업의 가치는 매년 감소하고 주가의 바닥이 없고 계속적인 하락세를 보일 수 있습니다. 이런 상황에서 지속적인 물타기로 비중을 높여 나간다면 아찔한 결과를 맞이하게 될 수 있겠죠.

기업이 적자인지 아닌지 가장 쉽게 확인할 수 있는 방법은 영업이익을 살펴보는 것입니다. 손익계산서상에 영업이익이 적자라는 의미는 기업이 돈을 벌지 못하고 손해만 보고 있다는 뜻입니다. 장기적으로 적자가 발생되는 것은 위험신호입니다.

영업이익을 살펴볼 때 당기순이익을 함께 살펴보면 좋습니다. 일반적으로 '적자'라고 하면 당기순이익이 마이너스인 경우를 말합니다. 당기순이익은 총매출액에서 판매와 관리에 들어간 비용, 법인세 등을 모두 차감하고 결과적으로 기업이 가져가는 순이익입니다.

영업이익과 당기순이익을 살펴볼 때는 장기적인 흐름을 보는 것이 중요합니다. 영업이익이 꾸준히 흑자인 기업도 당기순이익에서 일시적인 손실이 생길 수 있기 때문입니다.

영업이익과 당기순이익 확인

1 **영업이익률 : 영업활동을 통해 벌어들인 이익**
영억이익률이 10% 이상일 때 안정적으로 판단.

영업이익률 = 영업이익 ÷ 매출액

2 **당기순이익률 : 매출액에서 각종 비용을 제한 순수이익**
영억이익률을 10% 이상일 때 안정적으로 판단.

당기순이익률 = 당기순이익 ÷ 매출액

3. 목표가 설정 방법

1) 섹터 선정

- 원화강세 및 약세 수혜주
- 원자재 가격 변동에 따른 수혜주
- 시장주도 업종 선정
- 향후 5년 이상 성장할 수 있는 업종
- 2차전지, 전기차, AI, 헬스케어 등등

2) 선정 제외 섹터

- 원화 강세 및 엔저 현상 피해 업종 제외(환용 피해 업종)
- LED, 스마트폰 부품, 자동차 등 경쟁 과열 업종 제외
- 실적 악화 기업 제외
- 원자재 가격 변동에 따른 피해 업종 제외
- 성숙기 진입 업종 제외

목표가 설정 방법

0000(0000)

4사업년도 평균 PER: 17배

올해 예상 EPS: 3천81원

목표주가 계산법: 올해 예상 EPS×4사업년도 평균 PER(3,081원×17배)

목표주가: 5만 2천377원

현재주가: 4만 6천50원(예시)

6장

투자는 주부 9단처럼 해라

주부 9단이라는 말은 집안일에 만능인 주부들을 지칭할 때 주로 사용하는 말입니다. 이분들은 쇼핑할 때도 그냥 하지 않습니다. 필요한 물건을 미리 생각하고 성능과 가격을 비교하고 구매합니다. 그리고 가능하면 조금이라도 저렴하게 사려고 노력합니다.

주부 9단이 아니더라도 사람들은 누구나 현명하고 지혜로운 쇼핑을 하길 원합니다. 백화점에서 티셔츠를 하나 구매할 때도 디자인뿐만 아니라 소재가 괜찮은지 유행을 타지 않고 오래 입을 수 있을지 계절에 맞는지 여러 가지 요소를 고려하여 구매합니다.

그런데 주식시장에서는 어떠한가요? 이러한 합리적인 소비행태를 까맣게 잊어버리고 남들이 좋다고 하는 인기 있는 주식을 비싼 값에 사고 맙니다. 주식투자도 쇼핑과 마찬가지입니다. 같은 상품이면 100원이라도 저렴하게 사는 것이 이기는 방법입니다. 이왕이면 정가 말고 세일(Sale)할 때 사는 것이 이득이라는 겁니다.

첫째, 세일 중인 주식 찾아내기

주식을 하다 보면 가치투자라는 말을 심심치 않게 들을 수 있습니다. 가치투자의 핵심은 저평가된 주식을 사서 고평가된 시점에 파는 것입니다. 그렇다고 "지금은 이 주식이 저렴하니 나중에 오를 거야"라는 막연한 기대감으로만 투자를 한다면 실패를 할 수밖에 없습니다. 때문에 가치투자에서 제일 중요한 것은 '정확한 종목 가치 산정'에 있습니다.

주식시장에 어떤 기업이 저렴하게 나왔는지 알려면 기업의 내재가치를 보면 됩니다. 내재가치보다 주가가 저렴하면 세일 중인 주식이라고 생각할 수 있습니다.

그렇다면 종목의 정확한 가치는 어떻게 파악할 수 있을까요? PER을 눈여겨보길 바랍니다. PER이란 주가수익비율을 말합니다. PER은 주가를 주당순이익으로 나눈 값입니다. A라는 기업의 주당순이익이 1만원이고 주가가 10만원이라면 A기업의 주식 PER 값은 10입니다.

A기업의 PER 계산방법

A주식

$$\text{PER}=10 = \frac{100{,}000}{10{,}000} = \frac{\text{주가}}{\text{주당 순이익}}$$

이것으로 어떻게 세일 중인 주식을 찾을 수 있는지 궁금하실 겁니다. 똑같이 1주당 1만원을 벌어들이는 A기업과 B기업이 있습니다. A기업의 주가는 10만원이고 B기업의 주가는 20만원이라면 A기업과 B기업의 PER값은 각각 10, 20이 됩니다.

B기업은 벌어들이는 순이익에 비해 2배 정도 고평가되어 있다고 볼 수 있습니다. 같은 수준의 이익을 내고 있는 기업이라면 A기업의 주가를 매수하는 것이 이득이겠죠? 이게 바로 PER을 통해 투자하는 일반적인 원칙입니다.

동종업계의 A기업과 B기업의 비교

A기업 PER

10만원 ÷ 1만원 = 10

저PER주(PER이 낮은 기업)

B기업 PER

20만원 ÷ 1만원 = 20

고PER주(PER이 높은 기업)

B기업이 상대적으로 고평가

PER은 저평가된 종목을 찾을 수 있는 단서를 제공해 주는 역할이지 절대적인 지표는 아닙니다. 종목 가치를 따져 볼 때 PER을 참고하되 다양한 지표들을 함께 고려하여 투자하는 것이 바람직합니다.

둘째, 세일 중인 주식과 싼 주식 구별하기

'싼 게 비지떡이다'라는 옛말이 있습니다. '저평가 우량주에 투자하라'라는 유명한 격언도 있죠. 하지만 여기서 '저평가'란 말을 잘못 이해하면 오히려 손해를 볼 수 있습니다. 저평가는 가치에 비해 싸게 거래되는 상태를 뜻하는데요. 이것은 가치가 높은 기업의 주식을 저렴한 가격에 매수하라는 말이지 결코 싼 주식을 매수하라는 것이 아닙니다. 싼 것을 싸게 사는 것은 당연한 것입니다.

기업의 가치를 따지는 방법은 순이익입니다. PER(주가수익비율), 주당순이익 등으로 종목선정을 하는 방법은 앞서 알려 드렸습니다. 그런데 PER을 사용해 기업의 가치를 판단할 때 꼭 알아 둬야 할 사항이 있습니다.

각 업종마다 적정한 수준의 PER이 있다는 걸 간과하면 안 된다는 것입니다. 따라서 다른 두 업종의 종목을 단순히 PER이 높고 낮은 수준으로 판단하는 것은 오류가 있습니다.

업종별 PER 평균

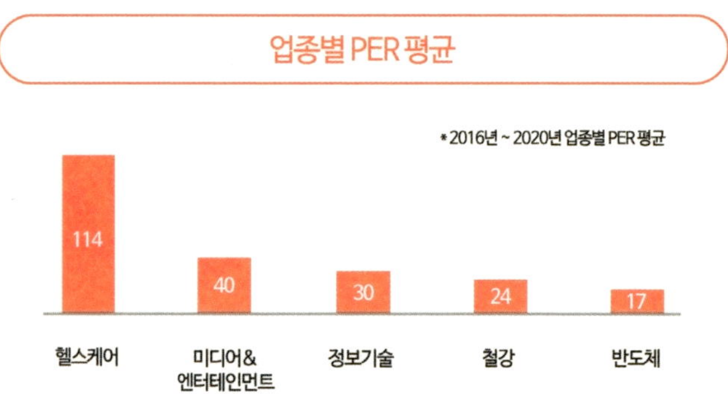

이 그래프는 2016년부터 2020년까지 업종별 PER 평균값이 높은 5종목을 나타낸 것입니다. 헬스케어, 미디어&엔터테인먼트, 정보기술, 철강, 반도체 등이 대표적입니다. 평균값이 가장 높은 헬스케어 업종과 반도체는 무려 6배가 넘는 차이가 납니다.

헬스케어 업종과 비교하면 반도체 업종에 속한 기업은 항상 저평가 상태일 수밖에 없습니다. 따라서 업종별 특성을 고려하지 않은 채 헬스케어 기업과 반도체 기업을 같은 선상에 두고 저평가 상태라고 판단하면 안 되겠죠. 저평가 상태라고 판단했지만 반도체 기업들 사이에선 이미 주가에 가치가 반영된 종목일 수 있기 때문입니다.

그렇다면 왜 PER의 차이가 발생하는 걸까요? 이유는 크게 두 가지로 나눌 수 있습니다.

1) 성장성

성장성이 높은 업종의 경우는 높은 PER을 유지하는 경향이 있고 수익이 안정적인 업종일수록 낮은 PER을 유지하고 있는 경우가 많습니다.

먼저 성장성입니다. 미래 성장성이 확실하거나 턴어라운드 조짐이 보이는 주식은 기대감이 반영되어 PER이 높습니다. 또는 종목이 속한 업종이 성장성이 좋은 종목이라면 현재 PER이 50배라도 5년 안에 이익이 5배 증가하면 PER은 10배로 낮아집니다. 따라서 투자자들은 당장 PER이 높다 해도 주식의 미래 가치를 보고 계속해서 투자하는 것입니다.

성장성이 높은 업종의 경우는 높은 PER을 유지하는 경향이 있고 수익이 안정적인 업종일수록 낮은 PER을 유지하고 있는 경우도 있습니다. 2020년에는 코로나19 치료제·백신 개발 이슈로 국내 제약, 바이오 종목의 PER이 100배에 달하기도 했습니다.

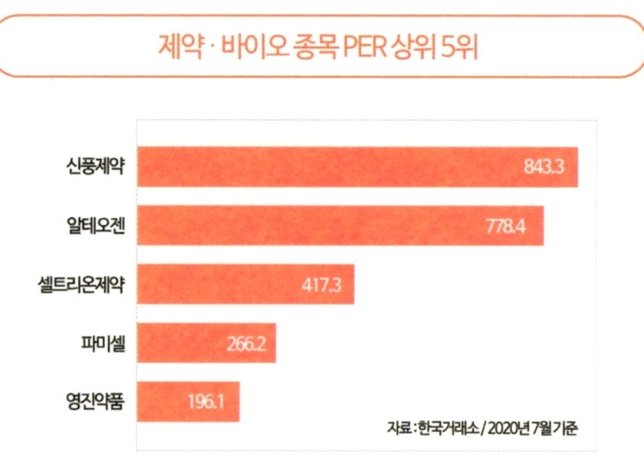

반대로 지금은 PER이 낮다 해도 앞으로 이익이 계속 감소한다면 PER이 높아지겠죠.

2) 비즈니스 모델

두 번째는 비즈니스 모델의 차이입니다. 좀 더 구체적으로 말하면 B2C 사업모델을 가졌는지 아니면 B2B 사업모델을 가졌는지에 따라 PER이 달라질 수 있습니다.

PER이 높은 주식들 대부분은 B2C, 낮은 주식들은 B2B 기업이 많습니다. B2C 기업은 불특정 다수가 고객입니다. 따라서 시장지배력이 뛰어난 기업은 고객과의 관계에서 '갑'의 위치에 있습니다.

대표적인 신발 브랜드인 나이키는 새로운 상품의 발매 때마다 전 세계 소비자들이 신제품을 구매하려고 매장 앞에 줄을 서 있는 모습을 볼 수 있습니다. 반면, B2B 기업은 원재료 및 부재료 등을 제공하는 업체로 거대 고객사에 종속된 구조입니다. 고객과의 관계에서 '을'의 위치에 놓여 있는 기업들인 것이죠. 때문에 고객사의 단가인하 압력, 협력사 간 경쟁 구도에서 자유로울 수가 없습니다. 이런 부분들이 PER에 반영되어 나타나는 것입니다.

따라서 그 기업의 PER을 볼 땐 성장성이 어떤지, 고객과의 관계에서 어떤 위치인가와 같은 다각도 적인 측면에서 분석해 봐야 합니다.

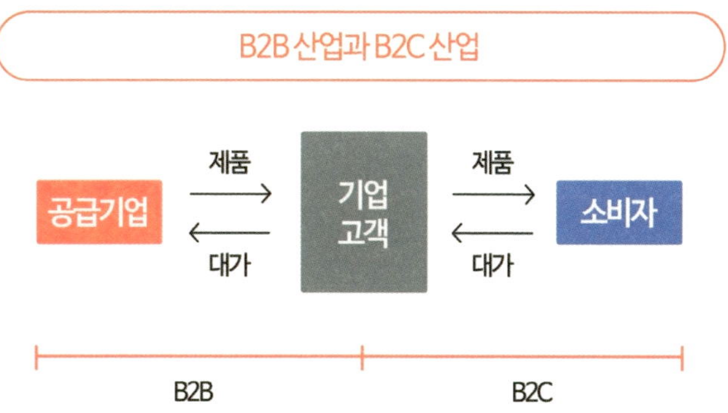

셋째, 안전마진 확보하기

옷을 살 때 짧게 유행이 지나가는 옷이 아니라 내년, 내후년에도 오래오래 입을 수 있는 옷인지 생각하는 것처럼 이 주식이 내가 매도를 원하는 시점에도 핫한 종목일지를 늘 생각해야 합니다.

'몰빵'이라는 단어가 있습니다. 주식투자를 하는 분이시라면 누구나 알고 있을 거라 생각이 듭니다. 한 종목에 투자금을 올인하는 것을 속되게 이르는 말입니다. 하지만 예상을 빗나갈 경우는 어떻게 해야 할까요? 내가 투자한 종목이 손실구간일 때에 다른 하나의 종목이 수익을 내주면 심리적인 불편함이 덜어져 손실 중인 종목이 상승구간으로 회복할 때까지 좀 더 편안히 기다릴 수 있게 됩니다. 또 분산투자는 하락 시 추가 매수를 통해 평균단가를 낮추는 것이 쉽다는 장점이 있습니다. 이처럼 안전마진을 확보하는 것이 분산투자입니다.

사실 말이 쉽지, 분산투자라는 것은 굉장히 어려운 기술입니다. 아무 종목이나 여러 개 산다고 분산투자가 아니라는 말입니다. 처음부터 분산투자를 실천한 개인투자자들은 없을 겁니다. 대부분 한 종목에 '몰빵'으로 시작합니다. 그래도 주식을 하기로 마음먹은 이상 분산투자가 무엇인지는 알고 가셨으면 합니다.

1. 안전마진이란

안전마진이란 미래의 일정 시점에 주가가 하락하는 경우에도 손실로부터 보호받을 수 있는 안전장치입니다. 예를 들어, 가치가 10만원이고 시장에서 거래되는 가격이 50만원 정도인 주식을 30만원에 매수했다면 향후 그 기업의 가격이 50만원에서 40만원으로 떨어지더라도 투자 원금은 보존될 것입니다. 물론 가격이 50만원 이하로 하락할 수도 있지만 그런 경우에도 안전 마진을 확보하지 않고 매수한 투자자들에 비해서 상대적으로 더 안전한 상태에 있을 수 있는 것입니다.

따라서 우선은 그 기업의 가치가 얼마 정도 되느냐를 파악하고 주가가 안전마진이 확보되는 정도까지 올 때를 기다려야 합니다.

안전마진 개념도

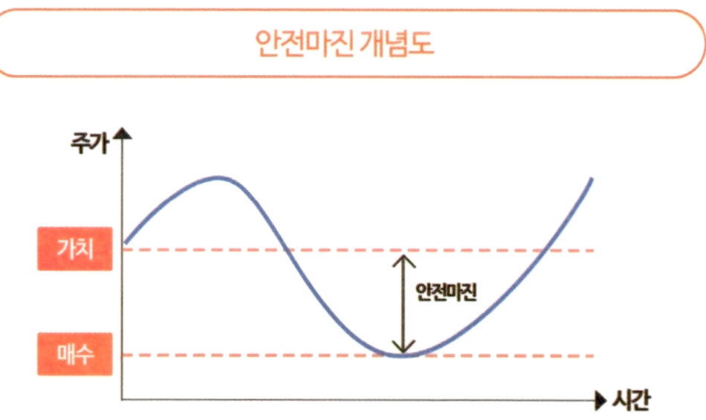

2. 안전마진 확보방법

주가는 언제나 올랐다 내렸다를 반복하면서 적정한 가치를 찾기 위해 움직입니다. 시장이 과열됐거나 고평가된 상태에서 매수했다면 좋은 종목, 나쁜 종목 가리지 않고 제자리를 찾기 위해 주가가 무섭게 곤두박질칠 것입니다. 이런 시장으로부터 안전마진을 확보하는 것이 굉장히 어렵겠지만 안전마진을 확보하려는 노력은 해야 합니다.

시장이 저평가되어 있다고 판단이 들면 안전마진을 확보할 수 있는 상태이므로 저평가된 종목이나 우량주를 찾아 조금씩 분할매수하고, 반대로 시장이 과열됐거나 고평가되어 있는 상황이면 포트폴리오에 편입된 종목들 중 확신이 없는 종목들을 정리하고 확실히 장기투자를 목표로 하고 있는 종목들로만 구성해 가면 됩니다.

사실 많은 분들이 주가가 폭락하는 시기에 주식투자를 중단하는데, 앞서 말했듯이 아무도 관심을 갖지 않을 때가 가장 최적의 기회입니다. 이러한 시기에는 정말 좋은 종목들도 세일 가격에 거래된다는 것을 알아 두시고 참고하시길 바랍니다.

3. 개인적인 안전마진 확보방법

주식투자에 있어서 개인들마다 투자금을 조달하는 방법이 모두 다를 것입니다. 여윳돈으로 투자하시는 분들도 계실 것이고 매월 월급에서 조금씩 투자하는 분이나 대출이나 신용으로 투자하는 분들도 계실 겁니다.

만약 여러분이 돈을 빌려서 투자하고 있다면 투자로 인해 수익을 올린다면 다행이지만 손실을 보게 되면 원금에 이자에 손실금까지 떠안게 되는 상황이 발생하기 때문에 직장 생활이나 가정생활까지 문제가 될 수 있습니다. 고지식한 생각이라고 할 수도 있지만 빌린 돈으로 투자하는 것은 도박에 가깝지 않을까요?

자신과 가족들의 재정적인 여유를 고려하고 살아가는 데 있어서 문제가 없는 범위 내에서 여윳돈으로 투자하는 것을 추천드리고 싶습니다. 이것은 큰 틀에서 안전마진 확보로 볼 수 있지만 근본적으로는 건전한 투자방법이라는 측면에서 너무나도 당연한 것이라고 생각됩니다.

주식닥터의 핵심 기초 강의 ①

주가지수란 주식시세 전반의 움직임을 나타내기 위해서 일정 시기의 주가를 100으로 하여 나타낸 지수입니다. 상장된 모든 종목의 현시가 총액을 기준시점의 총액으로 나눠 100을 곱하는 공식을 사용합니다.

1. 지수가 폭락하는 시점을 노려라

주가지수의 파동은 단기, 중기, 장기파동으로 나누어집니다. 파동을 이해하지 못한다면 운용하고 있는 포트폴리오의 움직임을 이해하지 못할뿐더러 추후 지수 움직임에 따른 전략도 세우기가 어렵습니다.

그렇기 때문에 주식투자를 할 땐 반드시 지수의 움직임을 알고 계셔야 합니다. 주가지수는 상승과 조정을 반복하면서 움직이는데 단기는 3~6개월의 파동, 중기는 1~3년간의 파동, 장기는 10년 파동으로 움직입니다.

지수의 파동에 맞춰서 현금 확보 및 매수 포지션을 잡아가면서 연속적인 수익실현이 가능합니다.

지수의 파동

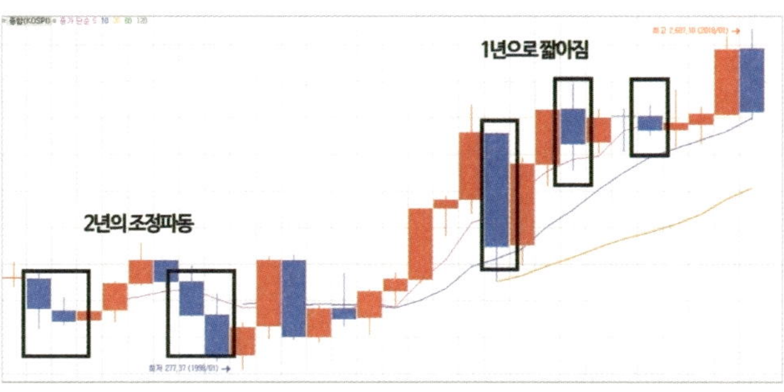

출처: 키움증권 코스콤

90년대까지 조정파동은 2년이었으나, 2000년대에 들어서면서 1년 이내로 짧아진 모습을 확인할 수가 있습니다. 쉽게 이야기해서 폭락장이 나와도 1년만 버티면 된다는 건데, 지수의 밸류에이션 공부를 하시면 좀 더 쉽게 이해할 수 있을 겁니다.

1) 단기파동

다음의 차트에서 상승 3개월, 조정 3개월의 단기파동을 확인할 수 있습니다. 지수가 3개월간 단기 상승 파동이 나올 땐 분할 현금 확보를 진행하면서 현금 보유율을 높이고, 지수 하락 파동에서는 분할매수로 단가관리를 진행하여 수익실현을 위한 매집을 할 수 있습니다.

지수 단기파동은 3~6개월 사이에 파동이 이루어집니다. 중단기적인 트레이딩 관점에서 지수의 흐름을 타며 매수와 차익실현을 반복하면 충분한 수익을 낼 수 있는 파동입니다.

지수의 단기 파동

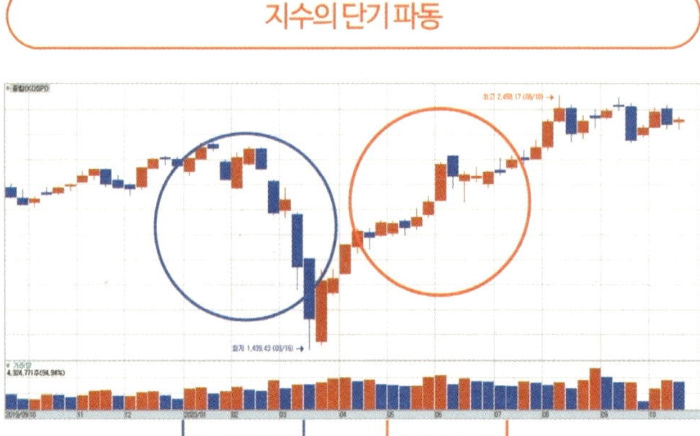

출처: 키움증권 코스콤

2) 중기파동

지수 중기파동은 1~3년 주기로 움직입니다. 중기파동을 활용하려면 기본적으로 저평가 기업으로 포트폴리오를 구성한 상황에서 하셔야 합니다.

지수의 밸류에이션이 고평가되는 시점에 매도 포지션으로 바꾸고 저평가되는 시점에 매수 포지션으로 바꿀 수 있습니다. 중기파동의 상승 구간에서는 반드시 현금 비율을 평상시보다 높여 주셔야 합니다.

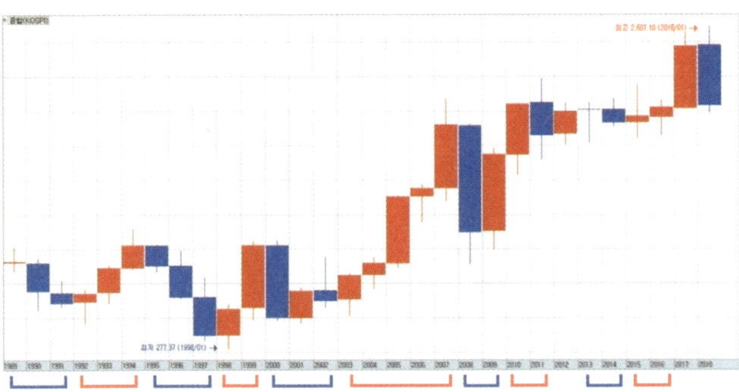

출처: 키움증권 코스콤

3) 장기파동

지수의 장기파동은 10년 주기로 옵니다. 주기별로 한 번씩 지수 大폭락이 이어지게 되는데, 이때가 가장 수익을 많이 볼 수 있는 기회이기도 합니다. 그렇기 때문에 투자 비중 및 현금 관리를 잘해 주어야 제대로 된 수익을 낼 수 있습니다.

폭락장이 나올 때는 50~70% 이상 주가지수의 폭락이 나오게 되는데, 대부분의 주식들이 반토막 이상 손실이 나게 되는 겁니다. 저평가 기업을 매집한 투자자라면 이보다 더 좋은 BIG 세일은 없는 겁니다.

그러나 투자할 현금이 없다면 아무런 의미가 없게 됩니다. 그렇기 때문에 반드시 투자자금의 배분 및 현금성 자산의 운용을 신경 쓰셔야 합니다.

지수의 장기 파동

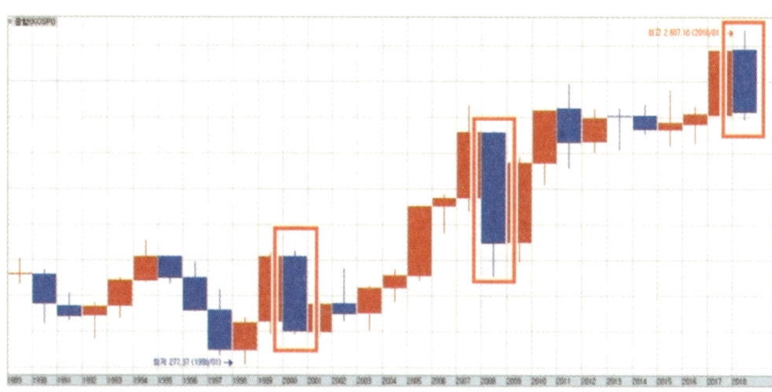

출처: 키움증권 코스콤

2. 지수의 위치를 정확하게 파악하자

지수가 빠진다는 것은 전체적 시장의 자금흐름이 빠지고 있다는 의미입니다. 반대로 지수가 오른다는 건 시장에 자금이 유입흐름이 된다는 걸 의미합니다.

지수의 통계 데이터를 활용해서 현재의 지수가 높은 위치에 있는지 낮은 위치에 있는지 알 수 있습니다. 지수가 높은 위치에 있다면 전체적인 기업들의 주가가 프리미엄이 붙은 상황이고, 지수가 낮다면 전체적인 기업들의 주가에 프리미엄이 빠진 상황이라고 생각하면 됩니다.

상장기업의 평균 PBR 및 PER의 최근 10년 평균값을 구한 후 현재 위치와 비교하면 됩니다.

지수값은 한국거래소 홈페이지에서 확인할 수 있습니다.

✔ 지수비교 방법

① KOSIS 홈페이지에서 PBR 검색

지수의 위치 파악하기 1

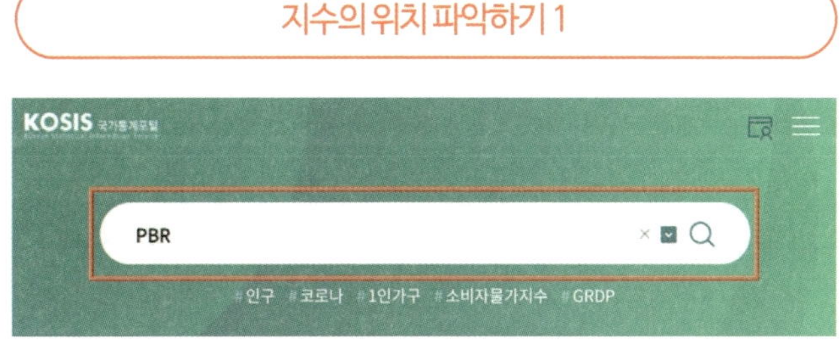

출처: KOSIS

② 통계표에서 증권·파생상품시장통계: 코스피 주가순자산비율(PBR) 클릭

지수의 위치 파악하기 2

출처: KOSIS

③ 일괄설정 클릭

지수의 위치 파악하기 3

1) 코스피 주가순자산비율 (PBR)

자료갱신일: 2021-07-23 / 수록기간: 월, 년 2004.01 ~ 2021.06 / 자료문의처 : 02-3774-8937 / 기능문의: KOSIS Q&A 게시판

일괄설정 + | 항목[1/1] | 지수종류별[9/9] | 시점[6/227]

(단위 : 배)

주석정보 | 주소정보 | 행렬전환 | 분석 | 차트

지수종류별(1)	지수종류별(2)	2021. 06	2021. 05	2021. 04
KOSPI	소계	1.30	1.29	1.28
KOSPI 200	소계	1.37	1.35	1.35
KOSPI 100	소계	1.38	1.34	1.34
KOSPI 50	소계	1.38	1.35	1.37
제조업	소계	1.63	1.61	1.61
시가총액규모별	대형주	1.37	1.37	1.37
	중형주	1.06	1.03	0.98
	소형주	0.88	0.85	0.82

출처: KOSIS

④ 시점에서 년을 클릭하고 2010년부터 2020년 설정, 적용버튼 클릭

지수의 위치 파악하기 4

출처: KOSIS

⑤ 최근 10년 치의 코스피 PBR의 평균 구하기

(1.5+1.19+1.15+1.20+1.11+1.10+1.00+1.11+0.87+0.89+1.16)/10=1.228

최근 10년 동안의 평균 PBR은 1.228배가 나오게 되는데, 현재의 PBR과 비교를 하게 되면 현재 주가지수가 고평가 상태인지 저평가 상태인지를 확인할 수 있습니다.

1.2배보다 높다면 현금비율을 확대하고 1.2배보다 낮다면 매수 포지션을 취할 수 있습니다.

PBR 평균인 1.2배에 비해 현재(1.30배/2021년 6월 기준) 고평가 상태이기 때문에 현금 비율 확대를 해야 할 시기입니다. 공격적인 매수 포지션을 가져가기엔 리스크가 있는 지수의 위치임을 확인할 수 있습니다.

지수의 위치 파악하기 5

지수종류별(1)	2010	2011	2012	2013	2014	2015	2016	2017	2018	2019	2020
KOSPI	1.50	1.19	1.25	1.20	1.11	1.10	1.00	1.11	0.87	0.89	1.16

출처: KOSIS

KOSPI: 한국종합주가지수는 한국거래소의 유가증권시장에 상장된 회사들의 주식에 대한 총합인 시가총액의 기준시점과 비교시점을 비교하여 나타낸 지표

KOSDAQ: 중소벤처기업을 위한 주식시장으로 미국의 나스닥(NASDAQ)을 본떠 이름 지어졌으며 유가증권 시장과는 규제 조치가 별개로 이루어지는 시장

3. 지수의 위치에 따른 현금 확보 전략

2008년 세계 금융위기가 왔을 때 코스닥 PBR은 0.8배까지 떨어졌습니다. 1년간 50% 이상의 폭락을 맞았던 공포의 시기인 2008년도는 투자자들에게 큰 손실과 좌절을 준 해였습니다.

반면, 지수의 위치를 알고 있던 투자자들은 매수의 기회로 삼을 수 있었던 한 해였습니다. 다음 표를 보면 세계금융위기를 기점으로 주가지수가 상승하는 것을 확인할 수 있습니다. 즉, 지수의 위치에 따른 현금 확보전략으로 갔다면 2008년 大폭락장을 역이용해서 큰 수익을 낼 수 있었다는 겁니다.

세계 금융위기 후 주가지수 추이

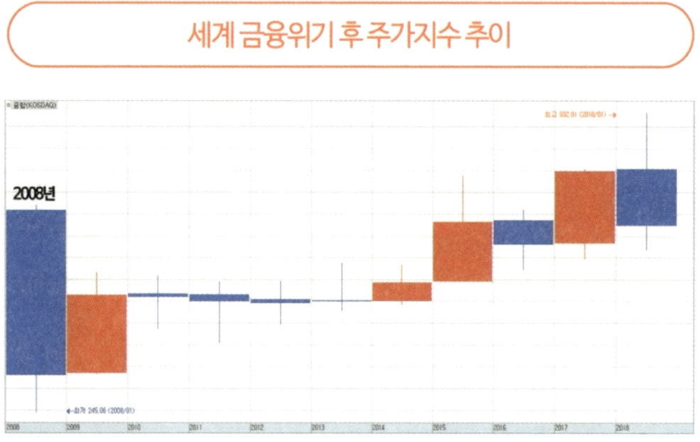

출처: 키움증권 코스콤

✔ 현금 비율 팁

주가지수 PBR의

1배 이하: 적정 현금비율 10%

1.3배 이하: 적정 현금비율 20%

1.5배 이하: 적정 현금비율 30%

1.7배 이하: 적정 현금비율 40%

1.9배 이하: 적정 현금비율 50%

2배 이상: 적정 현금비율 70% 이상

주식닥터의 핵심 기초 강의 ②

1. 현금회전을 빠르게 하는 방법

기업을 경영할 때 현금흐름이 굉장히 중요합니다. 주식투자도 마찬가지로 현금흐름이 굉장히 중요한데, 현금회전율을 높이고 유동성을 확대하려면 리스크 최소화 전략으로서 비중을 작게 여러 종목을 회전시키는 것이 좋습니다.

✔ 리스크 최소화 전략(요약)

① 포트폴리오 구성 시 리스크를 제한시키기 위한, 종목당 최대 비중을 10% 미만으로 잡아 관리합니다.

② 종목당 비중을 높이게 되면 리스크가 커지고 수익 가능성이 높아진다고 생각하시겠지만, 리스크가 커지고 손실 가능성이 높아지기 때문에 제한하는 것입니다.

③ 한 종목의 편입비중이 평균 편입 비중 대비 50% 이상 많게 되면 종목 슈팅 또는 반등 시 2.5% 비중을 손절 또는 익절하여 평균 편입 비중과 동일하게 맞추는 전략이 필요합니다.

보유종목의 기술적 슈팅 발생

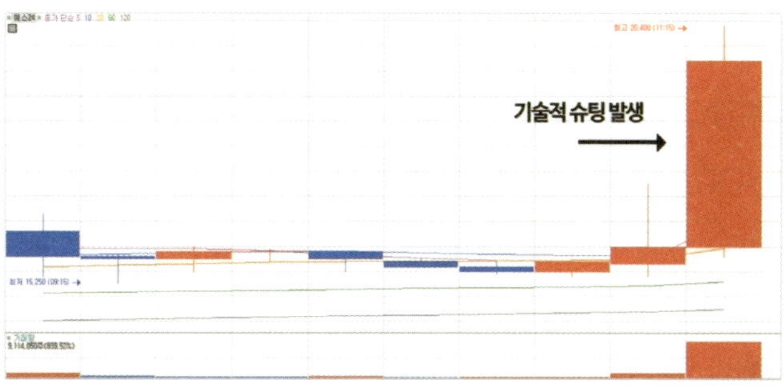

출처: 키움증권 코스콤

주식투자는 수익을 크게 내려 하면 손실을 보게 되고(리스크 확대), 손실을 보지 않으려고 하면(리스크 축소) 수익이 나는 경향이 있습니다. 기술적 슈팅 이후엔 조정이 오기 때문에 슈팅구간에서는 보유물량의 분할 차익실현을 진행하고 조정 기간에 재매수를 들어가시거나 신규 종목 매수를 진행해서 다른 수익실현의 기회를 만들어 가는 것이 좋습니다.

2. 리밸런싱 방법

리밸런싱이란 포트폴리오의 편입 비중을 재조정해서 균형을 맞추는 작업입니다. 리밸런싱을 진행하셔야 현금흐름이 개선되어 현금유동성이 풍부해져 신규 종목 수익 창출 및 단가관리가 가능해 리스크를 최소화하면서 계좌복구에 들어갈 수 있습니다.

예를 들어 현재 보유종목이 5종목이고 각 비중이 3%, 3%, 10%, 30%, 5%라고 한다면 현재 포트폴리오의 균형이 깨진 상태입니다.

30% 비중으로 들어간 종목이 마이너스로 돌아선다면 전체 포트폴리오의 수익률은 마이너스로 돌아설 수밖에 없고 계속해서 하락이 나온다면 상황은 더욱더 악화될 겁니다.

이런 경우 **비중축소** 가이드라인을 정하시고 그 가이드라인을 벗어날 시에 점진적인 비중축소를 반드시 진행해 주시는 게 좋습니다.

하락 시 지지선 이탈 시점과 상승 시 매물대 부근에 목표 매도가를 정하시고 가이드라인에 맞춰서 진행해 보시면 됩니다.

비중축소 가이드라인

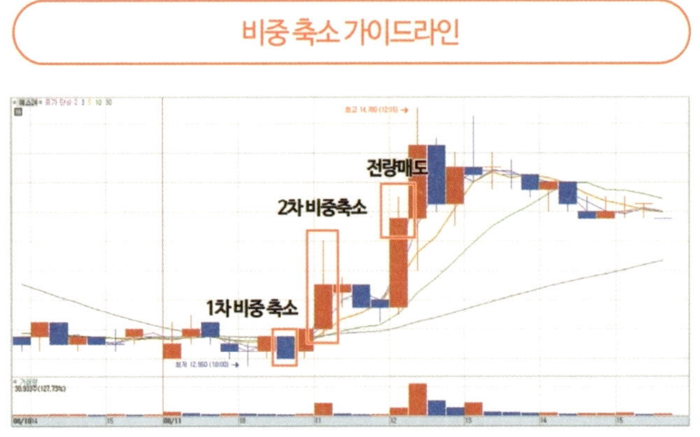

출처: 키움증권 코스콤

만약 비중 30%인데 손실이 10%가 넘어선다면 손실금액도 큰 상황이기 때문에 모든 비중을 한 번에 매도하시기보단 점진적으로 매도를 진행하시는 것이 좋습니다. 리스크를 최소화하고 매도 현금을 활용해서 신규 종목을 매수해 새로운 수익 창출의 가능성을 높이는 전략이 더 효율적이기 때문입니다.

최대한 리스크를 분산시키면서 리밸런싱을 통한 포트폴리오의 균형을 맞춰 주세요. 균형만 잘 잡아 줘도 신경을 많이 쓰지 않으면서 수익률이 높아지는 것을 직접 경험하시게 될 겁니다.

비중축소: 투자자의 포트폴리오 전체가치 중에서 어떤 특정 증권이 너무 많은 비중을 차지하고 있거나 투자대상으로서의 매력이 감소되었다고 느낄 경우 그 증권의 포지션을 감소시키는 것

3. 투자비중

주식투자를 하면서 불안한 이유는 바로 투자금액 때문에 그렇습니다. 한 종목당 10만원씩 투자했을 때와 1천만원씩 투자했을 때의 차이는 상당히 큽니다. 체감적인 손익률의 차이가 크기 때문에 투자 심리에 연결이 되어 힘든 상황이 발생할 수 있습니다.

예를 들어 월수입이 500만원인 직장인이 한 종목당 비중을 200만원씩 투자했다면 종목 등락에 크게 연연하지 않을 겁니다. 그 이유는 종목이 하락하더라도 월수입 또는 보유자산 대비 큰 금액이 아니기 때문입니다.

매수 이후 단기적 하락구간

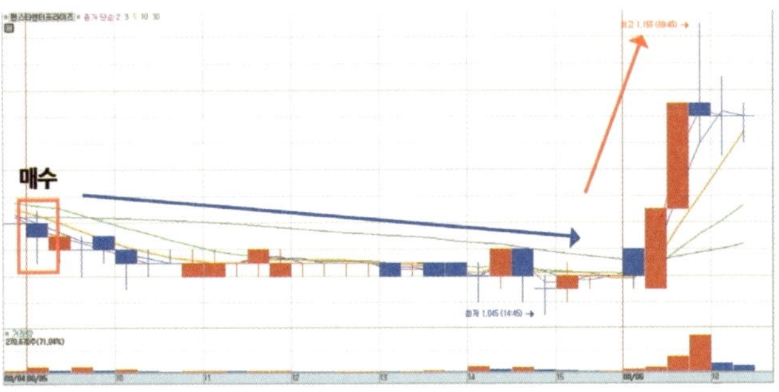

출처: 키움증권 코스콤

반면에 월수입이 300만원인 직장인이 한 종목당 비중을 1천만원씩 투자했다면 종목 및 지수 하락 시 심리적인 압박을 크게 받을 겁니다. 이러한 심리는 **홀딩력**에도 크게 영향을 미치게 됩니다. 따라서 반드시 심리적으로 여유를 느낄 수 있는 금액으로만 운용하세요.

만약 월수입이 없는 상황에서 은퇴자금으로만 투자를 진행하신다면 반드시 투자 비중을 더 많이 나눈 상황에서 여러 종목으로 회전을 시키는 게 좋습니다. 그렇게 하면 안정감을 높인 상황에서 투자할 수 있습니다.

심리적으로 위축되는 순간 이미 계좌는 손실을 크게 볼 수 있다는 것을 명심하세요.

홀딩력: 주가변동에도 팔지 않고 가지고 있는 것

주식닥터의 필수 개념 정리

1. 기업분석 쉽게 끝내기

정확한 기업분석을 위해서는 상당한 시간과 노력이 필요합니다. 누구나 다 아는 기업이라도 자세히 분석하기 위해서는 사업, 분기보고서와 재무제표, 증권사 보고서 등 면밀히 살펴봐야 할 것들이 많기 때문입니다.

아무리 힘들더라도 자신이 투자하는 기업에 대해서 아무것도 모르고 투자해서는 안 됩니다. 그러나 주식투자를 처음 시작하거나 입문한 지 얼마 안 된 초보투자자분들에게는 너무나 버거운 작업이 아닐 수 없습니다. 그래서 아주 기초적인 부분이라도 알고 가실 수 있게 기업분석을 쉽게 끝내는 방법을 알려 드리겠습니다.

네이버 검색창에 종목명을 검색하면 실시간으로 종목에 관련된 정보를 확인할 수 있습니다. 그중에 재무정보에 들어가면 기업의 PER과 업종 PER을 확인할 수 있습니다. 전문가들이 예측한 추정 PER과 목표 주가도 제공하고 있습니다. 그 외에 기업의 업종, 시가총액, 외국인 지분율, 주요 주주들에 대한 정보들도 확인할 수 있습니다.

재무분석을 클릭하면 재무제표도 확인할 수 있습니다. 앞서 말씀드렸다시피 투자할 기업의 재무정보를 상세히 파악하지 않더라도 매출액과 영업이익은 한 번쯤 꼭 확인하고 투자하시길 바랍니다. 적자가 계속 나고 있는 기업인데도 모르고 투자하는 투자자분들이 많습니다.

2. 재무제표 보는 방법 배우기

투자하고자 하는 기업에 직접 방문하지 않고도 어떤 기업인지 어떤 방식으로 돈을 벌고 어떻게 쓰는지 기업의 건전성을 확인할 수 있는 방법은 재무제표를 확인해 보는 것입니다.

전자공시에서 사업보고서의 주석에서 확인할 수 있는 재무제표는 기업의 상태를 가장 잘 알려 주는 재무 성적표라고 생각하면 됩니다.

재무제표를 통해 알아봐야 할 대표적인 체크 사항은 두 가지입니다. 첫째, 회사가 계속 성장하고 있는지, 시장점유율은 어느 정도인지 확인하는 것입니다. 매출액 증가를 보면 기업의 성장성을 알 수 있고 동종업체의 총매출액에서 해당 기업 매출이 차지하는 비율을 보면 시장점유율을 알 수 있습니다.

둘째, 기업의 영업능력입니다. 매출액 대비 영업이익이 어느 정도인지를 나타내는 영업이익률 역시 기업의 본업에서 창출하는 수익률로 기업의 본질적인 사업 수익성을 파악할 수 있는 지표로 사용됩니다. 매출액 규모를 다른 경쟁기업과 비교하여 사업의 경쟁력 또한 검토해 볼 수 있습니다.

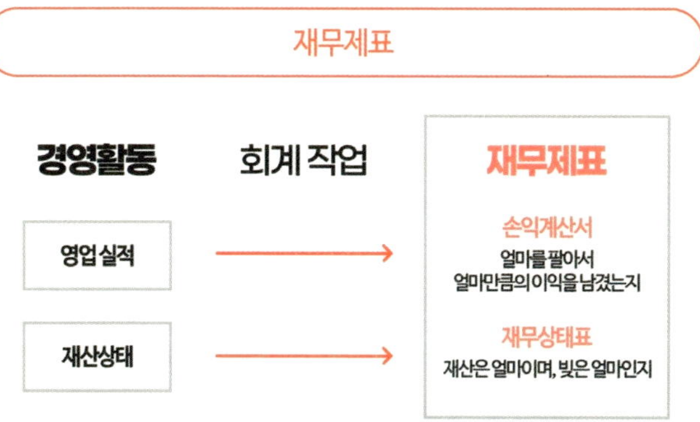

물론 일반투자자들이 재무제표를 하나하나 확인하기는 어렵습니다. 그래서 재무제표 보는 방법을 설명한 서적이 따로 있을 정도입니다. 연결재무제표와 연결손익계산서 항목만 봐도 기업의 실적과 관련된 모든 것을 확인할 수 있습니다.

연결재무제표에서는 기업의 자산, 자본, 부채에 대한 내용을 확인할 수 있습니다. 자산은 회사가 가지고 있는 경제적 가치가 있는 모든 것을 의미합니다. 자본이란 기업의 자산에서 부채를 제외한 것을 말합니다. 부채는 빚입니다.

연결손익계산서에서는 수익, 영업이익, 당기순이익에 대한 내용을 보고 해당 기업의 재무건전성을 유추할 수 있습니다.

백문이 불여일견이라는 말처럼 조금 어렵게 느껴지더라도 한 번쯤 직접 찾아보고 공부하시길 바랍니다.

check! **제무재표 분석이 어렵다면?**

257page 재무제표 뿌시기
재무제표가 어려운 투자자분들을 위해 꼭 필요한 핵심내용을 수록했습니다.

3. 분산투자 시 유의점

사실 분산투자에 대해 정확히 정해진 것은 없습니다. 각자 보유한 투자금액도 다르고 들일 수 있는 시간과 노력의 정도가 다르기 때문입니다. 그래도 제가 생각하는 분산투자 시 몇 가지 유의점에 대해 적어 보겠습니다.

✔ 동일업종, 동일한 스타일로 구성하지 말 것

주식은 회사의 실적에 직결되는 경우가 많아 대부분 계절을 타게 됩니다. 여름엔 '아이스크림, 에어컨, 선풍기, 전기 관련주가 뜨고 겨울에 건설, 난방 관련주가 뜬다'라는 이야기가 도는 것처럼 말입니다. 때문에 동일 업종, 동일한 스타일에 분산투자한다면 동일 업종에 하락세가 찾아오면 10개의 종목으로 분산하여 투자를 했어도 의미가 없게 되는 것입니다.

✔ 투자금액에 따라 종목의 개수와 비중을 달리할 것

총투자금액이 1천만원일 경우에 10개의 종목에 분산투자했다고 가정해 봅시다. 이 중에 2개의 종목에 30%씩 나머지 8개의 종목을 5%씩의 비중으로 투자했다면 30%의 비중을 들여 투자한 종목 1개만 하락세를 보여도 리스크가 너무 커지게 됩니다. 또 종목의 수가 너무 많아도 좋지 않습니다.

워런 버핏은 종목의 수가 25개가 넘으면 수익률이 평균으로 회귀하여 시장 수익률을 넘기 어렵다고 했습니다. 따라서 투자금액에 따라 몇 개의 종목으로 구성하고 또 그 비중을 한 개의 종목에 쏠리지 않도록 적절히 나눠서 투자하는 것이 좋습니다.

7장

투자의 황금열쇠는 일상에 있다

주식에 대한 명언, 격언에 빠질 수 없는 사람이 있죠. 워런 버핏은 많은 투자자들에게 영감과 교훈을 주고 있습니다. 그의 말 한마디에 어떤 회사의 주가가 폭등하고 하락하는 등 영향력이 세계적으로 손꼽히고 있죠. 그런 워런 버핏의 많은 교훈 중에 공유하고 싶은 말이 있습니다.

"나는 IT회사 주식은 아무리 절친한 회사라도 잘 사지 않는다. 내가 잘 모르니까. 나는 코카콜라의 대주주이다. 내가 코카콜라를 매일 마시니까."

제가 수강생들에게 매일같이 강조하는 부분이 '투자의 생활화' 부분입니다. 대부분의 부자들이 책을 많이 읽고 남들보다 많은 지식을 가지고 있습니다. 하루아침에 쌓인 것이라 생각이 드십니까? 아닙니다. 그냥 일상생활 자체가 투자의 힌트를 얻는 과정이고 다른 사람들이 예능 프로를 볼 때 뉴스나 신문기사를 보는 사람들인 겁니다.

반면에 투자에 실패를 거듭하는 대부분의 투자자들은 어떤가요? 주식투자 성공은 하고 싶은데 책 읽고 공부하기는 너무 싫습니다. 결국 주말에 통으로 시간을 내어 투자관련 책을 읽기로 마음을 먹고서도 그조차 실패하는 겁니다.

시간은 모두에게나 평등합니다. 누구에게나 하루는 24시간밖에 주어지지 않습니다. 이것이 투자의 황금열쇠가 일상 속에 있는 이유입니다.

첫째, 프로와 아마추어의 차이

이론과 실전은 다르다는 말이 있죠. 책이나 선생님에게 열심히 배워도 직접 경험해 보는 것과는 차원이 다르다는 말입니다.

요리 하나를 하더라도 마찬가지입니다. 요리를 한 번도 해 본 적 없는 사람이 엄마가 적어 준 레시피를 똑같이 해 보려고 해도 도무지 한 스푼이라는 것은 밥숟가락으로 맞춰야 할지 티스푼으로 맞춰야 할지 감이 안 오고 어려울 겁니다. 또 요리를 완성하더라도 결국 엄마의 손맛을 따라가기는 어렵습니다.

가끔은 레스토랑의 일류 요리사가 해 주는 음식보다 엄마가 집에서 대충 만들어 주신 음식이 더 맛있기도 합니다.

자격증이란 것은 특정한 직업을 갖기 위해 필요한 자격 요건 중에 하나에 불과합니다. 개인투자자분들에게 가장 많이 듣는 말은 "어떻게 할지 모르겠다"라는 말입니다. 경영학과를 나와 경제 공부를 많이 하고 투자자산운용사 등을 따서 전문가로 활동 중인 프로들도 처음엔 초보로 시작합니다.

프로들은 실패를 통해 배움을 얻지만, 초보들은 운이 좋으면 수익을 내고 손실을 보면 시장을 탓하거나 또 다른 변명거리를 찾습니다. 기본적인 고찰도 없이 또다시 같은 방식으로 매매하고 같은 함정에 빠져서 혼란스러워하면 안 됩니다.

자세히 보면 일상에서 재테크에 대한 자료를 꾸준히 찾아보고 관심을 가진 분들이 경험이 부족한 투자전문가보다 더 큰 수익을 내는 경우도 많습니다. 배우길 두려워하면 영원히 초보로 주식시장에 머물러 있을 수밖에 없다는 사실을 알아주시길 바랍니다.

둘째, 상품의 판매원과 제조원을 확인하는 습관

햄버거는 남녀노소 누구나 좋아하는 패스트푸드 중에 하나죠. 다양한 메뉴가 있고 세트메뉴로 주문하면 음료와 디저트도 같이 나와 한 끼 식사로 손색이 없습니다. 그런데 여러분 혹시 햄버거 세트에 같이 나오는 케첩이 어느 회사 제품인지 확인해 보신 적 있으신가요?

맥도날드, 버거킹, KFC, 맘스터치에서 감자튀김을 주문할 때 함께 나오는 케첩은 '주식회사 오뚜기'가 제조원입니다. 케첩이 주식과 무슨 상관이 있냐고요? 바로 습관적으로 생활 속에서 주식투자 종목을 수시로 파악하는 연습이 중요하다는 것을 말씀드리기 위함입니다.

15년도부터 혼자 밥을 먹는다는 뜻의 이른바 '혼밥' 붐이 일어나 오뚜기의 레토르트 제품의 매출이 늘어났고 16년도에는 1주당 약 150만원을 기록하며 오뚜기는 '황제주'라는 타이틀도 얻었습니다.

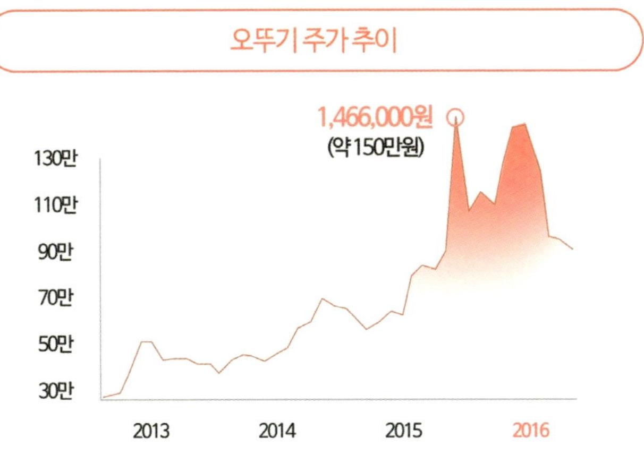

주식투자 정보는 증권사 보고서나 복잡하고 어려운 자료에만 있는 것이 아닙니다. 우리가 일상생활에서 마주치는 다양한 상품이나 서비스의 모습이 투자의 팁이라는 생각으로 눈여겨보는 습관을 길러야 합니다.

또 평소 본인이 몸담고 있는 직장의 이슈에 관심을 기울여 보는 것도 좋습니다. 직장과 주식투자를 별개로 가져갈 수도 있지만 남들보다 조금이라도 빨리 정보가 닿고 이슈에 민감할 수 있는 직장과 관련된 분야에 투자한다면 지루한 직장생활과 투자 사이에 시너지가 발생될 수 있습니다. 투자의 황금 열쇠는 일상에 있습니다. 갑작스럽게 발생한 이슈에 따라가는 것은 어떤 결과를 초래할 수 있을지 알 수 없겠죠.

따라서 평소에 꾸준히 본인이 하고 있는 일과 연관 지어서 주식시장을 바라보다 보면 이런 업종에 어떤 수혜가 있고 연관이 있는 업체는 어떤 곳인지 알 수 있게 됩니다. 그렇게 알게 된 정보로 관련 종목들을 모니터링하다 보면 그 분야에 종사하지 않고 관련 지식이 없는 사람들보다 확실히 유리한 위치에 설 수 있을 것입니다.

셋째, 투자금을 지키는 방법

차곡차곡 모은 여윳돈으로 소액 투자하시는 분도 돈이 많아 억 단위로 투자하는 분들도 모두 다 투자금을 잃고 싶지 않아 합니다. 금액에 상관없이 모두 소중한 투자금입니다. 하지만 주식시장에 100% 승률이라는 건 존재하지 않는데 어떻게 소중한 투자금을 지킬 수 있을까요?

제가 추천드리는 방법은 전체 시드의 50~80%만 투자하는 것입니다.

증권 계좌에 입금한 투자금액이 1천만원이고 전액을 A, B, C 종목에 투자했다고 생각해 봅시다. 3종목 다 이익만 보면 좋으련만, 분명히 하락세를 맞는 구간이 올 수밖에 없습니다.

이럴 때 '물타기' 즉 주식을 추가로 매수해서 평균단가를 낮추려면 투자금액이 점점 늘어날 수밖에 없겠죠. 처음에 1천만원으로 시작하려고 했는데 손실을 보고 싶지 않아서 투자하다 보니 어느새 2천만원이 되고 3천만원이 되는 겁니다. 그러다 보면 금액이 커진 만큼 하락세에 타격도 커집니다.

하지만 500만원만 투자하고 하락세에 나머지 500만원으로 추가매수를 해서 평균단가를 맞춰 가면 하락세를 맞아도 부담이 없게 되는 겁니다. 따라서 주식을 시작하실 때는 전체 투자금액의 50~80% 정도만 투자하는 것을 추천드립니다.

주식닥터의 필수 개념 정리

1. 증권사 보고서는 뭔가요?

증권사 보고서란 애널리스트가 기업의 경영 활동, 산업 동향 등을 분석해 향후 전망과 투자 의견을 발표한 자료입니다. 개인투자자들이 시간 등의 제약으로 직접 알아내기 어려운 투자정보를 증권사 보고서를 통해 알 수 있습니다. 각 증권사마다 기업이나 산업을 보는 시각이 다를 수 있기 때문에 증권사 보고서를 활용하려면 여러 증권사의 리포트를 읽고, 비교 분석해 보는 것이 바람직합니다.

애널리스트의 투자의견이 100% 정답은 아닙니다. 하지만 전문가의 분석을 통해 나온 보고서이기 때문에 시장에서는 인정받고 있습니다. 때문에 투자자들은 이 정보를 활용할 줄 알아야 합니다. 증권사 보고서를 많은 사람들이 투자에 참고하고 있고 그로 인해 주가에 강한 영향을 끼치고 있기 때문입니다.

2020년 4월 8일에 이베스트투자증권 최영산 애널리스트가 에프엔에스테크에 관한 보고서를 발간했습니다. 성장성이 담보되고 늦어도 내년 상반기에 올 IT 중소형주 투자 사이클에서 강력한 위치를 차지할 것이라는 내용이었습니다. 이 보고서 발간 당일 에프엔에스테크는 9.87% 급등했습니다.

이처럼 많은 투자자들이 증권사 보고서를 참고하여 투자에 활용하기 때문에 주가에 미치는 영향이 적다고 볼 수 없습니다. 때문에 증권사 보고서를 자주 읽어 보는 것이 좋습니다.

증권사 보고서는 대부분 각 증권사 홈페이지에서 무료로 제공하고 있습니다.

2. 제품가격 인상이 주가에 미치는 영향

2012년 10월 식품업체들이 줄줄이 제품가격을 인상했습니다. 매출 기준 10대 식품업체들의 시가총액이 10.4% 늘어났고 10개 업체 중 8곳의 주가가 올랐습니다. 이 시기에 대상은 청정원의 마시는 홍초와 맛소금 가격을 평균 5% 인상해 무려 42.6%의 시가총액 증가율을 기록했습니다.

실제로 가격인상은 주가에 호재로 적용되는 경우가 많습니다. 수요가 많은 제품의 가격인상은 영업실적에 도움이 되어 기업이익이 증가되기 때문입니다. 맛소금과 같은 경우 요리할 때 언제나 필수 재료입니다. 가격이 인상되어도 살 수밖에 없는 품목이죠. 조금만 가격을 인상해도 매출과 이익은 급증하게 되어 있습니다. 필수 품목의 가격인상이 소비자 입장에서는 부정적으로 다가올지라도 투자자 입장에서는 반대로 생각해야 합니다.

앞에서 말씀드렸던 것처럼 평소에 내가 이용하고 좋아하는 제품, 상품의 투자원과 제조원을 일상 속에서 많이 익혀 두고 짬 날 때마다 해당 기업의 기사들을 읽어 보는 것도 좋은 방법입니다.

2021년 10대 식품업체 시가총액 추이

자료 : 금융감독원, 한국거래소 / 단위 : 억 원, %

구분	시가총액 산정기준		증감율
	7월 2일	10월 22일	
대상	5,901	17,568	47.5
대한제당	1,471	2,098	42.6
롯데삼강	6,548	9,193	40.4
오뚜기	5,641	7,757	37.5
농심	12,956	16,636	28.4
오리온	55,483	59,422	7.1
CJ제일제당	42,441	45,383	6.9
동원F&B	2,643	2,763	4.5
롯데제과	22,117	22,074	−0.2
롯데칠성	17,568	16,628	−5.4

3. 자사주 매입(취득) 호재, 악재?

주식을 하다 보면 기업이 자사주를 매입했다는 뉴스를 심심치 않게 볼 수 있습니다. 자사주 매입이란 기업이 가진 현금으로 시장에 유통되고 있는 자기기업의 주식을 사들이는 것을 말합니다. 그럼 기업은 어떤 효과를 기대하고 자사주를 매입할까요? 자사주 매입은 임직원에게 '스톡옵션'을 주거나 주주들에게 '주식배당'을 하거나 일시적인 주가 안정 등을 위해 합니다.

이렇듯 회사가 자사주 매입을 하는 이유는 복합적이지만 이 중에서 주가를 상승시키는 요인으로 활용하는 경우가 가장 많습니다. 매도세가 클 경우 기업에서 직접 자사주를 매입하여 주가를 안정시키거나 상승시키는 것입니다. 매도보다 매수가 많을 경우 주가가 상승하는 것은 상식입니다.

한화시스템의 자사주 취득 공시 사례입니다. 자사주 취득의 목적은 '주가 안정화를 통한 주주가치 제고'라고 명시되어 있습니다. 취득 예정 주식은 220만주로 전체 발행주식 수의 약 2%를 매입하겠다고 밝혔는데 당일 주가는 5% 이상 급등했습니다.

자기주식 취득 결정 공시는 전사공시시스템 DART에서 확인할 수 있습니다. 취득 예정 금액과 계약 기간 그리고 위탁중개업자 등을 확인하는 것이 좋습니다. 계약기간 내에 어느 정도로 얼마만큼의 매수를 하게 될지 예측할 수 있는 지표가 되기 때문입니다.

기업은 이사회 결의를 거쳐 증권거래소에 신고서를 내고 3개월 이내에 자사주 매입을 끝내야 합니다. 특별한 경우가 아니면 6개월 이내에 매입한 주식을 되팔 수도 없습니다. 만약 계약 기간이 얼마 남지 않았는데 취득한 자사주가 적다면 남은 기간 내에 강한 매수세를 보이며 주가가 큰 폭으로 오르게 되겠죠?

한화시스템 자기주식 취득 결정 공시

자기주식 취득 결정

1. 취득예정주식(주)	보통주식	2,200,000
	기타주식	-
2. 취득예정금액(원)	보통주식	33,330,000,000
	기타주식	-
3. 취득예상기간	시작일	2020년 12월 24일
	종료일	2021년 03월 23일
4. 보유예상기간	시작일	-
	종료일	-
5. 취득목적		주가 안정화를 통한 주주가치 제고
6. 취득방법		장내매수
7. 위탁투자중개업자		한화투자증권, NH투자증권

출처: 전자공시시스템 DART

그래서 자사주 매입은 비교적 엄격하게 규제됩니다. 그렇지 않다면 기업이 자기기업 주식을 사고팔아서 주가를 마음대로 움직이거나 내부자들이 자기 이익을 위해 이용할 수 있기 때문입니다.

자사주를 없애는 경우도 있습니다. 기업은 '자사주 매각'이나 '소각'으로 가지고 있던 자사주를 처리합니다.

자사주 매각은 가지고 있던 자사주를 돈 주고 파는 것이고 자금 확보나 주가가 오른 주식의 매각을 통한 차익실현 등이 있습니다. 자사주 매각은 시장에 유통되는 주식 수가 늘어나기 때문에 주식의 주당 가치가 하락하여 악재로 작용하는 경우가 많습니다.

자사주 소각은 말 그대로 주식을 불에 태운 듯 완전히 없애 버리는 것입니다. 소각하는 주식 수만큼 발행주식 수가 줄어들기 때문에 주주가 보유한 주식의 가치를 높이는 효과가 있습니다.

물론 모든 것이 늘 같은 결과로 이어지는 것은 아닙니다. 때문에 기업이 자사주를 어떻게 처리하는지 어떤 연유로 결정했는지 배경을 꼼꼼히 살펴볼 필요가 있습니다.

8장

준비된 자가 기회를 잡는다

우리의 삶은 수많은 선택의 연속입니다. 우리가 관심 있는 주식투자 역시 마찬가지입니다. 투자를 하기 위해서는 무조건 크고 작은 선택을 연속적으로 해야만 합니다.

그 결정에 따른 결과가 크고 무거울수록 우리는 힘이 들 수밖에 없습니다. 이처럼 투자의 결정은 우리의 삶을 좋은 쪽이든 나쁜 쪽이든 크게 바꾸어 놓을 수가 있습니다. 불확실한 정보에 쉽게 현혹되어 고민 없이 바로 투자를 결정하게 되면 성공의 여부를 제외하고 투자기간 동안 불안할 수밖에 없습니다. 내가 투자한 것이 정확히 무엇인지 알지 못하기 때문에 주변에 떠도는 근거 없는 정보와 이슈들에 취약해지기 때문입니다. 결국 그런 불안을 버티지 못하고 손실과 함께 그 선택의 대가를 치르게 될 확률이 높습니다.

그렇다면 우리는 어떤 방식으로 준비하고 투자를 해야 할까요?

첫째, 뜻밖의 우연보다는 '준비된 우연'을 만들어라!

주식은 흔히 로또에 비유되곤 했습니다. 그만큼 성공 확률이 희박하게 느껴지기 때문인데요. 우연히 친구를 통해 들은 정보로 큰 수익을 본 경우가 있을 수 있습니다. 그러나 주식시장은 무작위로 움직인다는 사실을 알아야 합니다. 한 번의 성공이 다음 성공으로 이어진다는 보장은 없으며, 그 어떤 일류 투자가도 매번 성공을 담보하지는 못합니다. 하늘이 무너져도 솟아날 구멍은 있다고 그럼에도 투자 성공 가능성을 높이는 방법은 분명히 있기 마련입니다.

그 방법은 '뜻밖의 우연'이 아닌 '준비된 우연'을 잡는 것입니다. 주가는 어느 방향으로 움직일지 모릅니다. 하지만 시장에 내게 이득이 될 만한 우연한 현상이 발생했을 때, 투자자는 준비가 되어 있어야 합니다. 물론 시간과 지식, 그리고 현금이 있어야 합니다. 내게 유리한 현상은 꼭 상승장일 때만은 아닙니다. 하락장이 오더라도 보유한 현금으로 추가매수 기회로 잡아서 내게 유리한 우연으로 만들 수 있습니다. 이렇듯 투자에서는 '준비된 우연'을 만드는 것이 중요합니다.

둘째, 지속 가능한 목표를 가져라!

그렇다면 나에게 준비된 우연을 만드는 준비가 되어 있는지 어떻게 판단할 수 있을까? 가장 쉬운 방법은 지속 가능한 목표를 가지는 것입니다. 초보투자자가 주식 공부를 하기로 마음먹고 매주 주말 이틀을 할애해서 총 1달 이내로 완독을 목표로 잡았지만 시작한 지 3일 만에 포기했습니다. 자신의 독서 성향과 투자 지식이나 경험 등을 고려하지 않고 무조건 유명하고 난이도가 높은 서적을 골랐기 때문입니다. 이런 계획은 지속 가능한 목표로 볼 수 없습니다.

주식투자 공부에 많은 시간을 할애할 수 없고, 오랜 경력의 전문투자자가 아니라면 난이도가 쉬운 서적을 골라 하루에 1장 이상 읽는 것을 목표로 잡는 것이 더 낫습니다. 3일 만에 포기하는 것보다 느리더라도 1달, 2달 뒤 완독하여 내 것으로 만드는 것이 좋다는 말입니다.

우리가 익히 잘 알고 있는 투자의 대가로 불리는 많은 사람들은 타인에 의존해서 투자를 결정하지 않았습니다. 그들은 누구보다 공부하고 고민하고 의심하고 분석하여 본인만의 시스템과 원칙을 만들었습니다. 어떤 분들은 이렇게 말할 수도 있겠습니다. "그런 사람들은 애초에 일반 사람들과 다르게 태어났다."

정말 그렇습니까? 꼭 투자의 대가가 아니더라도 이번 생에 1천억을 순자산으로 목표하는 것이 아니라면 꾸준히 공부해서 못 오를 목표는 없는 겁니다.

하루에 10분 정도 뉴스의 헤드라인 정도만 읽는 것을 목표로 시작해도 됩니다. 처음에는 너무 어렵게 느껴지고 무슨 단어인지 낯설게 느껴지겠지만 계속해서 눈에 익숙해지면 그 단어가 어떤 맥락에서 어떤 단어들과 함께 등장하는지 긍정적인 의미로 사용되는지 부정적인 의미로 사용하는지 차차 감이 오게 될 것입니다.

너무 집중적으로 주식투자정보를 얻고 분석하겠다는 마음으로 시작하면 오랫동안 꾸준히 유지하기가 힘들뿐더러 이미 여러 단계를 거쳐 시간이 지난 뒤 나온 뉴스 기사들이 주식투자에 유용할 만큼 엄청난 정보가 되기도 힘들 것입니다. 이미 주가는 뉴스가 나오기 전에 달리고 있을 가능성이 많습니다. 하지만 뉴스와 기사를 통해서 시대의 변화를 관찰하고 흐름을 파악할 수는 있어야 합니다.

대충대충 시장의 거시적인 흐름만 알겠다는 생각으로 접근해서 봐도 괜찮습니다. 예를 들어 가장 접근이 쉬운 네이버 뉴스 사이트에 경제-증권 부분의 기사들의 제목만 쓱쓱 보면서 넘어가도 됩니다.

"기술주 버블 심각…", "기술주 고평가…" 헤드라인만 봐도 지금은 기술주들이 고평가되어 있는 상태인 걸 알 수 있습니다. 이런 상황이라면 기술주 매수는 좀 더 여유를 두고 지켜보다가 하는 것이 좋겠죠?

그리고 시간과 여유가 조금 더 있다면 모르는 단어들을 한 번씩 검색해서 의미를 알고 가는 것도 좋습니다.

셋째, 유연한 투자자가 되기

몸이 유연하면 무슨 운동이든 잘할 확률이 높습니다. 생각이 유연하면 투자에 성공할 확률이 높아집니다.

세상은 멈춰 있지 않습니다. 시대가 변하면 그에 상승하여 삶의 태도도 바뀌어야 합니다. 투자자의 생각이 유연해야 하는 가장 큰 이유는 미래를 알 수 없기 때문입니다. 그런 변화를 수용해 새로운 성장의 모멘텀을 만들어 내는 기업을 찾아내 투자해야 합니다.

유연성은 다른 말로 빠른 판단력이라 할 수 있습니다. 맑고 날씨 좋은 날에는 어떤 선수나 초보든 좋은 성적을 낼 수 있습니다. 그러나 흐리고 바람이 많이 불고 비가 오는 날은 빠른 판단력으로 어떻게 대처하여 상황을 헤쳐 나가느냐에 따라 초보와 고수의 차이를 알 수 있습니다.

고수들은 가치가 좋고 산업 전망이 좋아서 천천히 오르는 종목은 급하게 팔지 않고, 급락을 기회로 삼으며, 급등하면 비중을 줄이고 한 번에 투자하지 않는 등 중요한 원칙만을 지키며 유연하게 대응합니다. 사고의 유연성은 고수의 비결입니다.

주식닥터의 필수 개념 정리

1. 턴어라운드 기업

턴어라운드(Turn Around)는 '돌아서다'라는 뜻입니다. 주식투자에서는 기업회생 즉 부식기업이 우량기업으로, 저성장 기업이 고성장 기업으로, 적자기업이 흑자기업으로 돌아서는 것을 의미합니다.

대표적인 예로 테슬라를 들 수 있습니다. 미국의 전기자동차 업체 테슬라는 설립 이후 막대한 적자를 기록하면서 부도설까지 돌았던 기업입니다. 그런데 2020년 창사 이래 처음으로 첫 연간 흑자를 달성했습니다.

세계 각국이 내연기관차의 배기가스 배출을 규제하고, 친환경차 도입을 위한 각종 지원정책을 이어가는 흐름에 전기차 판매가 증가하면서 흑자를 낸 것입니다. 테슬라는 이제 전 세계 자동차 회사 중에서 가장 높은 시가총액을 기록하고 있습니다.

턴어라운드 기업에 대한 투자는 성공할 경우 큰 이익을 안겨 주지만 실패할 경우에도 역시 큰 리스크를 남기기 때문에 적자기업 중에서도 대형주 위주의 공략이나 그 기업이 속한 업종의 성장성을 확실히 판단해야 합니다. 그리고 그 기업의 매출이 증가하면서 흑자전환의 태세를 보인 후 투자해도 늦지 않습니다.

2. 기업의 비용절감과 주가

제품의 가격상승뿐만 아니라 기업의 비용절감도 주가상승으로 이어질 수 있습니다. 똑같은 가격에 똑같은 양을 판매했다고 생각했을 때 그 제품에 들어가는 원가나 여러 가지 비용이 감소된다면 당연히 영업이익은 증가할 수밖에 없습니다.

친환경에 대한 소비자의 인식과 사회적 기준이 높아지면서 많은 기업들이 ESG(환경, 사회, 지배) 경영에 속도를 내고 있습니다. 대형마트와 편의점에서 유통되는 생수의 상당수가 손쉬운 재활용을 위해 상표 라벨을 달지 않고 유통했는데 판매량이 80%나 증가했습니다.

실제로 업계에서 가장 빨리 무라벨 생수를 판매한 롯데칠성의 2021년 1분기 영업이익은 323억원으로 지난해 대비 416.2% 늘어났습니다. 롯데호텔은 전 객실에 제공하는 무료 생수를 무라벨 생수로 바꾸겠다고 발표했습니다. 이처럼 자주 사용하는 제품의 변화를 눈여겨보는 것도 앞서 설명한 것처럼 일상생활에서 찾을 수 있는 투자의 팁이 될 수 있겠습니다.

2020년 테슬라의 최고경영자(CEO) 일론 머스크는 주가가 매일 신고가를 경신하는 상황에서 비용절감과 수익성 개선을 이뤄 내지 못한다면 주가가 폭락할 것이라며 전 직원들에게 '비용절감의 중요성'이 담긴 이메일을 보내기도 했습니다. 이처럼 기업들에게 비용절감은 중요한 투자 포인트입니다. 특히 매출액 변동이 크지 않은 산업에서는 인건비와 마케팅비 등의 증감여부가 기업이익을 결정하는 핵심요소로 작용합니다.

비닐 라벨 없는 생수

이미지: Freepik.com

3. 경기와 주가의 상관관계

경기가 좋아지면 기업의 수익성이 좋아지면서 주가도 이를 반영합니다. 그런데 반대의 경우도 있습니다.

2020년 수천만 명의 미국인들이 일자리를 잃고 있는 대공황 상황에서도 4월의 주식시장은 30년 만에 가장 높은 월간 수익률을 기록했습니다. 경기침체에도 주식시장이 상승한 겁니다. 불합리해 보일 수도 있지만 주식시장에서는 수익률이 경기와 매우 약한 상관관계를 보여 주는 일들이 있습니다.

반면 대부분의 경제지표는 과거에 일어난 일을 알려 줍니다. 확실한 예로 GDP 성장률이 분기가 끝나야 발표가 됩니다. 각 기업의 실적 보고서도 마찬가지입니다. 미국의 경기침체는 이미 그것이 예상되는 시점에서부터 주가에 반영되어 연초 3개월 동안 24% 하락세를 맞은 상태였기 때문에 4월에는 미래의 후속적인 회복세에 대한 기대감이 반영된 것입니다.

회복세에 대한 기대감 외에도 미국의 중앙은행과 정부가 단기 금리를 인하하고 국채 매입을 약속하는 등 대규모 부양책을 발표하면서 시장의 유동성이 확대되고 비용이 감소하고 기업에 자금이 공급되어 주가가 상승한 것입니다.

핵심은 주식시장에서 기업의 가치는 항상 미래를 선반영한다는 것에 있습니다. 주가는 내년, 후년 그 이후에 발생할 사건에 대해서도 예상 반영합니다. 때문에 경기가 침체되어도 주가가 상승하는 현상이 발생할 수 있습니다.

9장

가지고 있는 주식을 지켜라!

"주식을 하면 오래 보유하라 하는데 도저히 오래 가지고 갈 수가 없어요."

이런 고민을 하시는 분들이 상당히 많습니다. 어떤 종목의 주가가 많이 상승했다는 소식을 접하고서는 "선생님 이 주식 제가 얼마에 샀었는데, 계속 가지고 있었으면 수익을 봤을 텐데 왜 팔았을까요?" 투자자 중에 이런 후회를 해 보지 않은 사람들이 있을까요?

하지만 일찍 팔았다고 해서 너무 자신을 질책하거나 괴로워하지 말았으면 합니다. 계속 스트레스를 받으며 지나간 일에 후회하기보다는 미래를 대비하는 것이 투자에 도움이 됩니다.

그럼 어떻게 해야 주식을 오래 보유할 수 있을까요?

첫째, 종목을 매수할 때 "목표수익률"을 정하자

너무 기본적인 이야기라고 생각할 수도 있습니다. 하지만 많은 투자자분들이 두루뭉술하게 목표를 정하고 막상 투자를 하고 나면 목표수익률에 다다르지도 않았는데 주가가 오르면 당장 팔고 싶은 욕구가 생깁니다.

목표수익률은 너무 높게 잡지 않는 것이 좋습니다. 대부분 이번엔 확실히 한번 노려보자! 하는 생각으로 과대한 수익률을 잡곤 합니다. 그런 분들께는 차라리 강원랜드에 가는 것을 추천드립니다.

현재 은행 예금 금리는 연 1%대입니다. 목표수익률은 자신의 희망이 아닌 시장 상황이나 업황 등에 맞춰서 유동적으로 설정해야 합니다. 시장의 변동성이 크고 상승의 여력이 높다고 판단되면 추가 매수를 하여 목표수익률도 높이고, 반대로 시장 변동성이 낮고 상승 여력이 적다고 판단되면 목표수익률을 낮추고 반분할 매도를 하며 추이를 지켜봐야 합니다.

즉, 상황에 맞게 유동적인 사고로 목표수익률과 전략을 설정해야 합니다. 하지만 이런 매매와 판단에 따른 유동적인 변경이 말처럼 쉽지는 않습니다. 초보투자자분들에게는 3~5%를 중수 분들에게는 10%를 추천드립니다. 10%만 해도 예금금리의 무려 5배입니다.

둘째, 목표 수익에 도달하면 원금을 회수한다

목표 수익 달성 후 전량 매도하시는 분들이 많을 거라 생각합니다. 그러나 매도하고 싶은 욕구가 들더라도 오래 보유할 종목으로 생각한다면 원금만 회수하는 것이 좋습니다.

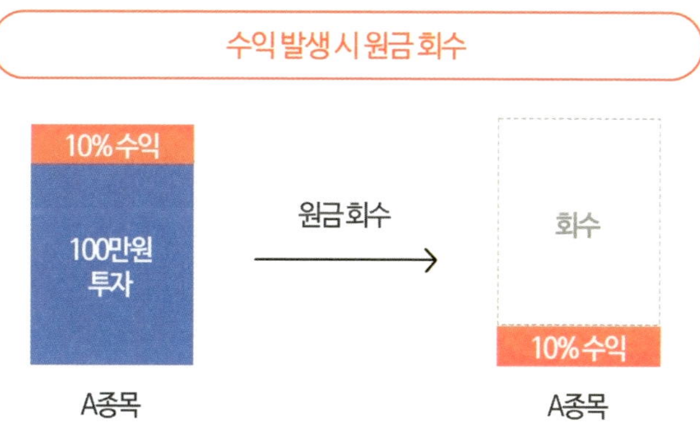

예를 들어 100만원으로 A종목을 매수하고 10% 수익을 달성하면 수익이 난 10%를 남기고 90%만 파는 것입니다. 이제 계좌에는 수익이 난 10%만큼의 주식만 남아 있게 됩니다. 이렇게 하면 공짜 주식이라 생각하고 마음 편하게 오래 보유할 수 있게 됩니다.

원금 회수가 너무 극단적이라고 생각이 드시는 분들은 절반이나 1/3이라도 분할매도를 통해 일부라도 수익을 실현하면서 가져가시길 바랍니다.

주식을 오래 보유하기 위해서는 심리를 다스려야 합니다.

셋째, 질척대지 마라

흔히 주식 초보자분들이 하는 실수로 지지선 이탈 및 주가 하락 시 손절을 하는데, 이러한 기술적 하락 시 손절을 반복하다 보면 누적손실만 쌓이게 됩니다.

손절은 주가가 하락할 때 하는 것이 아니라 기업의 돌발악재 예를 들어, 오너의 횡령이나 배임 또는 갑작스러운 실적 악화 등에만 하는 겁니다.

주식투자의 기본원리는 싸게 거래되는 주식을 모아서 비싸게 거래되는 시점에 파는 것입니다. 즉, 다시 말해 프리미엄이 붙는 시점에 파는 것이죠. 세계적인 투자가들의 투자방법, 부를 축적한 투자 스타일을 정확하게 분석해 본다면 거기에 대한 해답은 나올 겁니다.

편하게 처음부터 주식은 원래 떨어지는 것이라 생각하셔도 됩니다. 투자는 만남과 같습니다. 만남이 있으면 이별도 있습니다. 헤어진 연인의 SNS를 살피는 것과 같이 떠나간 종목의 차트를 살피지 마세요. 시간 낭비입니다.

A종목을 매수해서 5% 수익을 보고 익절했습니다. 며칠 지나고 A종목의 주가가 폭등한다는 뉴스가 들려옵니다. '아 이거 더 갈 것 같은데' 하고 매수하는 순간 고점에 물립니다. 저점인 줄 알고 산 B종목이 계속해서 하락세입니다. 손실을 보고 다급한 마음에 정리했습니다. 며칠 뒤 이번엔 진짜 바닥이다 하고 재매수를 시도합니다. 바닥에도 바닥이

있다는 걸 알아차린 순간은 이미 늦었습니다.

"손절이든 익절이든 매도를 하고 난 뒤엔 깔끔히 잊어버리자."

올바른 투자방법, 정석적인 투자방법은 하루하루에 연연하지 않는 겁니다. 긴 호흡으로 큰 수익을 보고 가는 겁니다. 손절은 1년에 많아 봐야 3~4번 하면 많은 것이며, 잦은 손절은 기업 선택을 잘못했다는 걸 의미합니다. 실제로 필자는 최근 1년 동안 손절 종목이 단 2종목밖에 없으며, 그 외에 매수한 종목들은 전 종목 수익실현을 진행했습니다.

그만큼 초기 투자판단 시 많은 부분을 고려하시고 매수해야 한다는 겁니다.

똥차 가고 벤츠가 오려면 똥차를 잘 보내 줘야 합니다. 차분하게 즐기면서 꾸준히 하는 사람은 누구도 이길 수가 없습니다. 매사에 인정하고 결단하는 것. 주식을 오래 보유하는 능력의 필살기입니다.

주식닥터의 필수 개념 정리

1. 유동성 장세와 실적 장세

유동성 장세란 일반적으로 경기가 좋을 때 돈의 힘으로 주가가 올라가는 상황을 말합니다. 투자자들이 주식을 사기 위해 돈을 갖고 주식시장에 몰리면서 주가가 올라가는 것입니다.

보통 증시는 상장된 기업들의 실적이 좋아지거나 돈이 많이 들어올 때 상승합니다. 전자를 실적 장세, 후자를 유동성 장세라고 부릅니다. 지금같이 전 세계의 경기가 안 좋을 때는 기업들의 실적이 단기간에 좋아질 것으로 기대하기 힘듭니다. 이럴 때 주가가 오르는 것이 유동성 장세라고 합니다.

2020년 코로나19로 경기가 침체되고 기업들의 이익도 좋지 않았지만, 주식시장은 엄청난 호황이었습니다. 코로나19로 침체된 경기를 극복하기 위해 정부가 자금을 풀었습니다. 인하된 금리에 더 이상 은행의 금리가 무의미해졌고 강력한 부동산 규제로 사람들은 투자를 시작하게 됐습니다. 이렇게 시중에 자금들이 주식시장으로 유입되어 강력한 상승장을 보인 것입니다.

그런데 최근 시장이 실적장세의 국면으로 접어든다는 이야기가 나옵니다. 시장은 항상 변하기 때문에 유동성 장세만 이어질 수는 없습니다. 실적 장세는 기업의 실적을 기반으로 상승하는 장세입니다. 경기 회복과 더불어 대부분의 기업이 1분기 호실적을 보였기 때문입니다. 실적 장세에서는 기업들의 실적을 최우선으로 고려해 종목 선정에 나서야 합니다.

2. 관리종목과 상장폐지

상장폐지는 상장된 증권의 자격이 취소되는 것입니다. 쉽게 말하면 기업의 재무적, 구조적 결함이 확인되어 증권시장에서 더 이상 거래를 할 수 없게 되는 것입니다. 일단 실질심사 사유가 발생되면 즉시 코스피, 코스닥 시장에서 거래가 중지됩니다. 기업에 결함이 있는데도 잘 모르고 투자하는 투자자들의 손해를 방어하기 위함입니다.

보통 기업의 결함이 확인되면 한국거래소는 해당 기업을 관리종목으로 지정하여 경영상태를 살핍니다. 그럼에도 불구하고 경영상태가 회복이 되지 않는 경우 상장폐지 조치를 하는 것입니다.

상장폐지 실질심사 절차

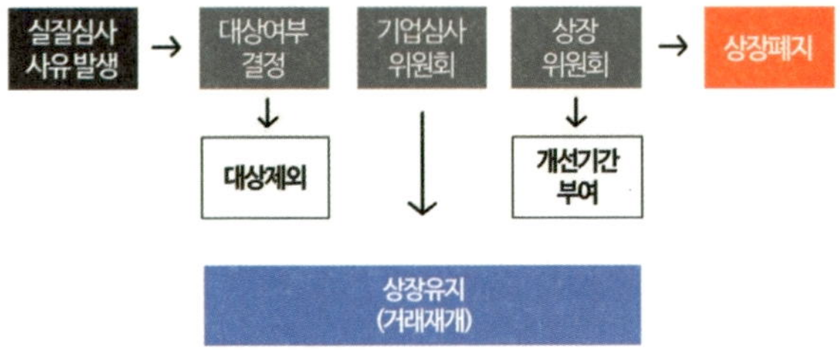

실질심사 사유발생 → 대상여부 결정 → 기업심사 위원회 → 상장 위원회 → 상장폐지

대상여부 결정 ↓ 대상제외

기업심사 위원회 ↓ 상장유지(거래재개)

상장 위원회 ↓ 개선기간 부여

상장폐지가 결정되면 마지막으로 주식시장에서 매도할 수 있는 7일간의 정리매매 기간을 줍니다. 정리매매 기간에는 상한가와 하한가가 적용되지 않기 때문에 상장폐지가 결정된 직전의 주가 대비 1/10 수준에 거래되는 경우가 많습니다. 7일이 지나도 기업이 없어지는 것은 아니기 때문에 장외거래를 할 수 있습니다.

하지만 불미스러운 일로 퇴출된 기업의 주식은 보통 사고 싶어 하지 않기 때문에 거래 상대방을 찾기도 쉽지 않습니다. 때문에 상장폐지가 결정된 기업의 주식을 들고 있는 것은 엄청난 손실로 볼 수 있습니다.

관리종목은 상장폐지 전의 단계입니다. 상장된 기업이 영업실적 악화나 재무적 결함 등이 있어 폐지 위험이 있으니 투자에 주의하도록 하기 위함입니다. 관리종목으로 지정되면 일정 기간 매매가 정지될 수 있습니다. 실제로 2021년 금융당국과 유관기관의 검증체계가 까다로워졌습니다. 2월 관리종목 및 상장폐기 위기의 코스닥 상장사가 30곳에 달했습니다.

관리종목과 상장폐지는 회생할 기회를 주지 않습니다. 그래서 투자자들은 보유 중인 종목과 앞으로 매수할 종목을 잘 살펴봐야 합니다. 네이버 검색창에 관리종목이라고만 쳐도 국내 증시 시장의 관리종목 목록을 볼 수 있습니다.

3. 불성실공시 기업

상장한 법인은 투자자의 투자 결정권과 증권시장의 공정성을 위해 일정한 공시 의무가 있습니다. 사업 내용, 실적, 재무 상태 등의 전자공시에서 확인할 수 있는 정보가 그것들입니다.

불성실의 범위는 공시 불이행, 공시 번복, 공시 변경 등으로 나뉘고, 각 유형의 세부 내용은 다음과 같습니다. 이러한 공시 의무를 착실히 이행하지 않게 되면 불성실공시 기업으로 지정됩니다.

불성실공시 범위 세부 내용

불성실 범위	세부 내용
공시 불이행	- 주요 경영사항 등을 공시기한 내 신고하지 않았을 때 - 주요 경영사항등을 거짓 또는 잘못 공시 중요사항을 기재하지 않고 공시 - 확인절차 면제 공시에 대한 거래소의 정정 요구에도 불구, 정정시한까지 공시 내용을 정정하지 않은 경우
공시번복	- 이미 신고·공시한 내용에 대한 전면취소, 부인 또는 이에 준하는 내용을 공시
공시 변경	- 이미 공시한 사항 중 중요한 부분에 대해 변경이 발생한 경우

불성실 범위에 해당할 경우 거래소는 법인에 대해 불성실공시법인 지정예고를 합니다. 불성실공시법인으로 지정되면 거래소는 매매거래 정지, 개선계획서 요구, 관리종목 지정 등의 조치를 취하게 됩니다.

2년간 3회 이상 불성실공시법인으로 지정되면 상장적격성 실질심사 사유에 해당되어 상장폐지가 될 수 있습니다. 최근 1년간 누적 벌점이 15점 이상인 경우에도 마찬가지입니다.

상장 기업은 주식시장에 공개된 기업이기 때문에 공시의 책임과 의무가 있습니다. 주가에 큰 영향을 줄 수 있는 사항들은 반드시 공시해야 합니다. 불성실공시기업은 투자자들과의 약속 이행을 성실하게 하지 않은 기업입니다. 대게 불성실공시법인은 지정예고만 돼도 주가에 영향을 주는 경우가 많습니다. 따라서 투자를 하실 경우에 불성실공시법인에 대해서는 투자를 주의하셔야 합니다.

10장

매수? 매도! 그것이 문제로다

"주식투자에서 매수는 과학이고 매도는 예술이다."

매수와 매도에 관한 격언들이 참 많습니다. "내가 사면 떨어지고 팔면 오른다" 등의 말이 괜히 있는 것이 아닙니다. 매수도 그렇지만 매도는 언제 어떻게 해야 옳은 것인지 판단하기가 너무 어렵습니다.

특히 개인투자자분들은 가격이 떨어지는 것보다 오를 때 못 참고 팔아 버리고선 +5%에 팔았는데 +40%까지 가 버렸다고 말씀하시는 분들이 많습니다. 매도 타이밍의 기준을 정하지 않으면 '**뇌동매매**'를 할 가능성이 높습니다.

뇌동매매: 투자자 자신이 확실한 예측을 갖지 못하고 시장 전체의 인기나 다른 투자자의 움직임에 편승하여 매매에 나서는 것

첫째, 투자 재료를 발견했을 때

주식에 있어서 재료란 주가가 움직일 만한 뉴스나 일정을 말합니다. 주가에 긍정적인 영향을 주는 재료를 호재라고 하며 부정적 영향을 주는 재료를 악재라고 부릅니다. 지금 투자하고 있는 종목보다 좋은 재료가 있는 종목을 발견하면 보유 종목을 매도하고 더 높은 수익률을 줄 것으로 예상되는 종목을 매수할 수 있겠죠.

재료주에 투자 시 주의해야 할 점이 있는데 바로 그 재료가 선반영되어 있는지 확인하는 것입니다. 테마주는 급등 후에 언제라도 급락을 할 수 있기 때문에 이미 주가에 반영이 되어 있는 상태에서 추격매수를 진행하게 되면 큰 손해를 볼 수도 있습니다.

예를 들어 기업의 실적발표가 있는 시점에서는 1~2개월 전부터 증권사 애널리스트들이 실적에 대한 좋은 결과를 예상하는 분석을 내놓으면 그 기대감으로 이미 주가가 상승하는 현상이 생깁니다. 이것을 바로 선반영이라고 합니다.

대부분 실적발표 예상일 전에 주가에 미리 기대감이 선반영되며 실적 발표일에는 뉴스를 미리 접한 투자자들과 단기수익을 위해 접근한 투자자들의 매도로 주가가 하락합니다. 때문에 선반영은 재료주 매매 전에 꼭 확인해 봐야 할 요건 중에 하나입니다.

또 뉴스를 무조건 맹신하기보단 좋은 뉴스를 선별하는 능력을 키우는 것도 중요하겠죠. 작성자의 주관적인 의견이 많이 반영되어 있는 기사인지, 기업의 입장에 초점이 맞춰진 홍보기사는 아닌지도 구별해 봐야 합니다.

이미 주가가 많이 오른 종목은 한 번에 다 매수하는 것보다는 추가적인 뉴스나 시장 상황을 보면서 분할매수하는 것이 리스크를 줄이는 데 도움이 될 수 있습니다.

재료주: 배당, 증자, 무상 교부 등과 같은 기대가 있는 주식

둘째, 투자 재료가 소멸됐을 때

재료의 소멸이란 말 그대로 재료가 사라졌다는 말입니다. 좋은 뉴스가 있어서 기대감에 상승했던 주가는 또 다른 재료가 나오지 않는다면 하락하게 됩니다.

2021년 8월 네이버가 카페24의 지분을 인수한다는 소식이 퍼졌습니다. 9일 장 중에 네이버가 카페24의 지분을 20% 정도 인수할 예정이라는 뉴스가 나오기 시작했고 네이버가 카페24의 최대주주가 될지도 모른다는 기대감으로 카페24의 주가는 장중에 16% 이상 급등하며 52주 신고가를 경신하고 가파르게 상승했습니다.

다음 날 10일 네이버가 1천300억의 지분을 교환하겠다고 발표한 뒤 주가는 10% 이상 급락을 보였습니다. 당일 19%까지 상승했던 주가는 전날 종가에 못 미치는 0%에 마감했습니다.

이미 지분인수가 확정되기 전날부터 지분 인수에 대한 기대감이 주가에 선반영됐고 발표와 동시에 상승의 재료가 소멸됐기 때문입니다. 확정된 뉴스에 매수한 투자자들은 큰 손실을 봤을 겁니다. 이처럼 재료의 소멸 시에는 주가가 하락세를 보이므로 목표주가에 미치지 못했더라도 매도를 고민해 봐야 합니다.

너무 빨리 오른 주가는 기업의 가치나 현재의 실적보다 비싸게 거래가 되기 때문에 시장의 조정이 나올 때 비교적 빠른 하락이 나오게 됩니다. 때문에 시장 상황에 맞춰 빠르게 대응하지 못한다면 오히려 손해 폭만 키우는 일이 될 수도 있습니다.

네이버와 지분 맞교환 발표 후 주가 급락한 카페24

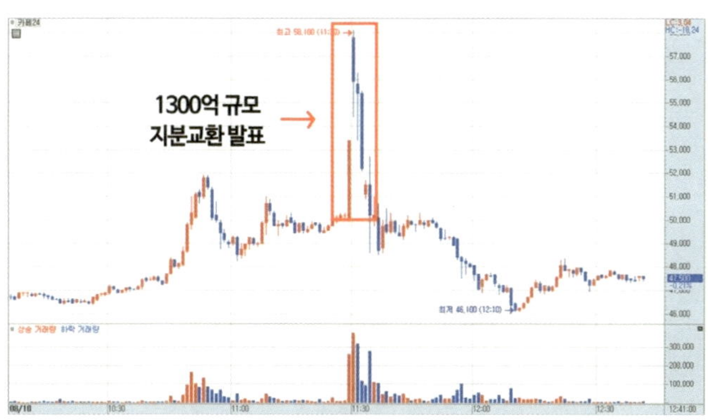

출처: 키움증권 코스콤

셋째, 정부정책 및 산업 동향의 변화가 생겼을 때

마지막은 정부정책 및 산업 동향의 변화입니다. 우리나라는 수출 비중이 높아서 때문에 글로벌 이슈의 영향이 큽니다. 수출정책뿐만 아니라 각국 정부의 위기 대응 정책은 단기적으로 주식시장에 영향을 미치기 때문에 꾸준히 지켜봐야 합니다. 직접적으로 기업에 영향을 끼치지는 않지만, 환율과 금리 등의 변수들은 기업의 실적에 크게 영향을 주기 때문에 간과해서는 안 됩니다.

실제로 2021년 5월 코스피가 1% 이상 하락하고 시가총액 상위 10개 종목의 주가가 일제히 하락했습니다. 미국이 가파른 물가 상승률에 기준금리를 인상하겠다고 밝혔기 때문입니다. 이달 12일에는 장중에 삼성전자의 주가가 7만 9천800원까지 하락했습니다. 이때 삼성전자는 반도체 수급 불안 문제 등의 악재도 겹쳤습니다. 이처럼 각국 정부의 정책이나 산업 동향의 변화는 주가에 큰 영향을 미치기도 합니다.

여러분이 테슬라의 주식을 100주 보유하고 위의 세 가지 원칙을 통해 매매한다고 상상해 보겠습니다. 목표수익률을 달성하고 애플카 개발 소식이 들려옵니다. 새로운 재료의 발견입니다. 여러분은 테슬라 30주를 매도하고 애플에 투자합니다. 그 이후 현대자동차의 전기차 출시 소식이 들려옵니다. 중국 정부에서 전기차에 보조금을 주는 정책을 펴겠다고 발표했습니다. 여러분은 테슬라 30주를 매도하고 현대차에 투자하면 됩니다.

사실 주식에서 제일 어려운 것이 매도입니다. 언제 어떤 타이밍에 하면 되는지 수학 공식처럼 정확한 답이 없습니다. 첫 장에서 투자 전 원칙을 세우라고 말씀드렸습니다. 기억하시나요? 훌륭한 투자자들은 대개 자신만의 투자 원칙이 있습니다. 투자 전 원칙을 세우라는 말은 새로운 투자 공식을 개발하거나 연구하라는 것이 아닙니다. 위의 세 가지 원칙을 기준으로 삼고 실제 투자 시 매도 전에 고려해 보시길 바랍니다.

주식닥터의 핵심 기초 강의

1. 슈팅의 4단계를 이해하기

슈팅은 단발성 슈팅, 일반슈팅, 파워슈팅, 상한가 총 4단계로 나누어집니다.

1) 1단계: 단발성 슈팅

10% 이내의 매물소화를 하기 위한 거래량을 동반한 슈팅으로 슈팅 이후 시세가 금방 죽는 특징이 있습니다. 비중이 많은 종목이라면 비중을 줄이기 위해 활용할 수 있습니다.

단발성 슈팅은 1~5분 사이에 짧게 발생이 되고 바로 시세가 죽는 것을 의미합니다. 실시간으로 모니터링하지 않는 투자자라면 단발성 슈팅 타이밍에 맞춰서 매도하기가 쉽지 않습니다. 단발성 슈팅단계를 포착했다면 일차적인 수익실현 타이밍으로 봐야 합니다.

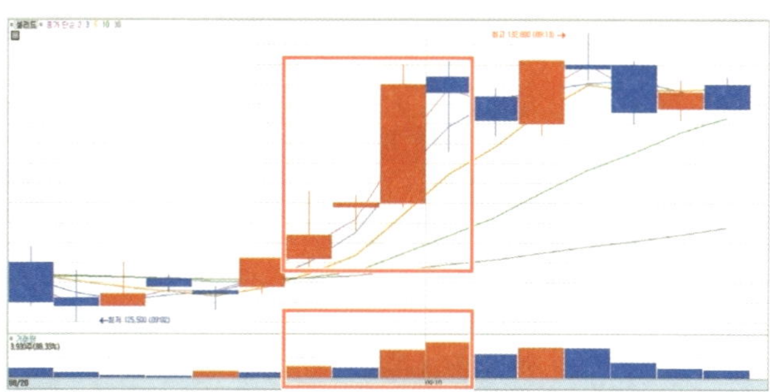

출처: 키움증권 코스콤

2) 2단계: 일반슈팅

10~15% 또는 화력을 이용해서 15% 이상까지 상승하는 슈팅입니다. 1단계 단발성 슈팅의 고점 매물을 소화하면서 수급이 더 강하게 유입되는 것이 특징입니다. 또한, 시세가 쉽게 죽지 않고 오래 유지되는 특징도 있습니다. 단발성 슈팅에서 매도를 못 했다면 일부 물량을 일반슈팅 단계에서 소진시키는 것이 좋습니다.

일반슈팅은 단발성 슈팅 발생 직후 짧은 눌림목을 거쳐서 곧바로 2차 슈팅이 발생하는 것을 말합니다. 일반슈팅은 단발성 슈팅과는 다르게 시세가 곧바로 죽지 않기 때문에 충분한 매도 타이밍이 나옵니다. 비중이 큰 종목에서 일반슈팅이 발생했다면 리밸런싱을 하기 좋은 타이밍입니다.

일반슈팅 5분봉

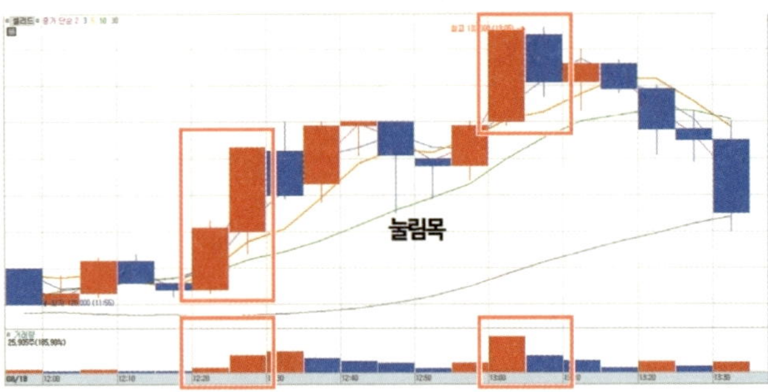

출처: 키움증권 코스콤

3) 3단계: 파워슈팅

20% 이상의 슈팅으로 일반적으로 유통물량의 80% 이상 회전되는 것이 특징입니다. 일반슈팅에서 파워슈팅으로 전환되게 되면 슈팅 시세가 쉽게 죽지 않고 상한가 진입 확률이 60~70% 정도로 확대됩니다. 파워슈팅 전 단계에서 일부 차익실현이 되었다면 상한가 진입까지 지켜보는 것이 현명한 투자판단이라고 볼 수 있습니다.

파워슈팅은 일반슈팅 발생 이후 짧은 조정을 거쳐 곧바로 거래량 폭발과 함께 급등하는 것을 의미합니다. 일반슈팅 단계에서 일부 차익실현 및 리밸런싱에 성공했다면 나머지 물량은 상한가 진입을 지켜보는 것이 좋습니다.

파워슈팅 1분봉

출처: 키움증권 코스콤

4) 4단계: 상한가

슈팅의 마지막 단계인 상한가에 진입하게 되면 두 가지 전략 중 한 가지를 선택할 수 있습니다.

상한가가 풀리는 타이밍에 맞춰서 추가적인 수익실현을 진행할 것인지, 아니면 상한가 진입 후 다음 거래일 갭상승 출발 때 2차 슈팅 구간에 맞춰 수익실현을 진행할 것인지 매도 전략을 세워야 합니다.

상한가도 강상한가와 약상한가로 나뉘게 됩니다. 약상한가는 상한가 진입 후 2회 이상 상한가가 풀린 후 다시 상한가에 진입하는 것을 의미합니다. 상한가에 진입한 후에 2회 이상 상한가가 풀린다면 장 종료 직전 급락이 나올 수 있으니 미리 수익을 챙겨 놓는 게 좋습니다.

또한, 약상한가로 장을 마감한다면 다음 날 추가 급등 가능성이 낮으며 등락 폭도 제한적으로 움직이는 경우가 많으니 투자에 참고하셔야 합니다.

이와 반대로 강상한가는 상한가 진입 후 상한가가 풀리지 않고 강하게 마감되는 것을 의미하며, 다음 날도 등락 폭이 강하게 움직이는 경우가 많습니다. 그렇기 때문에 반드시 약상한가와 강상한가의 차이점을 실전 트레이딩 경험을 통해서 익혀 보시는 것이 좋습니다.

상한가 1분봉

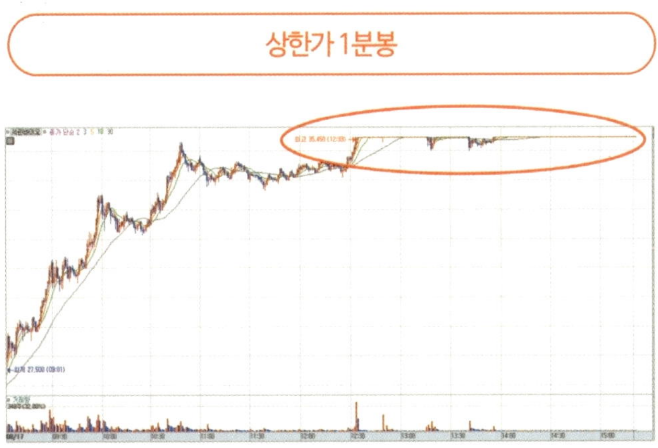

출처: 키움증권 코스콤

2. 기업의 분기별 실적체크

종목을 매수한 뒤에는 그다음 반드시 기업의 분기별 실적을 체크해야 합니다.

매수를 한 이후 주가는 그대로인데, 만약 실적은 계속 성장한다면 기업의 가치는 계속 상승할 것을 의미하며 주가가 상승할 가능성 또한 높아지는 것입니다.

이와 반대로 주가는 올라가는 데 실적 역성장 및 적자가 발생한다면 기업의 가치는 크게 훼손되기 때문에 매도에 대한 전략을 세워야 합니다. 2년간의 주가 추이와 2년간의 실적추이를 비교해 보겠습니다. 같은 기간 외형 성장 및 기업의 가치가 더 높아졌음에도 주가가 제자리 또는 매집박스를 만들고 있다면 매수하기 아주 좋은 타이밍입니다.

주가는 상승했지만 외형성장 실패 및 당기순이익이 적자로 돌아선 상황이라면, 기업의 가치를 크게 훼손시킬 뿐만 아니라 기업이 저평가가 아닌 고평가로 돌아설 수 있으니 반드시 종목 선정 족보를 확인하셔서 기업 가치를 다시금 측정해 주시길 바랍니다.

만약 기업이 고평가 상태라면 반드시 매도 전략을 세워 주셔야 합니다.

3. 손절하는 방법

앞서 알려 드렸던 종목 선정 방법을 잘 체크하셔서 좋은 기업을 매수하셨다면 기술적 단가관리를 통해서 수익실현이 가능합니다.

1) 단가관리

그림과 같이 하락하는 추세에서도 기술적 단가관리를 통해서 충분히 수익실현을 진행할 수 있습니다.

1차 매수 이후 주가가 급락한다면 전 저점 이탈 후 2차 매수를 들어갑니다. 그 이후 슈팅 발생 시 리밸런싱을 진행하게 되면 평균매입단가는 낮춰짐과 동시에 비중 또한 낮춰서 리스크 관리를 진행할 수 있습니다.

그다음 기술적으로 매집 자리를 만들어 주는 타이밍 때 3차 매수를 진행해서 한 번 더 단가관리를 진행하고 슈팅 발생 시 차익실현을 진행합니다. 이러한 기술적 흐름을 이해한다면 충분히 손절 없이도 리스크를 낮춰 가면서 수익실현을 할 수 있습니다.

2) 리스크 제한 걸어 두기

주가가 하락하고 계좌 안에 손실이 커진다고 계속적으로 자금을 투입해서 물타기를 하는 것이 아니라 반드시 종목별로 리스크 제한을 걸어 두셔야 합니다.

예를 들어 한 종목당 최대 비중 10%로 제한을 걸어 두었다면 비중 10%를 넘지 않는 선에서 매집과 리밸런싱을 반복하셔야 합니다.

2차 매집 또는 3차 매집을 진행할 때 무조건적인 물타기가 아닌 반등 타이밍에 맞춰서 매집을 들어가서 단가관리를 진행하는 것입니다. 단가관리하기 좋은 타이밍은 전 저점 이탈 이후 매도물량이 나오지 않고 심리선을 잡아 주면서 점진적으로 매물을 소화하는 타이밍입니다.

그 이후 주가가 슈팅이 나왔을 때 약간의 손실 중이더라도 반드시 리밸런싱을 진행하시고 그다음 매수 타이밍에 맞춰 매집을 진행해 단가관리를 해 주시면 됩니다.

주식닥터의 필수 개념 정리

1. 경기민감주

경기는 일정하지 않습니다. 경기 호황기가 있는 반면 경기 침체기도 있습니다. 이렇게 반복하는 것을 경기 사이클이라고 합니다. 그리고 경기에 민감하게 반응하는 업종을 주식시장에서는 '경기민감주'라고 부릅니다.

경기민감주는 경제상황에 따라 주가가 반응하는 주식을 말합니다. 경기가 좋아지면 기업의 매출이 증가하고 이익이 증가하니까 주가가 상승하게 됩니다. 반대로 경기가 나쁘면 주가가 하락하게 됩니다.

대표적인 경기민감주에는 해운, 조선, 반도체, 철강, 자동차, 기계, 건설, 화학, 정유, 금융 등이 있습니다. 경기가 안 좋아지면 당연히 수출과 수입은 줄어들게 됩니다. 무역이 줄어들게 되면 선박을 통한 운송으로 이익을 내는 해운사들의 영업실적이 하락하게 될 겁니다. 그럼 배를

건조하는 조선사들도 일감이 없어 실적이 하락하게 됩니다.

이처럼 경기민감주는 매수시점과 매도시점이 정해져 있습니다. 경기민감주에 투자하려면 다음과 같은 세 가지 상황을 고려해 보는 것이 좋습니다.

첫 번째는 매수 시점입니다.

경기민감주는 경기가 본격적으로 회복되기 이전에 매수해서 경기가 꺾이기 전에 처분해야 합니다. 주가가 경기를 예측해 한 발 앞서 움직이는 속성이 있기 때문입니다. 일반적으로 주가는 실물경기를 약 6개월 앞서 움직인다고 알려져 있습니다.

향후 경기 전망을 가늠하려면 경기선행지수를 참고하는 것이 좋습니다. 경기선행지수는 3~6개월간의 경기 전망을 예측하는 지표로 알려져 있습니다. 경기선행지수가 상승하면 앞으로 경기가 좋아질 것으로 예상하고 하락하면 경기가 나빠질 것으로 예상합니다.

통계청에서 제공하는 경기종합지수

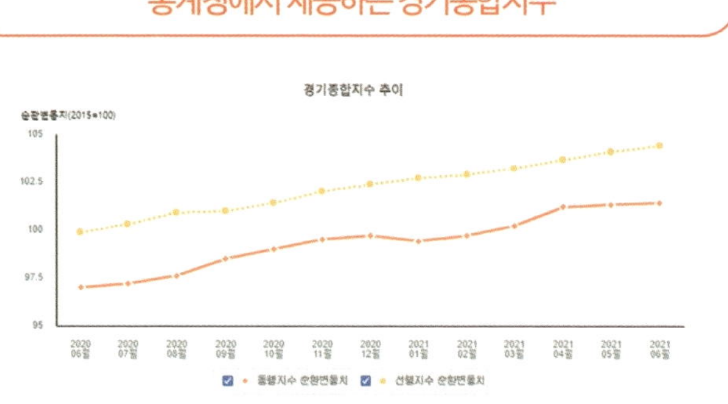

출처: 통계청

위는 통계청에서 제공하는 경기종합지수 추이 그래프입니다. 순환변동치는 추세를 제거한 수치로 현재의 경기 국면과 전환점을 파악하는 데는 순환변동치를 살펴보는 것이 적합합니다.

순환변동치가 하락세로 전환할 경우에도 코스피지수가 오른다면 고평가된 시장이라고 판단할 수 있습니다. 위의 그래프에서는 현재 경기 흐름이 반영되는 경기동행지수 순환변동치가 향후 전망을 반영하는 경기선행지수 순환변동치보다 느린 움직임을 보이는데요. 이는 미래의 경기 회복에 대한 기대심리가 높고 시장에 그 기대감이 선반영됐다고 판단할 수 있습니다.

두 번째는 산업 동향을 살피는 것입니다.

산업활동동향 등과 같은 지표는 물론 산업이 어떤 방향으로 움직이고 있는지 확인해 봐야 합니다.

통계청에서 제공하는 산업생산지수

(2015=100, %, %p)

	'20.2/4	6월	'21.1/4	2/4p	4월	5월p	6월p	기여도[1]
전산업생산지수 (계절조정계열)	104.7	106.8	111.2	111.7	111.1	111.1	112.9	-
.전 월(기) 비	-3.0	3.9	1.7	0.4	-1.3	0.0	1.6	-
광 공 업	-6.5	8.2	3.4	-1.0	-1.9	-1.0	2.2	0.72
제 조 업	-6.9	8.4	3.4	-1.1	-1.9	-1.2	2.3	0.71
건 설 업	-2.9	0.1	-3.6	-1.6	-2.6	-3.0	2.0	0.11
서 비 스 업	-1.3	1.8	0.7	1.7	0.2	-0.4	1.6	0.82
공 공 행 정	-0.1	4.6	6.2	-0.1	-7.8	8.2	0.6	0.05

1) 전산업의 전월비에 대한 기여도

출처: 통계청

다음은 통계청 보도자료에서 확인할 수 있는 생산동향 지표입니다. 전산업생산지수는 광공업, 제조업, 건설업, 서비스업, 공공행정 등 5개 산업군의 생산지수의 평균치를 나타낸 지수입니다. 경기가 좋을수록 제품의 생산량도 증가하므로 지수가 높아질수록 경기가 좋다고 해석할 수 있습니다.

산업 방향에 대한 흐름을 읽는 것도 중요합니다. 실제로 2021년 5월 철강 원자재 가격 급등에 강세를 보였던 국내 철강주들이 중국에서 철강가격을 규제한다는 뉴스가 발표되자 장중 급락하는 현상이 발생했습니다.

12일 철광석 가격이 투기적 거래로 오르는 상황에 대해 중국이 정책을 통해 원자재 가격의 인상을 규제하겠다고 밝혔다는 뉴스 이후 철광석 가격이 2주 만에 24% 이상 급락했고 5월 중순 기록한 고점은 6월이 되도록 주가를 회복하지 못한 종목이 많았습니다.

보통 원자재 가격 상승은 호재로 여겨지지만, 정부에서 가격 안정 조치를 촉구할 정도로 철광석 가격의 급등세가 이어지자 제조업종들에 부담이 커지면서 악재로 작용한 것입니다. 원자재 가격 급등과 공급부족 현상에 대한 뉴스는 전부터 있었습니다. 이처럼 투자자는 업황 관련 뉴스를 꾸준히 살펴보며 전망을 예측하고 확인해 볼 필요가 있습니다.

중국 정부의 원자재 가격 안정화 언급 이후 POSCO 주가

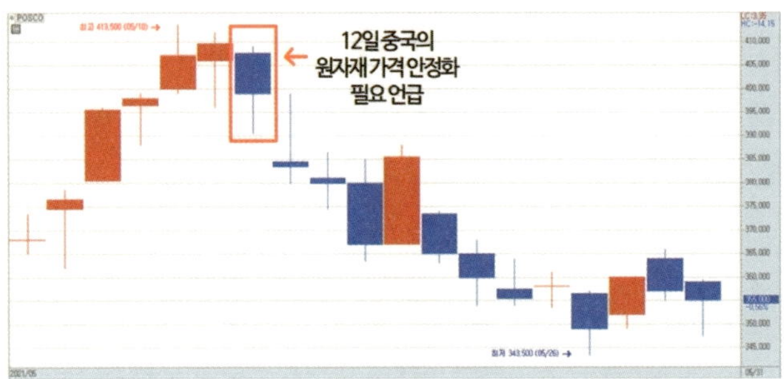

출처: 키움증권 코스콤

세 번째는 리크스 관리입니다.

경기민감주는 위축됐던 경기가 회복세로 접어들 가능성이 보일 때 가장 많이 오릅니다. 매수 타이밍을 잘 잡아 저가에 매매했다면 회복세로 반전할 때를 기다려야 합니다.

하지만 경기민감주는 경기 상승기에 주가버블이 형성되기 쉽기 때문에 이 시기에 매수한 뒤 경기침체 기간이 길어질 때는 예상보다 큰 리스크가 발생할 수 있습니다.

이럴 때는 경기 침체기에 주가상승폭이 크지 않을 가능성이 크기 때문에 무작정 기다리기보다는 비중을 줄이고 경기가 호전을 보일 때 다시금 비중을 늘려 주는 것이 좋습니다.

2. 경기방어주

경기방어주는 경기와 상관없이 꾸준한 실적을 내는 업종입니다. 경기가 좋든 나쁘든 크게 영향을 받지 않기 때문에 경기둔감주라고도 부릅니다. 주로 전력, 통신, 생필품, 가스, 철도, 식료품, 제약, 담배 등이 있습니다.

경기방어주에 속한 주식들은 보통 생활필수품을 취급하는 종목들이기 때문에 웬만한 불경기에도 실적이 크게 줄지 않는 공통점이 있습니다.

가장 대표적인 산업은 통신산업입니다. 경기가 나빠져서 갑자기 핸드폰을 이용하지 않는 사람은 없습니다. 경기와 상관없이 매월 일정한 요금을 지불하고 사용하기 때문에 기업의 실적도 일정하게 유지될 수 있는 겁니다. 하지만 반대로 경기가 좋아졌다고 해서 핸드폰 요금을 더 많이 내지도 않습니다. 그래서 경기방어주들은 성장성은 비교적 떨어지지만 안정적인 수익을 내기에 적합하다고 볼 수 있습니다.

코로나19로 가장 많이 수혜를 받은 업종 중에 하나인 제약 업종도 경기방어주입니다. 사람들은 경기가 나쁘든 말든 아프면 진료를 받아야 하고 약이 필요합니다. 또 코로나19나 100세 시대에 접어들어 건강산업에 대한 수요가 증가하면서 제약업종의 성장성도 두드러졌습니다. 제약 업종은 장기 성장성과 안정성의 매력을 동시에 갖춘 업종으로 볼 수 있습니다.

경기방어주는 주가상승폭이 대체로 크진 않지만 안정적인 실적을 기반으로 약세장에서 빛을 보는 종목이 있습니다. 위에서 말한 제약 업종처럼 경기 순환 주기에 따라 눈에 띄게 부각되거나 반대로 하락하는 업종이 있기 때문에 경기방어주에 투자할 때에는 각종 경제 이슈를 잘 살펴본 후 투자하는 것이 좋습니다.

이미지: Freepik.com

3. 원달러환율과 주가의 상관관계

주식투자를 하다 보면 '환율 하락, 코스피 상승', '환율 하락에 외국인 코스피 순매수' 등과 같은 내용의 기사를 접해 보셨을 겁니다. 환율과 외국인이 어떻게 주가에 영향을 미친 걸까요?

세계경제가 좋아지면 우리나라의 수출이 증가하게 됩니다. 수출이 증가하면 기업이 벌어들이는 달러 양이 많아지겠죠? 달러의 양이 많아지면 1달러에 1천500원이었던 환율이 1달러에 1천원으로 하락하게 됩니다.

다시 말해 환율의 하락은 우리나라 기업의 수출이 증가해서 달러를 많이 벌어들이고 있다는 근거가 됩니다. 기업이 돈을 많이 벌어들이면 주가는 당연히 상승하겠죠? 그래서 환율이 하락할 때 주가가 상승하는 현상이 발생하게 됩니다.

또 우리나라의 주식시장에서 활동하는 외국인투자자들의 움직임도 주가에 영향을 미칩니다.

환율이 1달러에 2천원일 때 우리나라 주식에 투자한 외국인이 환율이 1달러에 1천원일 때 주식을 팔고 환전을 하면 1달러의 이득을 볼 수 있기 때문입니다. 그래서 환율의 하락이 예상될 시점에 외국인 매수세가 유입되는 겁니다. 주식으로 엄청난 수익을 얻지 못해도 환율을 이용해 시세차익을 볼 수 있다고 기대하기 때문입니다.

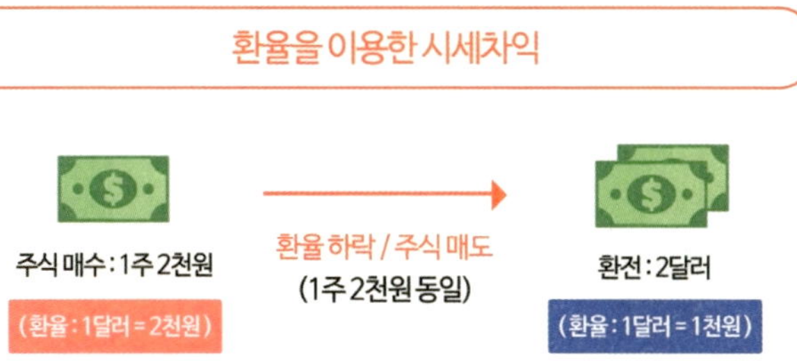

반대로 환율이 상승할 때는 우리나라에 달러가 없다는 뜻이고 곧 기업의 수출이 줄어들었다는 말입니다. 기업이 벌어들이는 돈이 적어졌으니 당연히 주가는 하락할 것이고, 1달러에 2천원일 때 투자한 외국인들도 환율이 상승하니 주식을 팔고 환전할 때에 1달러에 3천원으로 올랐다면 손해를 보게 됩니다.

그래서 환율이 상승할 가능성이 높아지면 외국인들은 서둘러 우리나라의 주식을 팔아 치우는 것입니다.

거시적 관점에서 환율 하락 시기에 맞춰 투자를 진행한다면 좀 더 안정적으로 수익금을 챙겨 갈 수 있겠죠? 따라서 투자자분들은 신문이나, 보고서, 책 등을 통해 1달러 환율을 필수로 분석하시는 것이 좋습니다.

장기투자자를 위한 조언

종목 선정 족보를 통해 좋은 기업을 선정해서 매수했다면 기다리는 일은 외로움과 지루함이 아닌 행복감으로 바뀔 것입니다. 기다림도 투자의 기술 중 하나라고 생각하면서 이 과정을 이겨 내야 좋은 결과를 얻을 수 있습니다.

하지만 아무리 좋은 종목을 매수했다 하더라도 그것이 얼마 동안의 기다림 끝에 얼마만큼의 수익으로 보상해 줄지 아무도 확실하게 답을 주지 못하기 때문에 주식을 잘 유지하는 장기투자자가 되기 위해서는 다음과 같은 준비가 필요합니다.

첫째, 투자기간보다 투자시기에 초점을 맞춰라

1977년부터 1990년까지 13년간 2,703%라는 경이적인 수익률을 기록한 피터 린치의 마젤란펀드는 한 번도 마이너스 수익률을 기록한 적이 없습니다. 흥미로운 것은 마젤란펀드에 투자했던 투자자들 중 절반 정도 손실을 봤다는 점입니다. 이런저런 이유로 투자 중간에 빠졌다는 증거겠죠. 장기투자의 중요성을 일깨워 주는 사례입니다.

피터 린치는 "사람들이 부동산에서 돈을 벌고 주식에서 돈을 잃는 이유가 있다. 집을 선택하는 데는 몇 달을 투자하지만 주식을 선정할 때는 몇 분 안에 해 버린다"고 말했습니다.

카카오의 차트를 살펴보겠습니다. 몇 년 동안은 꾸준히 상승하고 몇 년 동안은 하락하는 모양입니다. 그러나 시간이 지나 전체 추이를 지켜보다 보면 그때 몇 번만 참고 기다렸어도 엄청난 부자가 됐을 것 같은 생각이 듭니다. 막상 몇 년간 하락세 속에서 참지 못하고 매도한 건 잊어버리게 됩니다. 1분봉을 보면서 크게 떨어졌다고 느껴지는 주가도 연봉을 보면 놀랍게도 주가가 과거에 비해 엄청나게 상승한 경우가 많습니다. 단기적으로 봤을 때와 장기적으로 봤을 때가 다른 것이죠. 주식은 갑자기 오르는 것 같지만 대체로 수년에 거쳐 큰 시사를 내고 수년에 거쳐 하락하는 것을 반복합니다.

카카오 차트

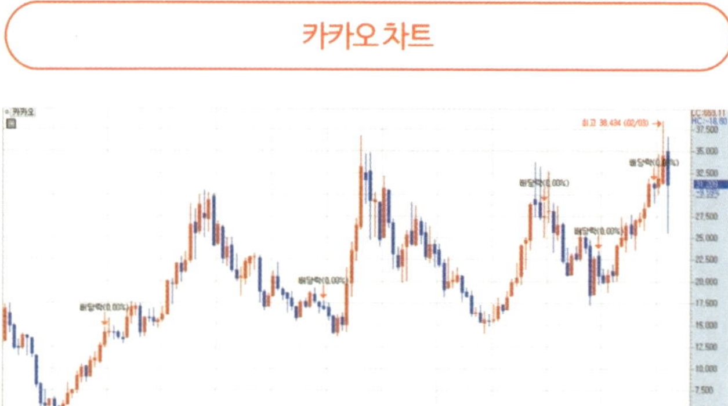

출처: 키움증권 코스콤

사실 장기투자에서 중요한 것이 기다림뿐이라고 하면 누구나 다 장기투자로 부자가 됐을 겁니다. 또 '장기'라는 말이 붙어 있지만, 투자기간보다는 투자시기가 핵심입니다. 아무 때나 무턱대고 매수한 후 장기가 보유하면 된다고 생각하시겠지만 짧게는 3년 길게는 10년의 기다림은 생각보다 쉽지 않기 때문입니다.

1989년 코스피가 1,000을 찍은 이후 무료 15년간 지수가 횡보했습니다. 장기투자도 상승장인지 박스권인지 장세를 판단하고 결정해야 합니다.

둘째, 분기에 한 번 포트폴리오를 조정하라

주식을 매수할 당시 아무리 좋은 기업이었다 해도 여러 변수에 따라서 상황이 변할 수 있습니다. 차트는 매일같이 살펴보지 않더라도 기업의 실적은 계속해서 주시해야 합니다. 그렇다고 너무 자주 볼 필요는 없습니다. 상장한 기업은 의무적으로 3달에 한 번 분기보고서를 제출하고 1년에 한 번 사업보고서를 제출해야 합니다. 분기에 한 번 정도라도 가지고 있는 주식의 사업보고서를 확인해 보시길 권해 드립니다.

기업의 분기보고서와 사업보고서는 앞서 알려 드린 전자공시 사이트에서 확인할 수 있습니다. 매수 전이라면 사업보고서를 상세하게 살펴보는 것이 좋습니다. 회사가 어떻게 성장해 왔는지 그리고 무엇을 통해서 돈을 벌고 있는지 확인해 보시길 바랍니다.

매수 이후 분기마다 확인하는 작업은 이전만큼 꼼꼼하게 살펴볼 필요는 없습니다. 기업의 구성이나 비즈니스 모델 등은 빈번하게 바뀌는 일은 잘 없습니다. 그러나 주가에 가장 영향이 큰 매출, 영업이익, 순이익 등은 손익계산서를 통해 반드시 확인해야 합니다.

그리고 계속 주식을 보유할지 매도할지 생각해야 합니다. 해당 기업보다 더 좋은 기업을 발견했다면 보유종목 수를 줄여 다른 기업에 투자하는 것도 좋습니다. 배당금을 목적으로 장기투자를 결심한 종목인데 배당금을 줄였다면 이것 또한 매도의 기준이 될 수 있습니다. 뚜렷한 사유가 없다면 이익이 조금 줄었다고 성급하게 매도하는 것은 바람직하지 않습니다.

너무 과도한 잣대를 적용해서 매도와 매수를 반복하면 장기투자자로서 제대로 된 수익금을 거두기 쉽지 않습니다. 또한 장기투자를 하면서 단기간 하락세를 보이거나 횡보하는 구간에서 손절을 하는 것은 그냥 손실을 확정하는 일로 끝날 뿐입니다. 장기투자를 하기로 마음먹은 이상 저점이라고 생각되는 시기에 지속적인 분할매수를 통해 주식을 모으면서 중간중간 분할매도를 통해 조금씩 수익실현을 하면서 가면 많이 지루하지 않게 끌고 갈 수 있을 것입니다. 시간이 지나 분할매도한 시점보다 주가가 올라갔더라도 그동안 모아 온 남은 주식이 많기 때문에 아쉽지 않게 들고 갈 수 있겠죠.

욕심을 버리고 하루하루 꾸준히 나아갔을 때 1년, 2년 뒤를 생각하며 가십시오. 그 기다림과 노력은 계좌로써 증명될 것입니다.

셋째, 감정 변화도 기록해 둬라

'투자일기' 혹은 '매매일지' 작성은 주식투자를 성공으로 이끄는 습관 중 하나입니다. 투자일기가 중요한 이유는 뭘까요? 가장 큰 이유는 투자 과정과 결과를 기록하고 복기함으로써 자신의 투자 성향을 파악할 수 있다는 것입니다.

그런데 대부분의 투자자들이 '투자일기'와 '매매일지'에서 놓치는 포인트가 있습니다. 대부분의 투자자들이 실패한 사례에 초점을 맞춰서 가져간다는 것입니다.

수험생들의 오답노트처럼 문제에 대한 올바른 정답이 있는 경우에는 그것을 계속해서 복기한다면 정답만을 기억할 수 있게 되지만, 투자 결과라는 문제의 결과에는 실패도 있고 성공도 있기 때문에 실패한 투자를 계속해서 복기한다면 실패한 사례만 머릿속에 남게 됩니다.

물리학에 에너지 보존의 법칙이 있습니다. 에너지는 형태가 바뀌거나 한 물체에서 다른 물체로 옮겨 가도 전체 에너지의 총량이 항상 변하지 않는다는 법칙입니다. 이렇게 말하면 어렵게 들리겠지만 긍정적인 말과 생각으로 생긴 에너지도 에너지 보존의 법칙에 의해 사라지지 않고 보존된다고 생각하면 쉽죠?

'투자일기'나 '매매일지'에서 중요한 부분은 내가 어떻게 투자했을 때 성공했냐는 것입니다. 실패한 사례보다는 성공한 사례에 대한 복기를 하시면 됩니다. 추상적인 목표를 글로 적고 자주 보면 '자기암시' 효과로 좋은 매매습관만 남아 여러분을 성공 투자로 이끌어 줄 것입니다.

꼭 거창하고 자세하게 작성할 필요는 없습니다. 거래한 종목과 그 이유를 기록하는 것이 핵심입니다. 일기처럼 자유롭게 작성해도 되고 기록해야 되는 정보가 많아지면 오히려 꾸준히 작성을 하기 어렵기 때문에 종목의 가격, 수량, 매수 및 매도를 결정한 이유 정도만 간결하게 작성하는 것이 좋습니다.

투자일기 예시

종목	매수 이유	매수가	매도가	매도가
SK바이오사이언스	코로나 19 백신 임상 3상 시험 계획 승인 국내 신규 확진자 역대 최다 기록	265,500	302,000	327,000
	매도 이유	수량	수량	수량
	목표 수익률 초과 달성 다른 투자 재료 발견	10	5	5
비고	중간 분할매도로 차익실현하고 코로나19 발생 동향 등 살피면서 잘 대응한 것 같다			

이렇게 쌓인 투자일기는 목표수익률이나 투자기간의 지표로서 활용해도 좋습니다. 보통 장기투자는 6년 이상 보유하는 것을 말하지만 모든 사람이 이렇게 길게 가져갈 수 있는 것은 아닙니다. 단기투자가 유행하는 때에는 단 1개월도 장기가 될 수 있습니다. 개인의 능력과 성격을 시장과 맞추는 작업이 필요합니다. 투자일기를 통해 내가 1년의 기간을 견딜 수 있는 투자자인지 아니면 3년, 10년을 기다릴 수 있는 투자자인지 참고하여 매수 전에 고려해 보는 것도 좋은 방법입니다.

주식닥터의 핵심 기초 강의

1. 추세가 잡힌 종목 피하기

손절의 충분한 연습이나 경험이 부족한 투자자가 추세가 잡힌 종목을 매수하는 건 위험합니다. 주가는 강세시장에서 매집구간, 상승, 과열구간으로 나뉘고, 약세시장에서 분산, 공포, 침체구간으로 나뉩니다.

개인투자자가 접근하는 추세가 잡힌 상태는 과열구간, 즉 주가에 프리미엄이 많이 붙어 있는 고점을 뜻합니다. 기업의 실적 및 성장성 악화가 있거나, 매집구간에서 매집한 투자자들의 대거 차익실현 매물이 쏟아질 시에는 큰 투자 손실로 이어질 수 있기 때문입니다.

추세 상승 이후 주가 조정

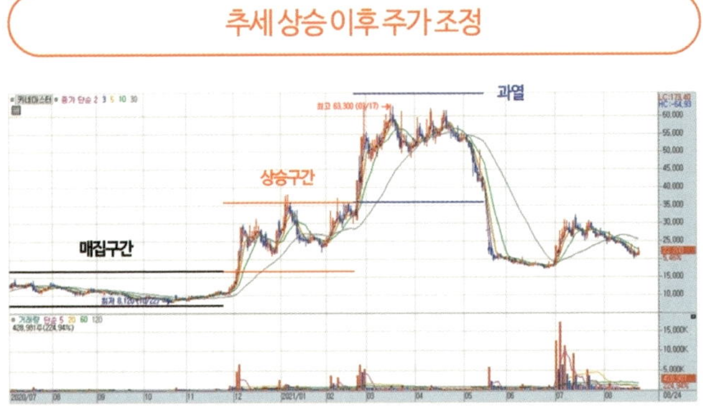

출처: 키움증권 코스콤

그랜빌의 투자전략에 따르면 일반투자자는 과열구간에서 확신을 갖고, 전문가는 매집구간에서 확신을 갖는다고 합니다. 과열구간은 이슈 및 뉴스, 카더라 통신 등에 의해 일반투자자들에게 노출이 많이 되어 거래량이 증폭되는 시기이며, 많은 투자자들이 거래하는 시기입니다.

하지만 반대로 과열구간은 전문가들이 가장 경계하는 시기입니다. 이러한 시기에는 투자수익을 올리기 어렵기 때문입니다. 과열구간은 수익에 대한 기대보다는 리스크 관리를 해야 하는 시기입니다.

과열구간은 매집구간에서 상승구간에 매수한 투자자들의 대거 차익 실현 매물이 쏟아질 수 있습니다. 추세이탈구간에서는 대거 매도물량이 나오기 때문에 과열구간에서 매수한 투자자들은 큰 손실을 볼 수 있는 시기이기도 합니다.

✔ 매수하기 좋은 타이밍이란?

추세이탈 후 **매집구간**에서 매수해서 단가관리를 통해 최대한 단가를 낮추고, 상승 및 과열구간에서 차익실현을 하는 것이 가장 현명한 투자 방법입니다. 추세이탈 후 매집박스를 만들어 주는 구간이 안정적으로 수익 창출이 가능한 구간입니다.

매집박스의 조건은 종목 선정 6단계를 모두 통과한 종목만 해당하며, 기업가치 측정에서 통과한 종목이 매집박스를 만들어 준다면 주가가 바닥일 가능성이 매우 큽니다. 주가가 하락할 땐 적게 빠지고, 주가가 상승할 땐 상승 폭이 더 큰 걸 확인할 수 있습니다.

매집박스

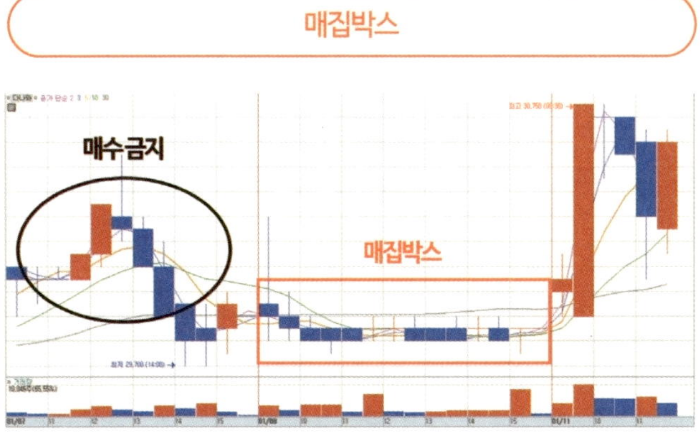

출처: 키움증권 코스콤

추세이탈 이후 매집박스를 만들고 2차 주가상승이 나온 것을 확인할 수 있습니다.

이동평균선 1

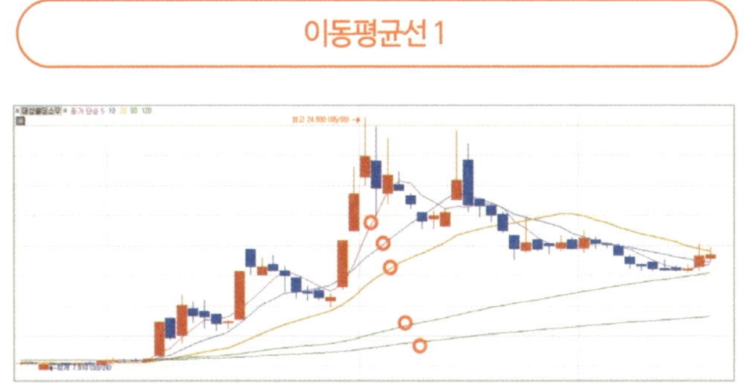

출처: 키움증권 코스콤

위의 그림과 같이 이동평균선의 이격이 벌어졌을 때는 매수를 자제하는 것이 좋습니다. 그 이유는 주가가 이동평균선 위에 있을 땐 이동평균선이 지지선 역할을 하게 되는데, 주가 추세이탈 시 매도물량이 연속적으로 빠져나오면서 저항 역할을 하게 되기 때문입니다. 장기 이동평균선인 480일선까지 이탈시킬 확률이 매우 높습니다.

매집: 어떤 의도를 갖고 일정한 주식을 대량으로 사 모으는 것
매집구간: 주가를 올려서 큰 시세를 얻기 위해서 주가를 올리고 내리면서 사 모으는 구간

✔ 이동평균선 설정

5일선(단기), 10일선(단기), 20일선(심리선), 60일선(수급선), 120일선(중기), 240일선(장기), 480일선(장기)

5일선에서 480일선까지 설정을 하시면 됩니다.

추세 이탈 후 급락

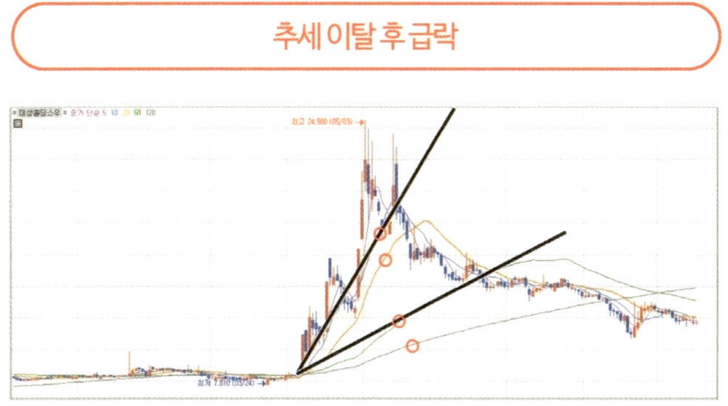

출처: 키움증권 코스콤

위의 그림은 추세이탈 후 매도물량이 대거 쏟아져 주가가 급락하는 차트입니다. 추세의 각도가 높아지면서 거래량이 증폭된 자리는 이동평균선 또한 정배열로 되어 있습니다. 이동평균선 간의 이격도가 크게 벌어진 상황이기 때문에, 주가가 추세이탈을 할 경우엔 매도물량을 매수물량이 이기지 못하는 상황이 벌어집니다.

이러한 상황에선 보통 480일선을 이탈한 이후 하방 경직구간에서 거래량을 죽이고 횡보하는 주가 흐름이 나옵니다. 추세가 깨진 상황에서 주가가 많이 빠졌다고 섣부르게 접근했다간 더 큰 손실을 단기적으로 입을 수 있으니 주의하시길 바랍니다.

매집박스 2

출처: 키움증권 코스콤

위의 그림에 매집박스는 전형적인 매집 자리로 볼 수가 있습니다. 기업의 이익잉여금과 시가총액이 같은 수준에서 매년 외형성장을 이루고 있고, 부채비율 또한 감소하는 상황에서 주가가 하락을 멈추고 박스권 내에서 매집이 이루어지는 상황입니다.

항상 매수는 기업의 가치분석과 기술적 분석을 함께한 뒤에 해야 하며, 하방의 길이 크게 열려 있지 않은 기업을 매수한다면 투자수익에 큰 도움이 되실 겁니다.

그림과 같이 매집박스에서 박스권 하단 부근까지 단가를 맞춰 놓고, 박스권 상단에 도달 시 조금씩 비중을 줄이면서 차익실현을 하는 전략이 가능합니다. 최대한 박스권 하단 최저점까지 단가를 내려놓는다면, 주가의 파워슈팅 발생으로 박스권을 강하게 돌파하는 슈팅 발생 시 수익률이 크게 상승합니다.

매집박스 3

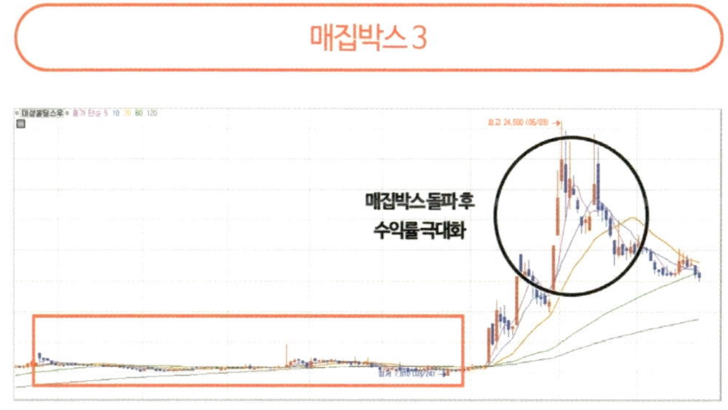

출처: 키움증권 코스콤

위의 그림을 보면 전형적인 매집박스에서 오랜 기간 횡보를 거쳐, 테마가 붙으면서 박스권 상단을 강하게 뚫으면서 수익률이 극대화된 모습입니다. 주가 급등 이후 조정 기간을 거쳐, 다시금 박스권으로 거두어 놓는 모습인데, 다시금 매집을 시작할 수 있는 자리입니다.

박스권 하단에서 단가관리만 잘되어 있다면, 충분한 수익을 노릴 수 있습니다. 반면 단가를 낮게 보유 중이라면 장기간 수익을 즐기면서 실적 체크만 해도 되는 상황입니다.

실적이 역성장 또는 적자폭이 심화되지 않는다면, 기업의 가치는 매년 상승하기 때문에 그렇습니다. 결과적으로 주가는 실적에 비례해서 움직입니다.

실적이 좋은데 주가는 오히려 빠지는 종목이 있습니다. 그럴 때에는 실적분이 이미 주가에 반영이 돼 프리미엄이 크게 붙은 상황이기 때문에 주가가 조정을 주면서 원래의 기업 가치로 돌아가는 과정으로 이해할 수 있습니다.

호실적 발표 이후에 주가가 급락한다면, 종목 선정 6단계를 적용해 보면 원인이 무엇인지 바로 찾을 수 있으실 겁니다.

2. 손절물량이 빠지는 타이밍

추세이탈 이후 단기적으로 들어온 물량들의 손절물량과 기존에 보유했던 투자자들의 차익실현 물량이 맞물리면서 주가가 급락이 나옵니다.

손절물량 확인 후 매집 1

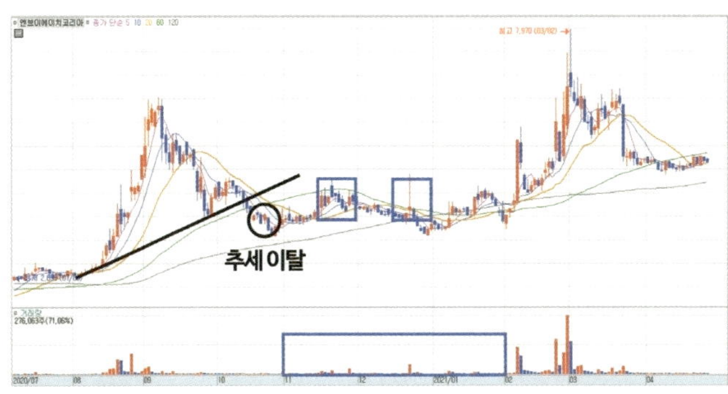

출처: 키움증권 코스콤

그다음 빠져나갈 물량들은 다 빠져나가고, 손절하지 못한 투자자들의 물타기 물량만 소량 유입되면서, 주가의 흐름을 거래량 없이 옆으로 횡보시킵니다. 이 구간을 하방 경직구간이라고 표현합니다.

그중 20일선(심리선)을 1회 소화시키는 캔들이 발생하고, 그 이후 심리선 아래로 주가가 빠졌다가 다시금 20일선(심리선) 매물을 소화시키는데, 이때 포인트는 거래량이 오히려 줄어든다는 겁니다.

이때가 매수 포인트가 됩니다. 슈팅 자리가 세팅이 된 것인데, 주가가 단기적 슈팅을 주기 위한 충분한 자리가 마련이 된 겁니다. 기술적으로 추세이탈 및 전 저점을 이탈하는 주가 흐름이 나온 이후 주가 반등이 나옵니다.

반등 폭은 추세이탈 자리 또는 전 저점 저항선의 자리까지 반등이 나오기 때문에 기존에 손절하기 못했던 투자자들이 빠져나올 수 있는 타이밍이며, 저가에서 매집한 투자자 또한 수익실현을 할 수 있는 타이밍입니다.

손절물량 확인 후 매집 2

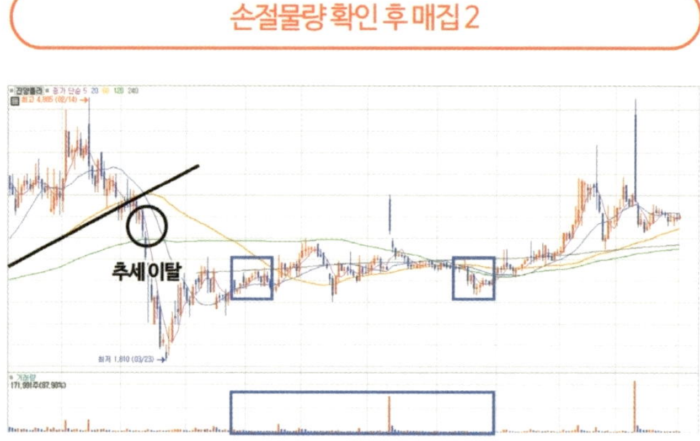

출처: 키움증권 코스콤

추세이탈 이후 손절물량이 대거 쏟아져 나오면서 주가가 급락하고 거래량이 대거 나온 이후 거래량이 급금하면서 주가가 옆으로 횡보하는 것을 확인할 수 있습니다.

그 이후 최저점인 1천810원을 이탈시키지 않고 심리선 매물을 2회 소화하는 모습을 확인할 수 있습니다. 점진적으로 이동평균선 매물들을 거래량 없이 소화시키면서 주가는 조금씩 우상향하는 모습입니다.

20일선(심리선)을 소화하는 타이밍이 매수 타이밍인데, 이 자리는 슈팅 자리가 세팅이 된 상황입니다.

심리선은 최근에 매수한 사람들의 심리선입니다. 거래량이 많지 않은 상황이기 때문에 중장기적으로 보유한 투자자들보단, 최근에 매수한 사람들에 따른 영향이 주가에 더 많은 영향을 미치게 됩니다. 이때 심리선 위로 주가가 올라왔단 이야기는 최근에 매수한 사람들의 계좌 안엔 빨간불이 들어온다는 뜻입니다.

이러한 상황에서 관망하던 투자자들과 최근에 유입이 들어오는 물량이 맞물리면서 강한 슈팅 또는 주가 상승이 발생하게 되는데, 이러한 타이밍에 맞춰서 매수를 전략적으로 들어간다면 성공 가능성이 매우 높습니다.

손절물량 확인 후 매집 3

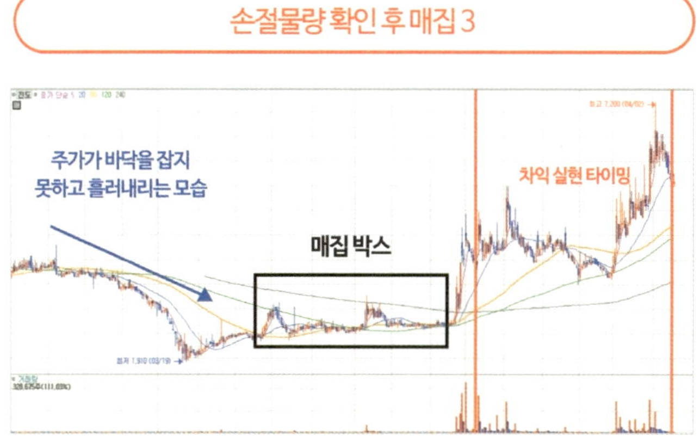

출처: 키움증권 코스콤

주가가 바닥을 잡지 못하고 흘러내릴 땐 매수를 자제하시는 게 좋습니다. 하방경직구간에서 단단하게 지지선을 구축하고 주가가 횡보하는 구간에서 매집박스 하단으로 단가를 맞춰 놓은 뒤에 매집박스 상단 돌파 시점에 분할 차익실현 관점으로 접근을 하시는 게 좋습니다.

그 이후 기업의 실적이 성장한다는 조건하에 다시금 주가가 매집박스 안으로 들어왔을 때 재매집이 가능합니다.

매수의 기본은 거래량이 없는 상황에서 점진적 매물소화를 하는 타이밍에 하는 것입니다. 다른 투자자들이 관심을 갖지 않을 때 매수해서 다른 투자자들이 관심을 갖는 시기, 즉 거래량이 터지고 뉴스가 나오는 타이밍이 차익실현을 할 수 있는 타이밍입니다.

주가가 추세이탈 이후 전 저점까지 이탈시키는 모습입니다. 전 저점을 이탈할 경우 기술적으로 전 저점 부근까지 기술적 반등이 나오는데, 이러한 기술적인 흐름을 노려서 20일선(심리선) 및 60일선(수급선)을 소화하는 주가 흐름이 나올 경우 매수가 가능합니다. 1차 차익실현 타이밍은 매물이 쌓여 있는 전 저점 부근에서 차익실현을 진행할 수 있습니다.

반드시 종목 선정 6단계에 통과한 기업만 기술적 분석을 적용하시길 바랍니다. 기술적으로만 매매한다면 어떠한 방법이든 확률 자체는 급감하며, 기술적 분석에만 의존한 투자는 성공하기 어렵습니다.

손절물량 확인 후 매집 4

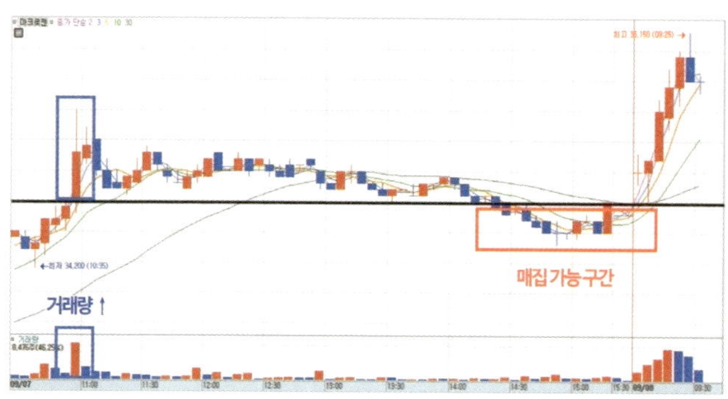

출처: 키움증권 코스콤

일반투자자들은 매집구간에서는 매수를 잘 안 합니다. 거래량을 보시면 알 수 있듯 대부분의 투자자들이 매수를 꺼리는 타이밍입니다. 그러나 이러한 타이밍이 수익을 내기 가장 좋은 타이밍입니다.

거래량이 터지면서 주가 등락 폭이 큰 타이밍에 일반투자자들이 매수를 들어오는 것을 확인할 수 있는데, 이때가 가장 손실을 보기 좋은 타이밍입니다.

이렇게 거래량이 터진 타이밍에는 절대적으로 매수를 자제해 주시길 바랍니다. 편안한 매매가 수익뿐만 아니라 심리적으로도 안정감을 잡아 줄 겁니다. 매집박스를 돌파하면서 거래량이 터지는 시기는 매수를 하는 시기가 아닌, 수익실현을 하면서 매도하는 타이밍이라는 것을 반드시 명심해 주시길 바랍니다.

3. 슈팅 전 매수 타이밍 포착하기

슈팅 전 매수 타이밍을 포착하기 위해서는 주가가 거래량을 줄이고 횡보하는 상황에서 전 저점을 이탈시키지 않고 20일선(심리선) 매물을 2회 소화하는 캔들을 포착하는 것이 중요합니다.

슈팅 전 매수 타이밍 1

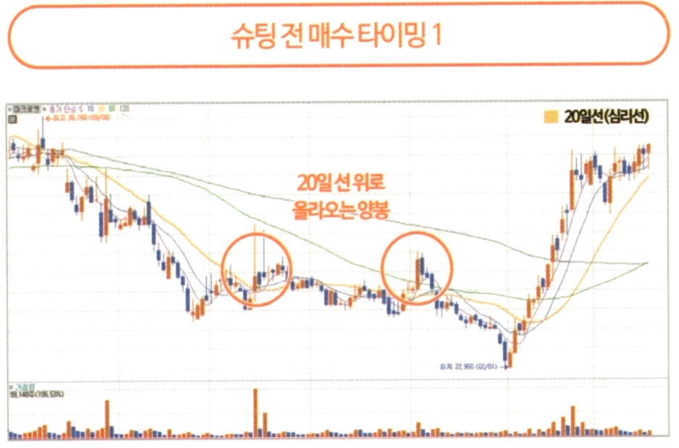

출처: 키움증권 코스콤

이동평균선이 역배열 상태라면, 20일선을 소화한 이후에 60일선(수급선) 매물을 소화하기 위한 기술적 슈팅이 발생하게 됩니다.

만약 슈팅에 실패하거나 약한 슈팅이 나온다면 단기적인 주가 조정이 나올 수 있습니다. 그래서 60일선(수급선) 매물을 소화할 때 분할매도로 일부 차익실현을 해 주는 것도 좋은 전략이 될 수 있습니다.

슈팅 전 매수 타이밍 2

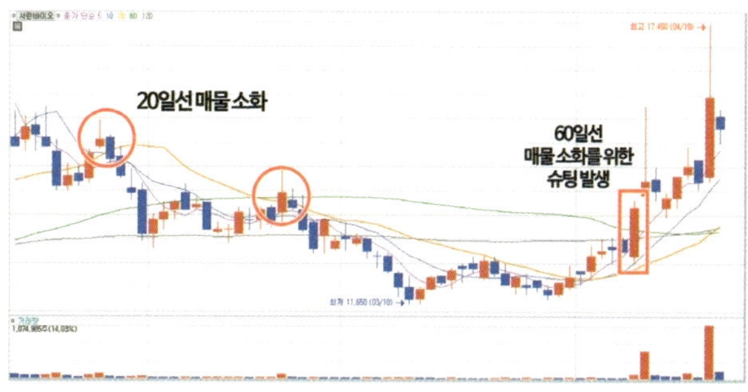

출처: 키움증권 코스콤

위의 차트를 보시면 거래량을 동반한 주가 급등 이후 손절물량이 대거 나온 후에 거래량이 줄어든 상황에서 주가가 횡보하는 것을 확인할 수 있습니다.

주가 하락 이후 20일선(심리선) 매물을 1회 소화시키고 다시금 횡보하는 구간에서 2회 소화시킨 후에 기술적으로 60일선(수급선) 매물을 소화하기 위한 슈팅이 발생하는 것을 확인할 수 있습니다.

슈팅 전 매수 타이밍 3

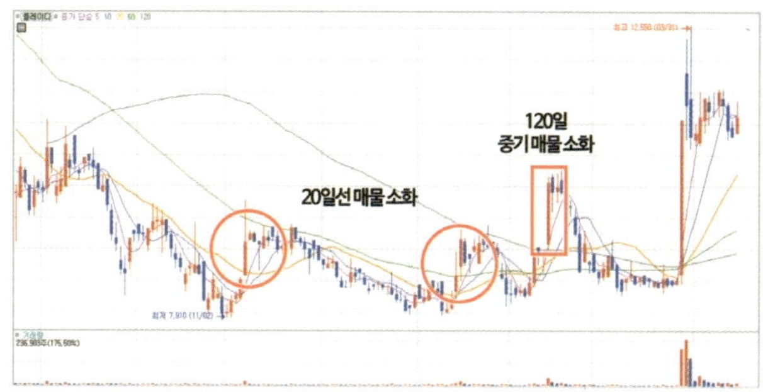

출처: 키움증권 코스콤

주가가 하락을 멈추고 옆으로 횡보하는 구간에서 저점을 이탈하지 않고 20일선(심리선) 매물을 2회 소화하면서 60일선(수급선) 매물까지 소화시키는 모습입니다.

이때가 매수하기 좋은 타이밍이며, 매수한 후 주가가 급등하는 모습을 확인할 수 있습니다.

이동평균선이 밀집해 있는 상황에서 적은 거래량으로도 매물 소화를 하면서 주가가 우상향하는 모습은 매우 긍정적인 매수 시그널입니다. 매수 시그널 발생 이후 120일 중기 매물 소화까지 성공하면서 강한 슈팅이 발생하는 기술적 흐름입니다.

이러한 기술적 흐름을 감각적으로 익히신다면 기본적 분석의 한계인 타이밍 관점에서 한층 더 업그레이드된 투자를 하실 수 있을 겁니다.

슈팅 전 매수 타이밍 4

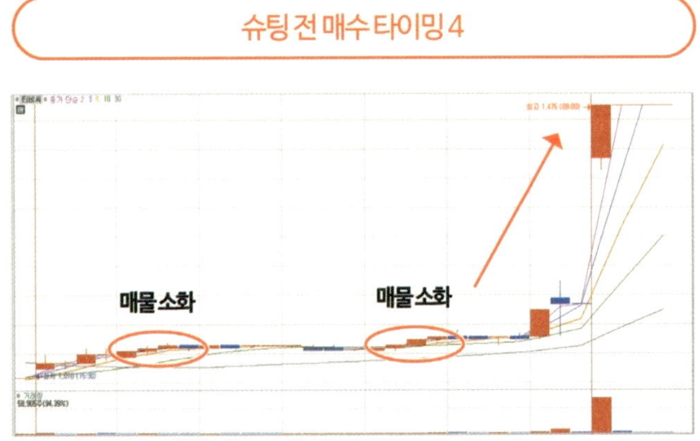

출처: 키움증권 코스콤

다음은 슈팅 발생 전 전형적인 매수 시그널입니다. 단봉(고가와 저가의 등락 폭이 거의 없는 캔들)으로 거래량이 죽은 상황에서 매물소화를 점진적으로 하는 모습입니다.

거래량이 없는 상황에서 주가가 단봉으로 횡보한다는 건 매도하는 투자자는 없고, 매물소화 물량만 남아 있는 상황을 의미합니다.

매물소화 과정에서 특별한 이슈나 대기 매수세가 붙는다면 순간적인 급등이 가능합니다. 그 이유는 매도할 물량은 이미 빠져나갔기 때문에 대기 매물이 거의 없는 상황이기 때문입니다.

매집 이후 단기간에 높은 수익률을 기록할 수 있는 흐름입니다. 매집박스가 오랜 기간 만들어진 상태에서는 하단의 지지선이 더욱더 견고해지고 매집박스 돌파 시에 높은 수익률을 기록할 수 있습니다.

하지만 단기적으로 등락 폭이 큰 종목을 선택한다면 몇 번의 수익은 얻을지 모르지만 자칫 타이밍을 놓치게 될 경우 큰 계좌손실을 볼 수 있다는 점을 명심해야 합니다.

주식닥터의 필수 개념 정리

1. 추세를 주목해라

주식시장에서 추세란 '주가가 일정한 방향으로 나아가는 경향'을 의미합니다. 상승추세란 상승방향이 지속되는 상황이고, 하락추세란 하락방향이 지속되는 상황입니다. 상승과 하락의 방향성을 나타낸다고 생각하시면 됩니다.

물론 추세가 없는 경우도 있습니다. 주가의 변동 없이 지루한 기간을 주식시장에서는 비추세구간이라고 합니다. 주가가 가로 횡, 걸을 보, 횡보한다고 표현하기도 합니다. 보통 시가총액이 큰 기업일수록 추세가 쉽게 변하지 않습니다. 투자 전과 투자 중에 기업이 어떤 추세를 보이고 있는지 확인해 봐야 합니다.

추세를 분석하기 위해 사용되는 방법 가운데 가장 기본적인 것이 추세선입니다. 추세선은 시간의 범위에 따라 장기추세선, 중기추세선, 단기추세선으로 나눌 수 있습니다. 상승추세선은 저점과 다음 저점을 연결해서 그립니다. 하락추세선은 고점과 그다음 고점을 연결해서 그립니다. 하락추세선은 저항성 역할도 하기 때문에 저항선이라고도 부릅니다.

단기, 중기, 장기 추세선

출처: 키움증권 코스콤

상승추세선을 그릴 때 저점과 저점을 연결하는 이유는 주가의 상승이 매수세력의 유입으로 출발하기 때문입니다. 매수세력이 유입되는 곳은 고점이 아니라 저점이기 때문에 상승추세에서는 저점을 확인하는 것이 더 중요한 겁니다. 상승추세라면 추세 초반에 매수하고 하락추세로 반전하는 초반에 매도하는 것이 좋고 하락추세라면 추세 초반에 물량을 정리하고 상승추세로 반전을 확인한 후 매수하는 것이 좋습니다.

추세는 기간에 따라서 달라집니다. 단기추세, 중기추세, 장기추세로 나눕니다. 보통 단기추세를 볼 때는 일봉을 보고, 중기추세는 주봉, 장기추세는 월봉으로 봅니다. 단기추세에서는 상승인데 장기추세로 봤을 땐 하락인 경우가 있습니다. 단기투자를 할 때에는 단기추세만 봐도 충분하지만 중장기투자를 하실 분들은 주봉과 월봉의 추세를 같이 고려하여 보셔야 합니다.

투자 시 활용할 수 있는 차트 분석 방법은 특별부록 단타 비법서에 수록해 뒀으니 참고하시길 바랍니다.

주가의 추세 변화

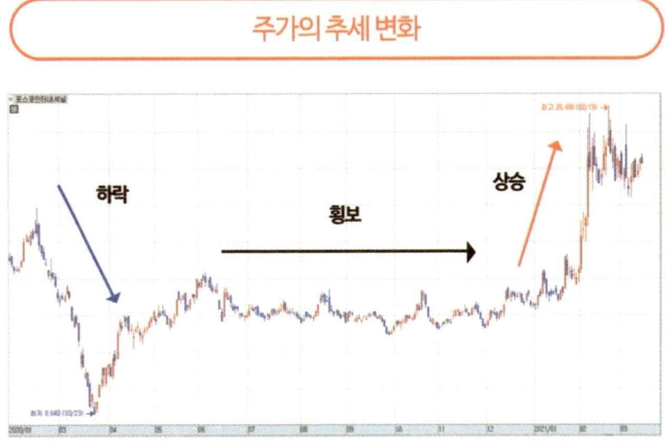

출처: 키움증권 코스콤

2. 베어마켓과 불마켓

주식시장에서 거래가 부진한 약세장은 곰에 비유하여 베어마켓, 장기간에 걸쳐 주가가 상승하는 강세장을 황소에 비유하여 불마켓이라고 합니다. 곰이 앞발을 위에서 아래로 내리쳐 상대를 공격하는 모습을 주가가 아래로 하락하는 모양을 떠올리게 해서 베어마켓이라 부르고 황소는 뿔을 아래에서 위쪽으로 올리며 공격하는 모습을 보고 주가가 아래에서 위로 상승하는 모습과 같다 하여 부르게 됐다는 설이 있습니다.

2019년도에 국내 경기상황에 수출, 설비투자, 고용, 소비 등 내수부분의 동반 부진현상을 보였습니다. 그러나 하반기부터 메모리 반도체 수요가 점진적으로 회복되며 4분기에는 증가하는 추세를 보였습니다. 2020년 2월에는 코로나19 팬데믹이 발생하면서 코스피지수가 2,255에서 1,439까지 63%까지 폭락하게 됩니다. 차트를 보면 하락하는 데에는 고작 1달이었지만 상승하는 데에는 최소 4개월이 걸리는 것을 확인할 수 있습니다. 이처럼 약세시장은 비교적 짧은 기간에 가파른 하락을 보입니다.

KOSPI 지수

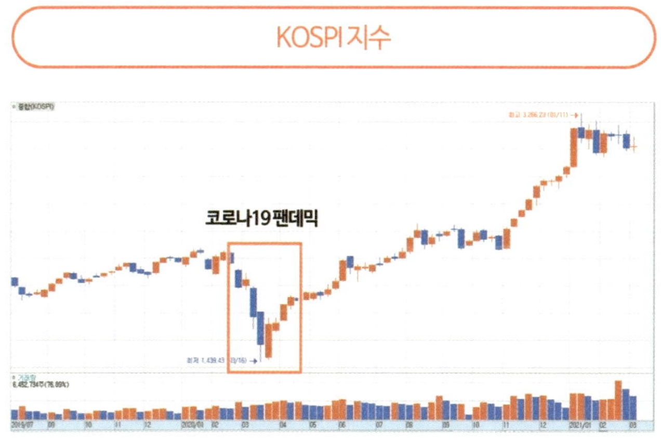

출처: 키움증권 코스콤

주식시장은 상승과 하락이 반복됩니다. 따라서 종목의 선정보다 중요한 것이 진입 장세의 선정입니다. 상승장인 불마켓에서는 대부분의 종목들이 강세를 보이기 때문에 종목 선정에서 어려움이 없고 어떤 종목을 선택해도 양호한 수익률을 기록할 수 있기 때문에 주식투자에 있어 적합한 매매 포인트가 될 수 있습니다. 반대로 하락장인 베어마켓에서는 대부분의 종목들이 약세를 보이고 수익을 거두기가 어려워 주식 투자를 잠시 보류하고 관망하며 보수적인 투자 자세를 취하는 것이 좋습니다.

3. 버핏지수(Buffet Indicator)

지금 주가가 적정한지, 높은지 판단하기란 쉽지 않습니다. 정해진 정답이 없는 주식시장에서 적정한 주가수준을 측정할 수 있게 해 주는 것이 버핏지수입니다.

버핏지수란 GDP 대비 시가총액 비율(시가총액/GDP)을 의미하는 말로, 워런 버핏이 이 척도를 높게 평가하면서 버핏지수라고 불리게 됐습니다. 버핏지수가 100%일 때 시가총액과 GDP가 동일하다는 의미입니다. 한 나라의 경제와 주식시장의 크기가 같다고 해석하면 됩니다. 버핏지수가 70~80%면 저평가, 100% 이상이면 고평가된 증시라고 합니다. 주식시장은 일반적으로 경제와 함께 갑니다. 기업이 성장하면 주가가 올라가고 경제도 성장합니다. 반대로 경기가 침체되면 주가가 기업의 성장이 더뎌지거나 하락하고 주가도 내려가면서 경제도 불황기를 맞게 됩니다.

다만 주가는 경제와 속도 차이를 보입니다. 다양한 원인으로 경제 상황보다 더 하락하거나 상승하는 경우도 있습니다. 지난해 팬데믹으로 세계 경제가 위축되고 위기 대응을 위해 시장은 대규모 유동성이 발생했습니다. 유동성 자산이 주식시장으로 유입돼 현재(2022년 1월 14일 기준) 세계 GDP 대비 시가총액은 금융위기 이후 최고치인 120%를 돌파했습니다. 미국의 주식시장은 버핏지수가 금융위기 이후 꾸준히 상승하는 모습을 보였습니다.

과거에는 일반적으로 버핏지수가 70~80% 수준이면 증시가 저평가된 것으로 보고, 100% 이상일 때에 과열로 판단했지만 요새는 버핏지수로 현재 증시를 판단할 때에 과거와는 다른 시각으로 접근해야 된다는 의견이 있습니다. 최근 증시는 GDP에 영향을 미치는 제조업보다는 헬스케어, 커뮤니케이션 등의 산업과 신성장 산업의 비중이 커졌기 때문입니다.

따라서 버핏지수는 투자자라면 알아 둬야 할 지표이지만 무조건 신뢰하기보다는 시장상황의 변수에 따라 흐름을 잘 관찰하여 투자판단의 참고 지표로서 활용하는 것이 좋습니다.

12장

오래 버티는 힘

하루 종일 땅 파도 100원짜리 1개 나오지 않는다는 말을 모르는 사람이 없을 겁니다. 그런데 막상 주식시장에 뛰어들면 까맣게 잊어버리게 됩니다. 주식투자를 시작할 때 '절대로 손실 보지 않고 수익만 볼 거야'라고 다짐하신 분이 계신다면 지금이라도 마인드를 바꾸셔야 합니다.

남들이 10년 동안 일궈 온 수익을 단 1달 만에 내기란 하늘이 돕지 않는 이상 힘든 일입니다. 그런 수익을 목표로 가지고 계시다면 마찬가지로 10년의 경험과 노하우와 공부가 필요합니다. 하지만 마음가짐을 제대로 하지 않으면 주식시장에서 뜻대로 오래 버티기 쉽지 않습니다. 멘탈이 쉽게 흔들리지 않고 평온하고 꾸준하게 시장에 남는 자가 승리할 수 있습니다.

첫째, 이성을 지배하는 심리

요새 매운 음식을 좋아하는 사람들이 늘어났습니다. 이런 기호를 반영하여 '불닭볶음면'과 같은 매운맛의 라면도 출시되어 많은 인기를 끌었는데요. 여기서 매운맛이 한 단계 업그레이드된 '핵불닭볶음면'과 세상에서 가장 매운 라면으로 알려진 '불마왕 라면'까지 출시되었습니다. 사람의 뇌는 항상 더 강렬한 자극을 선호한다고 합니다. 한 가지 자극이 반복되면 지루함을 느껴서 그보다 더 강한 자극을 원하게 되는 겁니다.

주식에도 이런 심리를 적용시킬 수 있습니다. 처음에는 5%, 10% 수익만 나도 너무 좋아서 뿌듯한 마음에 주변에 자랑도 하고 싶지만 30%, 50% 정도의 큰 수익이 나게 되면 그다음에는 더 큰 수익을 갈망하게 되고 이전과 같은 수익에는 덤덤해지게 됩니다. 이때가 바로 가장 조심해야 할 단계입니다.

이것은 앞서 말한 '손실은 생각하지 않고 수익만 볼 수 있을 것이라고 기대'하는 심리와도 연관이 있습니다. 이전에 10%를 이득 봤다고 해서 그다음에는 더 큰 수익을 봐야 한다고 생각하면 안 됩니다. 그런 마음가짐은 투자자를 조바심 나게 하고 수익률에 집착하게 해서 정확한 판단을 내릴 수 없게끔 합니다. 무슨 일이든지 즐겁게 해야 오래 할 수 있습니다. 주가는 항상 상승만을 그리지 않습니다. 하락이 있어야 상승도 있습니다. 어쩔 수 없는 종목들은 빨리 손절하고 다음 종목을 매수하는 것이 전략적으로 옳다면 쿨하게 손절할 수 있는 마음가짐이 준비되어야 합니다.

중독의 과정

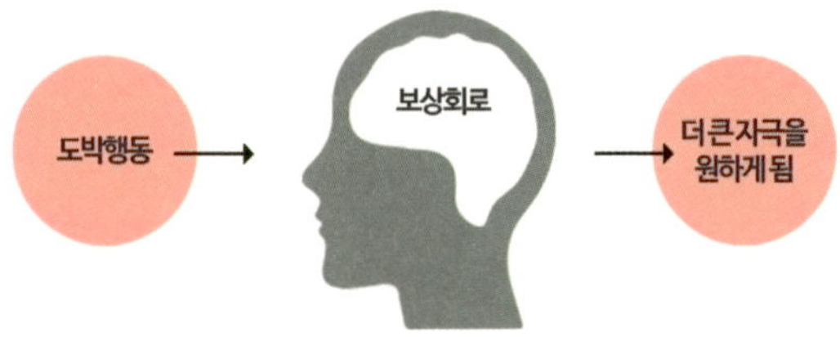

실제로 전문가들은 도박 중독과 주식 중독이 뇌에 비슷한 영향을 끼친다고 합니다. 불확실성에 돈을 걸고, 땄을 때 희열을 느껴 더 많은 투자를 하고 싶은 충동을 불러일으키기 때문입니다. 주식으로 충동을 억제하지 못하게 되면 도박 중독과 같이 욕구 조절을 어려움과 의사결정의 문제 등이 생길 수 있다는 겁니다.

건강한 주식투자를 하려면 지나치게 수익률에 집착하지 말고, 매일의 목표와 우선순위를 세우는 것이 도움이 될 수 있습니다. 즐겁지 않게 투자하면서 세월을 주식에 몰두해 돈도 잃고 건강도 잃고 가족과 행복하게 지낼 시간마저 잃어버린 투자자가 되지 마시길 바랍니다. 수익을 실현하면 그 일부는 나와 사랑하는 사람들을 위해서 투자하는 것도 좋습니다. 결국 주식투자도 내가 행복하기 위해서 하는 것이기 때문입니다.

한국도박문제관리센터에서는 주식 중독 문제도 무료로 상담해 주고 있습니다. 혼자 이겨 내기 힘든 분들은 센터의 도움을 받으시길 바랍니다. 헬프라인 1336번(24시간 운영).

둘째, 농사꾼처럼 주식하기

"도대체 얼마 동안 주식에 투자해야 최고의 수익을 거둘 수 있을까?"라는 질문에 정답은 없습니다. 주식투자는 적금처럼 원금과 이자를 주는 재테크 수단도 아니고 원금보장이 되지도 않습니다. 한마디로 주식투자는 안전자산이 아닙니다. 그럼에도 우리는 주식투자를 통해서 이득을 얻어야 하기 때문에 안전한 방식으로 투자금을 운용할 수 있는 방법을 찾아야 합니다.

예를 들어 우리가 벼농사를 짓는다고 생각해 봅시다. 봄에 씨를 뿌리고 가을에 수확을 해야 합니다. 씨를 뿌리는 봄이 매수타이밍, 수확을 하는 가을이 매도 타이밍입니다. 초보 농사꾼들은 토지와 기후 그리고 작물에 대해서 전문가의 조언을 듣고 직접 농사를 지으면서 하나씩 경험을 쌓고 배워야 합니다. 그런데 대부분의 초보 농사꾼들은 농사를 너무 쉽게 생각하고 자신도 곧 성공한 부농이 될 것 같은 착각을 합니다. 욕심만 앞선 수많은 초보 농사꾼들은 자신의 아집이나 착각에 빠져서 실패할 농사를 짓고 있으면서도 까맣게 모르고 행복한 장밋빛 미래만 꿈꿉니다.

매수도 농사에 비교해 보면 쉽습니다. 넓은 논에 씨를 하루 만에 한 번에 다 뿌릴 수 없듯이 매수도 며칠이나 몇 달에 걸쳐 분할매수해야 하는 것이 당연합니다. 매도도 마찬가지입니다. 한 번에 모든 농작물을 다 팔아 버리고 나중에 가격이 더 올랐을 때 구경만 하느니 차라리 나누어서 시장에 내다 파는 것이 훨씬 낫지 않을까요?

분할매수 · 분할매도

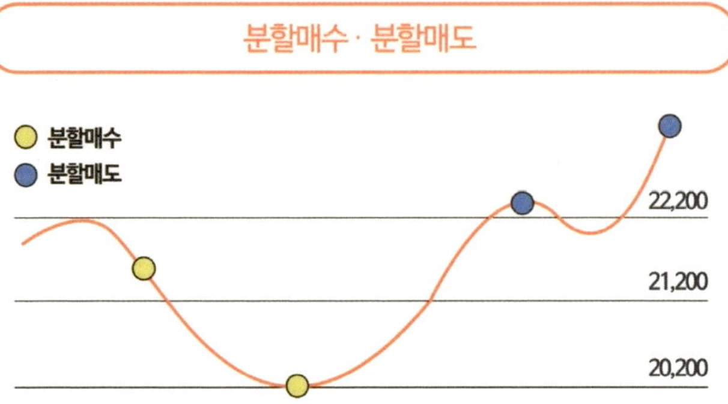

이것을 분할매수, 분할매도라고 합니다. 말 그대로 주식을 여러 차례에 걸쳐 분할하여 매수하거나 매도하는 것입니다. 중요한 포인트는 일괄 매수, 매도를 하지 않는다는 것입니다.

여러분이 A라는 종목이 저점이라 판단하고 100주를 매수했을 때 저점판단이 잘못되어 추가로 주가가 하락세를 보였습니다. 만약 50주를 우선 매수하고 추이를 지켜봤다면 상대적으로 마음가짐도 편하고 평단가도 더 낮게 가져갈 수 있습니다. 매도의 경우에도 마찬가지입니다.

A라는 종목이 고점이라 판단하고 가지고 있는 100주 중 50주만 분할매도하고 주가가 매도시점보다 상승하면 나머지 50주를 매도하여 더 큰 수익을 얻을 수 있고 갑작스럽게 하락세를 보여도 고점에서 매도한 수익이 있기 때문에 더 쉽게 잔량을 매도할 수 있습니다. 이처럼 분할매수와 분할매도는 리스크 관리와 평단가 관리에 있어서 좋은 전략이라고 할 수 있습니다. 쉬워 보이는 이야기이지만 막상 실전에 돌입하면 어느 순간 잊어버리고 전량 매도한 뒤에 상승하는 주가를 보고

아쉬움에 잠기게 됩니다.

농부는 거친 땅도 마다하지 않고 힘들어도 길을 내고 추수를 위해 모든 땀을 쏟습니다. 오늘 눈에 아무것도 보이지 않더라도 물을 주고, 거름을 줍니다. 심지 않은 것을 거두려는 허황한 기대를 갖지 않고, 급한 마음으로 수확을 재촉하지도 않습니다. 폭풍이 몰아쳐 벼가 쓰러지고 농작물이 상해도 애타는 마음을 추스르고 다시금 비바람에 쓰러진 벼를 다시 일으켜 세우고 새로운 지지대를 만들어 풍성한 수확을 위한 준비를 해 나갑니다. 뭐든 쉽게 얻어지는 것은 없습니다. 쉽게 얻어진 것은 쉽게 사라지기도 합니다. 여러분도 농부와 같은 마음으로 주식투자에 임하시길 바랍니다.

셋째, 끝까지 살아남기

결국 마지막에 누가 이기는가. 절대적인 답은 없지만 "끝까지 주식시장에 살아남은 것이다"라고 생각합니다. 우리 사회와 주식시장은 하루가 다르게 변화합니다. 하지만 인간의 심리는 과거와 별반 다를 것이 없습니다. 100년 전의 사람들은 현대 사람들보다 욕심이 없었을까요? 인간의 심리는 개인적 차이가 있을 뿐 시간적으로 차이가 없습니다.

주식투자를 직접 해 본 분이라면 두려움을 극복하고 바닥에서 매수하기가 얼마나 어려운지 알 것이고 수익이 발생했을 때 그 욕심의 덫이 얼마나 무서운지도 알 것입니다. 주식투자는 답이 딱 떨어지는 공식이 없습니다. 따라서 투자자에게 가장 중요한 것은 어떤 기술적 분석보다 자신만의 원칙과 안목을 가지고 그것을 실행할 수 있는 것이라 할 수 있습니다.

그렇다면 주식시장에서 끝까지 살아남기 위해 주식투자자들은 어떤 관점을 가져야 할까요?

주식닥터의 필수 개념 정리

1. 장기적인 관점에서 접근하자

단기적인 관점으로 일희일비하지 말고 장기적인 관점에서 접근해 봅시다. 주식투자를 하다 보면 1달 심지어는 하루에 한 번씩 팔까 말까를 고민하게 됩니다. 워런 버핏은 "10년 이상 보유하지 않으려면 단 10분도 보유하지 마라!"고 했습니다. 이 말을 곧이곧대로 이해하면 안 됩니다.

우선 10년이라는 기간은 절대로 쉽지 않은 기간입니다. 그 기간 동안 여러분은 결혼을 할 수도 있고 자식의 교육비나 질병, 사고 등의 이유로 수많은 지출이 생길 수 있습니다. 따라서 여러분이 10년 이상 보유할 수 있을 정도의 없어도 되는 여윳돈으로 투자하라는 말을 내포하고 있다고 볼 수 있습니다.

아마 여러분이 주식을 샀다는 사실을 잊어버리지 않았다면 10년 동안 롤러코스터를 타는 주가에 대한 스트레스를 무시할 수 없을 것입니다. 주식투자를 하다 보면 1달, 심지어는 하루에 한 번씩 팔까 말까를 고민하게 됩니다. 신고가를 형성하며 고점을 갱신 중이든 저점을 형성하며 갱신중이든 '지금 팔아야 할까? 그때 팔았어야 했는데' 하는 고민은 끊이지 않을 것입니다. 이 말은 10년을 내다볼 줄 아는 안목도 있어야 한다는 뜻입니다. 당장 내일도 내다보지 못하는데 어떻게 10년을 내다볼 수 있을까요? 어떤 누가 미래를 정확하게 예측할 수 있을까요? 하지만 10년은 3,650일이고 주식투자를 할 수 있는 날은 주말을 제외하고도 약 2,600일입니다. 매매를 할 수 있는 시간은 개장시간으로 다지면 15,600시간이나 됩니다.

길게 10년을 보면 여러분이 주식에 대한 공부를 할 수 있는 시간도 매매 경험을 쌓을 시간도 충분하니 급하지 않고 차분하게 준비해 나가면 됩니다.

2. 기회가 왔을 때 놓치지 않아야 한다

상승장에서도 주식시장을 이끌고 주도해 나가는 업종과 종목은 따로 있습니다. 주식시장 전체가 아무리 좋은 상황이라고 해도 모든 종목과 모든 업종이 다 오르는 것은 아닙니다. 주도주를 잘 파악하고 투자하려면 최소한 시장의 흐름을 탈 줄 알아야 합니다.

한창 '차화정'이라는 말이 유행이었던 적이 있습니다. 2010년에서 2011년 사이 자동차, 화학, 정유주들이 상승추세로 주식시장을 주도해 나가자 이 주도주들을 한 글자씩 따 묶어서 부르기 시작한 것입니다. 그런데 "차화정은 요즘 인기 있는 연예인인가?" 하며 주식시장에

나도는 유행어도 모르는 투자자분들이 있었습니다. 유행어가 중요하다는 말이 아닙니다. 같은 업종에 투자를 하지 않더라도 어떤 업종과 종목이 이슈인지 그 이유는 뭔지 대충이라도 흐름을 아는 것이 중요합니다.

'차화정'이라고 불리며 국내 증시를 주도했던 자동차, 화학, 정유 종목은 2011년 8월부터 주가가 하향곡선을 그렸습니다. 미국의 신용등급이 강등되면서 수출이 중심인 한국경제를 대표하는 차화정이 그 영향을 고스란히 받게 된 것입니다. 차화정이라는 단어가 이슈인 것을 알고 그 배경에 대해 공부해 봤더라면 갑자기 주가가 하향곡선을 그리기 전에 충분히 대비할 수 있는 여유를 벌 수 있었을 것입니다.

2020년에는 이른바 BBIG 7이 시중을 주도했습니다. BBIG 7란 바이오, 배터리, 인터넷, 게임의 약자입니다. 그리고 7은 총 7개의 종목 삼성바이오로직스, 셀트리온, LG화학, 삼성SDI, NAVER, 카카오, 엔씨소프트를 말합니다. 이 7개 종목은 2020년 8월 코스피200에서 시가총액 비중 20%를 기록하기도 했습니다.

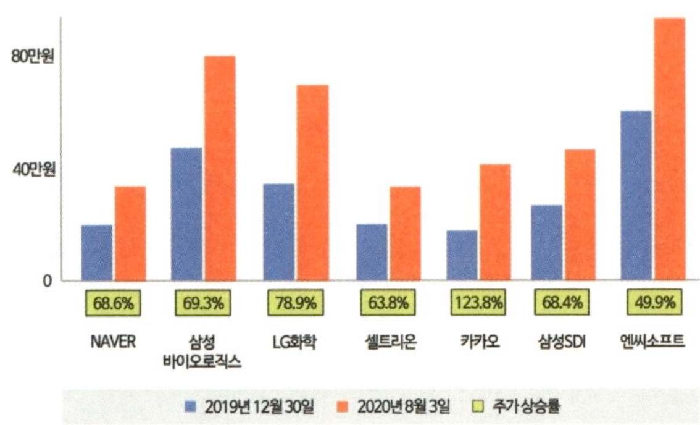

주식시장은 이렇게 새로운 주도주들이 생기면서 시장의 열기를 이어나갈 수도 있고 주도주가 나오지 않아 증시가 횡보하거나 침체 국면에 놓이기도 합니다.

눈 뜨고 코 베이지 않으려면 평소에 꾸준히 노력하는 것이 중요합니다. 기회는 노력하는 자에게만 주어집니다. 주어진 기회가 기회인지조차도 모르고 날려 버리지 않길 바랍니다.

3. 한 발자국 뒤에서 주식시장을 볼 줄 아는 지혜

주식투자를 하다 보면 누구나 슬럼프가 찾아옵니다. 그럴 때 극복하는 방법은 각자 다릅니다. 슬럼프가 찾아와 냉철한 판단이 힘들 때는 쉬면서 한 발자국 뒤에서 주식시장을 볼 줄 아는 지혜도 필요합니다. 개인투자자가 가지는 가장 큰 장점이 매일매일 거래를 하지 않아도 된다는 것입니다. 언제든지 시장을 떠나서 관망해도 된다는 것입니다.

워런 버핏도 오른손에는 햄버거와 왼손에는 콜라를 들고 몇 년씩이나 주식시장을 관망했었습니다. 모두가 IT환상에 도취되어 폭탄을 주고받을 때에도 자신의 원칙을 지키며 때를 기다렸습니다. 사람들이 "이제 워런 버핏의 시대는 끝났다!"라고 도발할 때도 그는 "원칙에 어긋난 시장 상황과 매력적인 종목이 포착되지 않았기 때문에 아직은 때가 아니다"라고 말했습니다.

그는 IT버블이 무너지며 시장이 공포에 휩싸였던 시기에 과감하게 매수를 시작했고 다른 이들이 손실로 골머리를 앓을 때 누구보다 헐값에 주식을 싹쓸이했습니다. 여러분이 주식을 살 때도 남들이 다 매력적인 종목이라 해도 나의 판단에 맞지 않아 보인다면 잠시 관망하며 기다려 봐도 괜찮습니다. 오히려 수익에 목마른 섣부른 판단이 투자에 독이 될 것입니다.

이런 때의 시간을 종목선정에 활용하시기를 추천드립니다.

13장

투자에 늦은 나이란 없다

사람은 자신의 노력과 능력에 의해 아는 만큼 보이고 돈을 벌 수 있습니다. 주식투자도 마찬가지입니다. 자신의 노력과 능력에 따라 수익이 따르거나 손실이 발생할 수도 있습니다. 투자자는 안목과 실력과 노력을 겸비해야 합니다. 주식시장에서는 오직 자신의 실력만으로 살아남아야 합니다. 어제의 추억 속에 사는 사람은 오늘을 볼 수 없고 오늘의 현실에 안주하는 사람은 미래를 볼 수 없습니다. 과거를 통해 오늘 미래에 배팅하는 것이 주식투자입니다.

첫째, 100세 시대 대비하기

"오래 사는 건 두렵지 않다. 가난하게 오래 사는 게 두려울 뿐이다."

100세 시대가 다가오면서 많은 사람들이 기쁨보다는 두려움을 호소하고 있습니다. 오래 사는 것은 모든 사람들의 꿈이지만 막상 눈앞에 다가온 100세 시대를 살아갈 수 있는 방법이 막막하기 때문입니다. 늘어난 수명만큼 오래 일할 수 있는 일자리는 많지 않습니다.

실제로 한 조사 결과에 따르면 100세 시대를 축복이 아니라 재앙으로 생각한다는 사람이 40%를 넘는 것으로 나타났습니다. 돈 걱정, 건강 걱정 없는 사람들에게 장수는 마냥 축복이겠지만 돈 없고 몸이 아픈 사람들에게는 재앙이 될 수 있는 것입니다.

요즘 시대에 은퇴를 대비하려면 아무리 늦어도 40~50대에는 본격적인 준비를 시작해야 합니다. 그러나 대한민국의 40~50대들은 자식들의 교육비를 대고 자녀가 성인이 되어서도 장기적인 취업난이며 결혼 뒷바라지 등으로 본인들을 위한 노후 준비는 생각하지 못하는 분들이 많습니다.

본인이 조금 힘들더라도 자식들은 좋은 대학에 가고 좋은 회사에 취직해서 잘되기를 바라는 것이 모든 부모들의 마음입니다. 하지만 자녀의 사교육에 들어가는 비용을 조금이라도 줄여서 노후 대비에 나서라고 권하고 싶습니다.

예전 같으면 50대 중반이 넘어서면 직장에서 은퇴를 하고 여유로운 노후 생활을 즐기는 것이 인생의 수순이었습니다. 요즘은 다릅니다. 정년퇴직을 한다고 해도 30년간은 경제활동을 해야만 합니다.

보통 은퇴를 하고 가장 먼저 생각하는 것이 창업일 겁니다. 전 세계에 맥도날드 매장 수보다 우리나라의 치킨집이 더 많다는 것을 아시나요? 온라인 결제 서비스 기업 페이팔의 공동 창업자이자 실리콘밸리의 성공적인 스타트업 창업가 피터 틸은 자신이 생각하는 가장 끔찍한 사업의 예로 음식점을 들었습니다. 그는 "미친 듯이 경쟁하고 싶다면 음식점을 시작하라"며 "잔혹한 경쟁을 겪고 결국 망할 것"이라고 말했습니다.

우리는 흔히 성공하기 위해서 경쟁해야 한다고 배워 왔었지만 그는 오히려 성공하려면 경쟁하지 않는 법을 알아야 한다고 조언했습니다. 경쟁이 아니라 아무도 하지 않았던 일을 통해 자본을 축적한다는 말입니다.

그럼 우리는 어떤 방식으로 노후대비를 하면 좋을까요? 간단합니다. 치킨집을 창업하기 어렵다면 교촌에프엔비 같은 회사에 투자하면 됩니다. 교촌의 주식을 사면 교촌의 주주가 되고 동업자가 되는 것입니다. 이것이 바로 주식투자의 본질입니다.

둘째, 위대한 기업과 동업하라

직접 창업을 하지 않아도 되고 회사를 잘 운영하기 위해 내가 일하지 않아도 됩니다. 오랫동안 망하지 않을 기업, 가치 있는 기업과 동업을 한다면 직접 창업을 하는 것보다 훨씬 성공 확률이 높을 것 같지 않은가요?

여러분이 친구와 동업을 한다고 가정해 봅시다. 회사가 잠시 안 좋은 일이 생겼다 해서 그동안 투자한 돈을 한꺼번에 회수해서 떠나실 건가요? 하루에도 몇 번씩 투자한 금액을 돌려받았다가 다시 투자하는 일은 가능할까요? 그렇게 할 수 있는 사람은 아마 아무도 없을 겁니다. 좋은 기업을 골라서 오랫동안 동업 관계를 유지하는 것이 주식투자입니다.

이제는 한 기업의 동업자가 되어야 할 때입니다. 미국의 석유왕 장 폴 게티는 "거의 예외 없이 큰돈을 버는 확실한 한 가지 방법은 자신의 사업을 하는 것"이라고 말했습니다. 주식투자를 사업이라고 볼 수 있습니다. 주식투자라는 사업은 공간적, 시간적 제한이 없으며 제주도에 살아도 캘리포니아에 위치한 실리콘밸리에서 사업을 할 수 있습니다.

주식을 단지 사고파는 '거래'라고만 생각해 오셨다면 이제는 발상의 전환을 하셔야 합니다. 주식은 거래나 대박을 바라고 사는 '로또 복권'이 아닙니다. 하지만 불행하게도 대부분의 사람들이 매일 컴퓨터 앞에 앉아서 이 주식을 샀다가 저 주식을 파는 일로 정신이 없습니다. 회사를 키우고 매출을 키우는 동업자의 마인드로 주식투자를 하시길 바랍니다.

셋째, 투자에 늦은 나이란 없다

가난한 수작공의 아들로 태어난 스코틀랜드 이민자였던 앤드류 카네기는 상사였던 스콧으로부터 투자에 대해 배우면서 인생이 바뀌었습니다. 카네기는 침대차 사업에 투자해서 매년 5천만 달러의 배당금을 받았습니다. 이는 매년 투자금액의 25배에 달하는 금액으로 엄청난 성공이었습니다.

카네기는 이후 철강 수요의 증대를 예견하고 철강사업에 뛰어듭니다. 오랫동안 다니던 회사도 그만두고 사업에 집중한 결과 철강회사는 엄청나게 성장했고 '철강왕'이라 불리며 당대 최고 부자의 반열에 올랐습니다.

카네기는 기회는 만들어 가는 것이라고 말했습니다. 전보 배달부로 일했을 시절 매일 아침에 기술실 청소를 하면서 전신 기기들을 만져 봤던 경험은 훗날 카네기에게 투자에 대해 알려 준 상사 스콧을 만날 수 있게 해 줬습니다. 사람이 무언가를 배우면 오래 지나지 않아 그 지식을 활용할 기회가 온다고 했습니다.

배움에 나이가 없듯이 투자에도 나이가 없습니다. 지금 당장 시작하는 것이 제일 빠른 것입니다. 물론 20대나 30대에 시작하면 더 좋습니다. 하지만 50대도 괜찮고, 60대도 괜찮습니다. 무조건 이른 나이에 시작할 필요도 없습니다. 어느 정도 자산이 갖춰지고 여유가 됐을 때 시작하는 것이 무조건 빨리 시작하는 것보다 나을 수도 있습니다.

100세 시대를 생각했을 때 50~60대라고 하면 삶에 겨우 절반을 온 것입니다. '미래에 투자하는 사람은 현실에 충실한 사람이다'라는 말이 있습니다. 배운 것도 가진 것도 없는 카네기의 성실함을 높이 사 스콧이 회사로 스카우트한 것처럼 수많은 시행착오를 거치며 경험을 쌓다 보면 미래에 어떤 희망이 다가올지 모르는 일입니다.

주식닥터의 필수 개념 정리

1. 비난, 비판, 비평하지 말자

주식투자를 하다 보면 끊임없이 비관론과 부정적인 생각만 늘어놓는 사람들이 있습니다. 주가가 떨어지고 손절을 반복하면서 이번에도 주가가 떨어질 것이라고 그렇게 장담을 하면서 왜 주식투자를 계속하고 있을까요? 성공할 것이라고 굳은 마음을 먹고 투자를 해도 될까 말까인데 미리 안 된다고 마음을 먹고 시작한다면 성공할 가능성은 얼마나 될까요.

예를 들어 보겠습니다. 여러 번 손절을 경험한 투자자가 이번에는 진짜 대박 뉴스라며 친구가 알려 준 종목을 매수했습니다. 매수 이후 주가가 바로 움직여 주지 않아 이번에도 실패라며 손절했습니다. 며칠 뒤 친구가 그 종목이 대박이 났다면서 말할 때 속이 쓰려 다음엔 꼭 실패하지 않겠다며 다시금 매수를 하고 또 같은 행동을 반복합니다.

테드 세이코타는 "패배를 좋아하는 사람은 돈을 잃으면서 승리한다"라고 말했습니다. 주가가 떨어질 것이라고 늘 생각하다가 그것이 현실로 나타나면 자신의 예측력을 높이 평가한다는 말입니다.

성공한 모든 투자자들은 낙관주의자들입니다. 존 템플턴은 "비관적 분위기가 최고조에 달했을 때 주식을 매수하라"고 말했습니다. 비관론자들은 늘 불평불만하기 때문에 막상 기회가 와도 그것을 찾아내지 못한다는 말입니다. 긍정이야말로 성공과 행복을 가져다주는 출발점입니다. 긍정적인 것이 주식이랑 무슨 상관이냐고 생각하시나요? 그냥 수익만 잘 내면 된다고 생각하시는 분들, 아직도 오로지 기술적 분석과 운이 주식의 전부라고 생각하시면 큰 오산입니다.

긴 시간을 놓고 보면 증시는 늘 올라갈 수밖에 없습니다. 작은 출렁거림과 일시적인 하락에 의기소침하고 부정적으로만 생각하면 절대 원하는 목적지에 도착할 수 없습니다.

2. 참는 게 이기는 것

대게 비관주의자들은 약세장에서 위기를 더욱 크게 느끼고 강세장에서조차 하락에 대해서만 생각하는 경우가 많습니다. 이런 사람들은 되도록 멀리하는 것이 좋습니다. 그 에너지가 고스란히 여러분에게도 전달되기 때문입니다.

윌리엄 오닐은 "포기하지 않는 긍정적인 마음가짐이 있다면 누구든지 주식투자로 큰돈을 벌 수 있다"고 말했습니다. 엄청난 기회는 해마다 나타나기 때문에 긍정적인 마음으로 준비하고 공부하면서 기회를 노리면 언젠가는 누구든지 백만장자가 될 수 있다는 말입니다.

신약 선서를 보면 "고통은 인내를 낳고, 인내는 시련을 이겨 내는 끈기를 낳고, 그러한 끈기는 희망을 낳는다"라고 적혀 있습니다. 인내를 하나의 기술로 생각할 수 있는 사람이 있다면 아주 용기 있는 사람입니다. 그 기술로 무언가를 해낼 수 있고 항상 이길 수 있습니다. 참아낼 줄 아는 사람이면 이루지 못할 일이 세상에 없습니다.

3. 행복한 투자자가 되어라

인생을 살면서 우리는 돈 문제를 피할 수가 없습니다. 돈이 많으면 상대적으로 행복하고 돈이 없으면 불행하기 쉽습니다. 돈이 많다고 그에 비례해서 행복하지는 않지만 돈이 부족하면 제약이 많아집니다. 우리는 돈에 대해 알아야 하고 돈을 잘 벌 수 있는 방법을 배워야 합니다.

월 스트리트 역사상 가장 뛰어난 펀드매니저 중 한 사람으로 손꼽히는 존 템플턴은 엄격한 자기관리와 성찰을 통해 자신의 신념과 이상을 실천해 큰 부를 이루었지만 한 인간으로서 완성된 삶을 살기 위해 끊임없이 노력한 인물이었습니다.

그는 자신이 쓴 『템플턴 플랜』이라는 책에서 다음과 같이 말했습니다.

'삶의 규범을 배우십시오. 지금 하고 있는 일에서 행복을 찾으십시오. 누가 부자인지 가난한 자인지는 그 사람의 통장을 보아서는 알 수 없습니다. 사람을 부자로 만드는 것은 마음입니다.'

14장

특별부록

재무제표 뿌시기!

주식을 매수하기에 앞서 해당 기업에 대한 연구는 필수입니다. 투자자들은 재무제표의 항목에 나타난 숫자들을 분석해서 기업의 수익성과 안정성 그리고 성장성 등을 파악하여 투자가치가 있는지 판단할 수 있습니다. 하지만 초보투자자들은 대부분 재무제표에 익숙하지 않기 때문에 막막하기만 할 것입니다.

재무제표를 볼 때 가장 난감한 부분은 어디서부터 어떻게 봐야 할지를 모르겠다는 것입니다. 만약 저라면 다음과 같은 단계를 거쳐 평가할 것입니다. 마치 제가 기업을 인수한다는 생각으로요.

1. 자산이 부채보다 큰가?
2. 영업이익이 나고 있는가?
3. 악성 채권이나 재고는 어떤가?

4. 유동자산이 유동부채보다 큰가?
5. 회사가치는 얼마까지 줄 수 있는가?

첫 번째로는 자산이 부채보다 큰지를 볼 것입니다. 대략적인 부채와 자본의 크기를 비교하면 회사의 큰 그림을 그려 볼 수 있으니까요.

두 번째로는 한 해에 얼마나 버는지, 영업이익을 확인할 것입니다. 영업을 통해서 얼마나 이익을 남길 수 있는지 장기적인 생존과 투자의 효율성을 판단하는 데 기준이 됩니다.

세 번째로는 쓸모없는 자산이 있지는 않은지 확인할 것입니다. 영업이 잘 되지 않아서 악성 채권이나 재고가 있고, 효율성이 떨어지는 설비만 있다면 재고해 봐야겠죠.

네 번째로는 당장 유동성이 부족해서 기업이 망할 위험성은 없는지 확인할 것입니다.

마지막으로 자산에서 부채를 뺀 금액을 기초 금액으로 하고, 영업이익을 바탕으로 회사의 대략적인 가치를 측정해 볼 것입니다.

정리하자면 '얼마만큼 잘 벌고 있는가?' 그리고 '망할 위험은 없는가?'를 살펴보는 것이 경영 성과와 재산 상태를 파악하는 근본적인 질문이 될 것입니다.

재무제표가 도대체 뭐길래

회사를 다니면서 재무상태표나 손익계산서라는 말을 한 번씩 들어보셨을 겁니다. 재무제표란 '재무 상황을 보여 주는 여러 표'라는 뜻입니다.

여러분이 가게를 운영하는데 장사가 잘되어 분점을 냈다고 가정해 봅시다. 매일 분점에 전화를 걸어 그날의 매상을 확인할 겁니다. 초반에는 계산이 쉽겠지만 점차 금액이 늘어날수록 오차 범위도 생기게 되어 정확하지 않을 것입니다. 매출은 어느 정도 올랐는지 그 매출을 내기 위해 사용한 돈은 얼마인지 등을 정확히 집계하고 계산한 것이 재무제표 중 손익계산서입니다.

손익을 따져 봤다면 이제 총재산이 얼마인지 빚은 없는지를 따져 봐야 할 것입니다. 3억원의 재산이 있고 빚이 1억원 있다면 순수한 재산은 2억원이죠. 이를 보여 주는 것이 재무제표 중 재무상태표입니다.

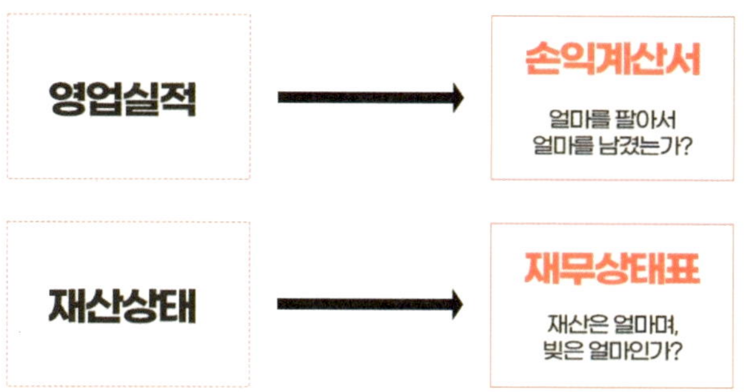

재무제표, 감사보고서?

재무제표와 감사보고서의 개념이 헷갈리는 분들이 계실 것 같습니다. 재무제표라는 것은 회사를 잘 모르는 외부인이 만들 수 없습니다. 매출이나 재산 상태를 확인할 수 있는 내부인이 만들 수밖에 없죠.

이렇게 만들어진 재무제표는 외부 사람들이 보기에 신뢰도가 낮을 수밖에 없습니다. 회사 내부에서 좋은 것은 부풀리고 안 좋은 것은 축소하려 할 수 있으니까요. 그래서 외부 전문가에게 검증받아 신뢰할 만하다는 확인 과정을 거쳐야 합니다. 그런 다음에야 전자공시시스템에 공시할 수 있습니다. 감사보고서 안에 재무제표를 포함하여 공개하는 것입니다.

상장사 등 일정 법인들은 국제회계기준을 따라야 합니다. 상장사의 감사보고서는 각사 감사보고서와 연결재무제표를 감사한 연결감사보고서로 구성되어 있습니다. 이는 국제회계기준에서 자회사와 모회사를 하나의 회사인 것처럼 연결해서 재무제표를 만들 것을 요구하기 때문입니다.

1. 자산이 부채보다 큰가?

자산이라는 것은 부채와 자본을 합한 것입니다. 자산과 부채의 크기를 비교하는 이유는 안정성 때문입니다. 장기적으로 회사가 재무적 위험에 처할 가능성이 있는지 없는지 확인해 보는 것입니다.

자산은 부채와 자본을 합한 것이므로 자산에서 부채를 빼면 기업의 순자산을 알 수 있습니다.

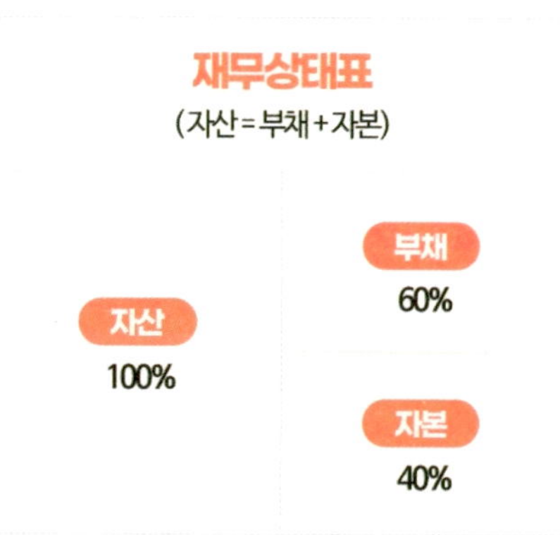

자산이 부채보다 크면 기업이 비교적 장기적으로 재무적 위험에 처할 가능성이 낮다고 판단할 수 있습니다.

전자공시시스템에 들어가서 시가총액 1위의 기업인 삼성전자의 실제 재무제표를 살펴보겠습니다.

전자공시시스템 메인 화면에서 상단에 있는 회사명에 삼성전자로 검색하면 여러 가지 리스트가 뜹니다. 그중 재무제표가 포함되어 있는 것은 감사보고서와 사업보고서입니다. 1년을 4등분으로 나눠 그중 하나를 분기라고 하고 이는 3개월에 해당됩니다. 1년을 이등분하여 나눈 것을 반기라 하고 이는 6개월에 해당합니다. 6개월에 한 번 제출하는 것이 반기보고서, 3개월에 한 번 제출하는 것이 분기보고서입니다.

2020년도 사업보고서 안에 포함되어 있는 감사보고서를 살펴보겠습니다.

재무상태표

제52기 2020.12.31 현재

(단위 : 백만원)

	제 52 기
자산	
유동자산	73,798,549
현금및현금성자산	989,045
단기금융상품	29,101,284
매출채권	24,736,740
미수금	1,898,583
선급비용	890,680
재고자산	13,831,372
기타유동자산	2,350,845
비유동자산	155,865,878
기타포괄손익-공정가치금융자산	1,539,659
당기손익-공정가치금융자산	3,107
종속기업, 관계기업 및 공동기업 투자	56,587,548
유형자산	86,166,924
무형자산	7,002,648
순확정급여자산	1,162,456
이연법인세자산	992,385
기타비유동자산	2,411,151
자산총계	229,664,427
부채	
유동부채	44,412,904
매입채무	6,599,025
단기차입금	12,520,367
미지급금	9,829,541
선수금	424,368
예수금	432,714
미지급비용	7,927,017
당기법인세부채	3,556,146
유동성장기부채	87,571
충당부채	2,932,468
기타유동부채	103,687
비유동부채	1,934,799
사채	31,909
장기차입금	150,397
장기미지급금	1,247,752
장기충당부채	503,035
기타비유동부채	1,706
부채총계	46,347,703
자본	
자본금	897,514
우선주자본금	119,467
보통주자본금	778,047
주식발행초과금	4,403,893
이익잉여금(결손금)	178,284,102
기타자본항목	(268,785)
자본총계	183,316,724
부채와자본총계	229,664,427

출처: 전자공시시스템 DART

2020년 12월의 재무상태표입니다. 기업의 자산은 매일매일 변화하고, 그 변화한 상태의 시점에서 기업은 재무상태표를 작성합니다. 따라서 재무상태표는 그 당시 기업의 자산 상태를 나타냅니다.

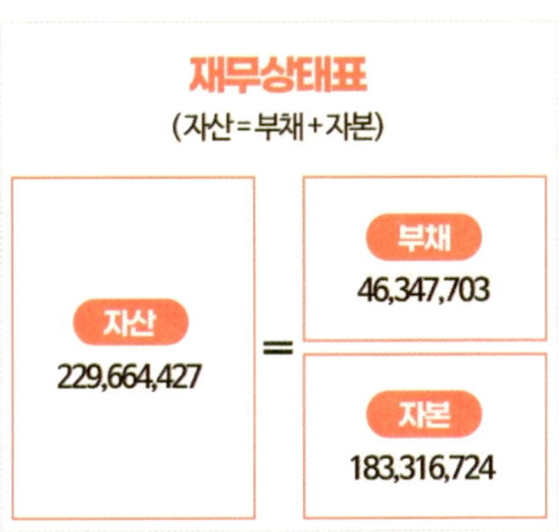

위의 표에서 알 수 있듯이, 제52기의 삼성전자 자산총계는 229,664,427이고, 부채총계는 46,347,703이며, 자본총계는 183,316,724, 부채와 자본 총계는 229,664,427입니다. 앞서 자산은 부채와 자본을 합한 것이라고 설명했습니다.

실제 부채총계와 자본총계를 합하면 정확히 자산총계 금액이 나오는 걸 확인할 수 있습니다. 부채를 자본으로 나눠 백분율로 나타낸 것을 부채비율이라고 합니다. 앞서 종목선정 방법에서 설명했듯이 부채비율은 100% 미만이 적절합니다. 부채비율이 100%일 때는 보통기준으로 치고 200% 이상일 때는 위험으로 분류합니다.

부채비율=(부채총계÷자본총계)×100

위의 공식으로 계산해 보면 삼성전자의 부채비율은 25%입니다. 이럴 때, 삼성전자의 부채비율은 적정하다고 볼 수 있습니다.

2. 영업이익이 나고 있는가?

이제 한 해에 얼마나 버는지 확인할 것입니다. 영업을 통해서 얼마나 이익을 남길 수 있는지 장기적인 생존과 투자의 효율성을 판단하는 데 기준이 됩니다.

기업의 영업활동은 무언가를 파는 행위입니다. 판매에는 보통 비용이 들어갑니다. 판매를 통해 들어온 돈을 '수익'이라 하고 수익을 얻기 위해 소요되는 금액을 '비용'이라고 합니다. 결국 영업활동이란 기존 자원을 비용으로 소모해서 수익이라는 새로운 자원을 창조하는 과정이라고 할 수 있습니다.

비용보다 수익이 커서 가치를 창조했을 경우, 이를 '이익'이라고 합니다. 반대로 수익이 비용보다 작으면 회사는 손실을 보게 됩니다. 이런 악순환이 계속되면 기업은 망하게 됩니다.

예를 들어 여러분이 직접 만든 레모네이드를 판매한다고 가정해 봅시다. 레몬 1개를 1천원에 사서 총 10개의 레모네이드를 만들어 1잔당 500원에 판매했다고 치면 여러분은 총 5천원의 수익(매출액)을 내고 4천원의 이익을 얻게 됩니다. 레몬을 산 1천원은 비용(매출원가)이 되는 것입니다.

이익=수익-비용

이렇듯 순이익을 보여 주는 지표를 손익계산서라고 하는데, 일정 기간의 경영 성과를 보여 줘서 투자자나 외부이용자들이 회사가 벌어들인 금액을 정확히 알수 있도록 해 주죠.

그런데 만약 레모네이드 10잔 중 8잔만 팔고 남은 2잔은 무엇으로 봐야 할까요? 아직 수익창출에 기여하지 못했지만 시간이 지나 판매가 되면 수익창출에 기여할 것으로 보입니다. 이런 것을 '자산'이라고 합니다. 그런데 시간이 너무 오래 지나 판매하지 못하고 버려야 하는 상황이면 어떻게 될까요? 이런 것을 '손실'이라고 합니다. 회사가 영업활동을 해서 수익을 창출하기 위해 지출하는 비용은 세 가지로 분류됩니다.

수익창출에 기여하고 없어지는 원가, 수익창출을 위해 대기 상태에 있는 자산, 수익창출에 기여하지 못하고 소멸된 손실입니다. 경영활동은 손실을 없게 하고 같은 이익이라면 원가와 자산을 최소화하는 것이라 할 수 있습니다.

삼성전자의 2021년도 사업보고서에 포함된 재무제표 안의 손익계산서를 살펴보겠습니다.

손익계산서

제52기 2020.01.01부터 2020.12.31까지

(단위 : 백만원)

	제 52 기
수익(매출액)	166,311,191
매출원가	116,753,419
매출총이익	49,557,772
판매비와관리비	29,038,798
영업이익	20,518,974
기타수익	797,494
기타비용	857,242
금융수익	5,676,877
금융비용	5,684,180
법인세비용차감전순이익(손실)	20,451,923
법인세비용	4,836,905
계속영업이익(손실)	15,615,018
당기순이익(손실)	15,615,018
주당이익	
기본주당이익(손실) (단위: 원)	2,299
희석주당이익(손실) (단위: 원)	2,299

출처: 전자공시시스템 DART

앞서 설명한 것들 외에 더 많은 항목을 확인할 수 있습니다. 우리는 이 중에서 매출액, 매출원가, 매출 총이익, 판매비와 관리비, 영업이익, 당기순이익 부분을 집중적으로 보면 됩니다.

매출액은 판매를 통해 들어온 이익이고 매출원가는 이익을 내기 위해서 소모된 비용입니다. 매출 총이익은 매출액에서 매출원가를 뺀 것입니다.

만약 레모네이드 전문점을 운영한다고 하면 판매할 장소가 필요하고 추가로 배달 서비스를 한다면 배달할 직원이 필요합니다. 이러한 활동에 들어간 비용을 판매비와 관리비라고 합니다. 레모네이드를 만드는 사람이 없으면 레모네이드를 판매할 수가 없습니다. 때문에 레모네이

드를 만드는 사람의 인건비는 매출원가에 포함됩니다. 반대로 배달은 반드시 해야 하는 것은 아닙니다. 매출을 더 잘 나오게 하기 위한 활동이므로 판매비와 관리비에 포함합니다.

비용=매출원가+판매비와 관리비

다음은 영업이익입니다. 비용과 마찬가지로 이익에도 여러 가지가 있습니다. 매출액에서 총비용(매출원가+판매비와 관리비)을 뺀 것을 영업이익이라고 합니다. 당기순이익은 영업이익에서 법인세나 특별이익이나 손실 등과 같은 것을 차감한 것을 말합니다.

영업이익은 손익계산서에서 가장 중요한 지표로 여겨집니다. 영업이익을 통해 계산된 당기순이익은 손익계산서상에서 가장 최종적으로 산출되는 이익입니다. 기업은 당기순이익을 주주에게 전부 배당할 수도 있고 기업에 100% 유보해서 재투자에 활용할 수도 있고 일부 배당을 하고 일부를 유보할 수도 있습니다.

이처럼 당기순이익은 주주의 몫에 해당되는 이익 항목일뿐더러 주주의 자본을 증가시키는 가장 중요한 요인입니다. 당기순이익이 꾸준히 100억 정도 되는 기업이 조건이 동일한 가운데 200억으로 증가한다면 그 기업의 시가총액은 두 배가 됩니다. 주주의 자본을 증가시킬 수도 있고 시가총액에도 영향을 미치는 당기순이익이지만 결과값에 불과하기 때문에 미래를 예측하는 용도로는 활용할 수 없다는 단점이 있습니다.

작년에 200억을 달성했기 때문에 내년에 또 100억이 늘어날 것이라는 예측은 불가하다는 것입니다. 그래서 당기순이익을 지표로서 활용할 때는 작년과 올해 또는 전분기와 이번 분기를 비교하기보다는 과거의 매출액증가율을 분석하여 참고하는 것이 좋습니다.

다시 삼성전자의 손익계산서를 살펴보겠습니다.

손익계산서

제52기 2020.01.01 부터 2020.12.31 까지

(단위 : 조원, %)

매출액	166	100%
매출원가	117	70%
매출총이익	50	30%
판관비	30	18%
영업이익	20	12%
당기순이익	16	10%

아래와 같이, 단위를 조 단위로 설정하여 앞자리 숫자만 표기했습니다.

166,~~311,191백만원~~ = 166조원

매출액은 총수익금액이므로 100%입니다. 매출액(166)-매출원가(117)=50(매출총이익). 매출총이익(50)-판매비와 관리비(30)=20(영업이익).

쉽게 설명하자면 2020년 1월 1일부터 2020년 12월 31일까지 삼성전자가 제품을 팔아 총 벌어들인 돈이 166만원이고 제품의 원가, 판매비와 관리비를 제외한 마진은 20만원. 그중에 세금 등 각종 비용을 제외한 순이익이 16만원이라는 겁니다.

삼성전자의 매출총이익률은 30%이고 영업이익률은 12%, 당기순이익률은 10%입니다. 보통 영업이익률이 10% 이상이고 당기순이익률이 5% 이상이면 안정적인 기업으로 판단합니다. 이처럼 주요 항목들의 비율을 과거 손익계산서와 비교하며 과거의 실적보다 늘었는지 줄어들었는지 분석하면 됩니다.

3. 악성 채권이나 재고는 어떤가?

세 번째로는 기업의 영업이 적절한 성과를 거두지 못해 악성채권을 사용하진 않았는지, 어떻게 자금을 조달했고 그 자금을 어디에 투자했으며 효율적으로 잘 활용하고 있는지 확인해 볼 것입니다.

기업이 경영활동을 하려면 첫 번째 자금이 필요합니다. 두 번째 확보된 자금을 통해 투자를 합니다. 세 번째 영업활동을 해서 이익을 내야 합니다.

여러분이 인터넷 쇼핑몰을 창업했다고 가정해 봅시다. 첫 번째로는 창업을 위해 자금이 필요할 것이고 자금이 확보된 후에는 쇼핑몰 영업을 하기 위해 브랜드 로고와 홈페이지와 사무실이 필요하겠죠. 사무실 내부에는 책상이나 사진 촬영에 필요한 조명, 카메라 등이 필요할 겁니다. 이런 준비가 완료되면 영업활동을 시작할 수 있는 겁니다.

판매할 의류를 원가에 매입해 오고 사진을 찍어서 홈페이지에 게시하고 판매를 합니다. 이익이 생기면 그 돈으로 다시 의류를 원가에 매입하고 판매하는 과정을 반복하겠죠. 또는 미처 다 판매되지 못한 재고를 반값에 할인하는 이벤트를 열 수도 있습니다.

영업활동과 관련해서 기업이 가지고 있는 자산은 크게 두 가지로 나누어 볼 수 있습니다. 먼저 브랜드 로고나 사무실처럼 오랜 기간 사용할 목적으로 취득하는 자산이 있고 현금이나 재고자산 또는 매출채권처럼 일정 기간에만 일시적으로 발생한 자산이 있습니다.

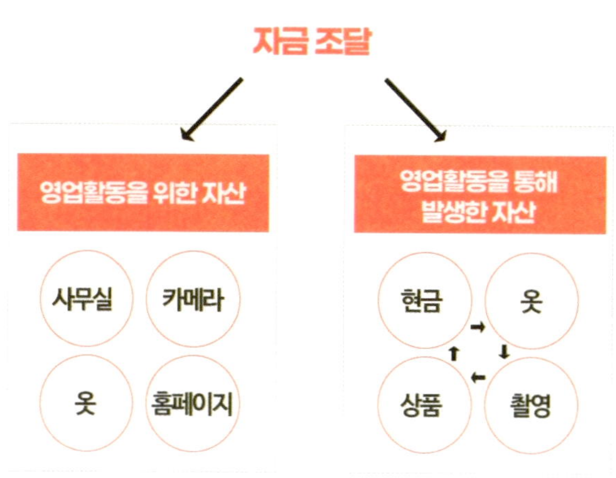

판매가 잘되어서 영업활동을 통해 이익이 많이 발생하면 기업에는 여유자금이 쌓입니다. 여유자금이 생기면 매입해 오던 옷을 공장에서 직접 제작해서 판매할 수도 있고 사무실을 확장하거나 신규브랜드를 런칭할 수도 있습니다. 아니면 만일에 대비해서 그대로 기업에 유보할 수도 있습니다. 유보한 자금은 직원들의 상여금으로 나갈 수도 있고 금융기관에 예금할 수 있습니다. 상장기업이라면 주주들에게 배당지급을 할 수도 있습니다. 이렇게 기업은 여유자금을 원하는 방식으로 운용할 수가 있습니다. 이런 활동을 재무활동이라고 합니다.

앞서 말한 것은 기업에서 자산을 어떻게 활용하는지에 대한 설명이었습니다. 기업의 자산은 크게 둘로 나눌 수 있습니다. 유동자산과 비유동자산입니다.

1) 유동자산

유동자산이란 기업이 1년 이내에 현금화할 수 있는 자산을 말합니다. 기업의 유동자산을 크게 나눠 보면 매출채권, 재고자산, 현금과 금융자산입니다.

① 매출채권

매출채권이란 기업이 제품을 판매할 때 외상으로 팔아서 나중에 받아야 할 돈입니다.

예를 들어 기업이 물품을 거래처에 판매할 때 물품에 해당하는 금액을 받아야 하는데 거래처에서 3달 뒤에 입금하겠다고 하면 외상에 해당되죠.

이처럼, 영업활동에 필요한 유·무형의 재화를 구매하는 과정에서 바로 대금지급이 이뤄지지 못한 거래를 외상거래라 합니다.

매출채권에 포함되지 않는 것들도 있습니다. 투자자 입장에서는 기업의 영업활동에서 발생한 매출채권과 토지 매각 후 받지 못한 잔금은 전혀 다른 의미일 수 있는데요, 우리는 해당 항목이 영업활동으로 이뤄진 거래인지, 비영업활동으로 이뤄진 거래인지 파악할 수 있어야 합니다. 앞서 말씀드린 토지 매각의 회수 전 잔금은 비영업활동으로 분류가 되기 때문에 매출채권이 아닌 미수금 계정으로 표기하게 됩니다.

② 재고자산

재고자산은 정상적인 영업과정에서 판매를 위해 보유하거나 생산 중에 있는 자산 또는 생산을 위해 투입될 원재료나 소모품 등을 말합니다.

여러분이 카페를 운영할 때 조각 케이크 100개를 사서 1달 동안 90개를 판매하고, 결산일까지 팔지 못한 조각케이크 10개가 남았다면 조각 케이크 10개는 당기 재고자산으로 기록됩니다.

③ 현금과 금융자산

현금자산이란 현금, 수표, 은행의 보통 예금 등을 말합니다. 금융자산이란 주식, 채권, 수익증권 등을 의미합니다.

이처럼 유동자산 중에서도 본질적인 영업을 위해 보유하고 있는 자산과 그렇지 않은 자산을 구분할 수 있습니다. 영업용 자산과 투자용 자산을 구분하면 영업용 자산을 효율적으로 사용하고 있는지 알 수 있고 잉여자원을 구분하면서 회사가 어느 정도의 유동성을 보유하고 있는지 파악할 수 있습니다.

2) 비유동자산

비유동자산이란 기업이 현금화를 시킬 목적으로 보유하는 자산을 말합니다. 비유동자산은 투자자산, 유형자산, 무형자산, 기타비유동자산으로 구분됩니다. 하나씩 간단하게 짚고 넘어가겠습니다.

① 투자자산

장기간에 걸쳐 투자할 목적으로 보유하는 자산. 투자부동산, 장기투자증권, 지분법적용투자주식, 장기대여금 등이 있습니다.

예를 들어 기업이 영업활동이 아닌 시세차익으로 큰 이익을 얻거나 다른 사업을 위해 땅이나 건물을 매입했다면 이는 투자자산으로 분류됩니다.

② 유형자산

장기간에 걸쳐 경영활동에 사용할 목적으로 보유하는 자산 중 형태가 있는 것을 말합니다. 토지, 설비자산(건물, 기계장치, 공기구 등), 건설 중인 자산 등이 있습니다.

예를 들어, 카페를 창업하기 위해서는 반드시 필요한 물품이 있는데, 그중 하나가 커피머신입니다. 300만원으로 커피머신 1대를 구입하면 기계수명이 다할 때까지 커피를 내려서 수익을 창출할 수 있으므로 회사가 보유한 자산이 됩니다.

③ 무형자산

장기간에 걸쳐 경영활동에 사용하는 형태가 없는 자산을 말합니다. 영업권, 산업재산권, 개발비 등이 있습니다.

인적자원 또한 무형자산에 해당합니다. 인적자원이란 조직, 기업 부문, 경제의 노동을 만들어 나가는 사람들을 뜻하고, 회계적인 관점에서 사람의 노동력을 하나의 자원으로 봅니다.

기업의 영업활동이 잘되려면 어떤 것이 필요할까요? 일단 유능한 직원들이 많으면 많을수록 도움이 될 것입니다. 또 한 사람이 모든 일을 하는 것보다는 여러 사람이 각자의 분야를 맡아 처리하는 것이 더 효율적이겠죠. 쇼핑몰의 직원들은 더 많은 판매를 위해 옷을 돋보이게 해 줄 모델을 찾고 다른 쇼핑몰보다 더 상품성이 있는 옷을 찾기 위해 노력하고 브랜드를 홍보하기 위한 마케팅 전략을 짤 것입니다. 교육강사를 통해 직원들의 업무역량을 성장시킬 수 있겠죠. 이런 것들을 바로 무형자산이라고 합니다.

④ 기타비유동자산

장기투자, 자회사의 주식 등이 해당되며 현금화의 목적이 아닌 자산을 의미합니다.

우리가 재무제표를 보는 방법을 공부하는 이유는 안정적인 기업을 찾아서 올바른 투자를 하기 위함이죠. 따라서 기업의 재무 상태가 안정적인지를 확인하고 싶다면 유동자산과 유동부채를 비교해 봐야 합니다.

앞서 유동자산이란 1년 내에 현금으로 전환할 수 있는 자산을 의미한다고 했습니다. 그리고 1년 이내에 갚아야 할 부채를 유동부채라고 합니다. 우리는 기업이 유동부채를 1년 이내에 현금화할 수 있는 자산으로 충당할 수 있을지 유동비율로써 판단할 수 있습니다.

유동비율=유동자산÷유동부채

만약 기업이 1년 이내에 갚아야 할 부채를 유동자산으로써 충당할 수 없다면 어떤 방식으로 해결하려고 할까요? 아마 부채를 늘려서 빚으로 빚을 갚거나, 유상증자를 통해서 투자금을 확보하는 등 투자자에게 부정적인 상황이 될 것입니다.

때문에 우리는 주식투자를 하기 전 반드시 유동자산이 유동부채보다 많은지 확인해야 합니다. 일반적으로 유동자산이 유동부채의 최소 100% 이상이어야 하고 120% 이상이면 적정 150%가 넘으면 안정적이라고 평가합니다.

앞서 설명한 항목들을 재무제표에 적용하면 다음과 같은 표를 확인할 수 있습니다.

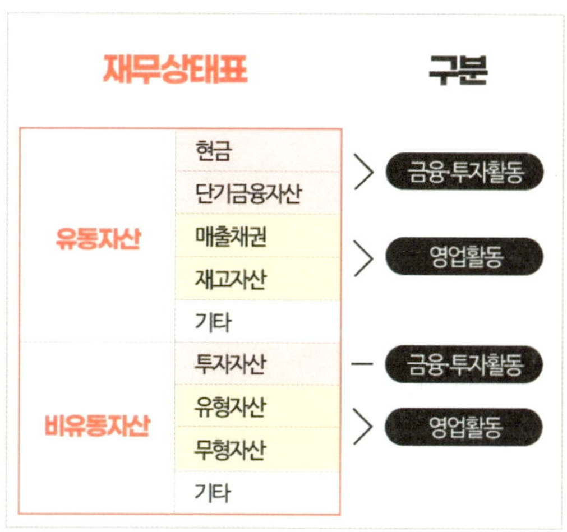

유동자산과 비유동자산의 비중을 살펴보고 유동자산의 항목을 따져보며 현금의 흐름성이 원활한지 기업의 현금력이 좋은지, 비유동자산의 항목을 따져 보며 자본보다 부채가 크진 않은지 체크해 봐야 합니다.

다음은 삼성전자의 실제 재무상태표입니다.

재무상태표

제 52 기 2020.12.31 현재

(단위 : 백만원)

	제 52 기
자산	
유동자산	73,798,549
현금및현금성자산	989,045
단기금융상품	29,101,284
매출채권	24,736,740
미수금	1,898,583
선급비용	890,680
재고자산	13,831,372
기타유동자산	2,350,845
비유동자산	155,865,878
기타포괄손익-공정가치금융자산	1,539,659
당기손익-공정가치금융자산	3,107
종속기업, 관계기업 및 공동기업 투자	56,587,548
유형자산	86,166,924
무형자산	7,002,648
순확정급여자산	1,162,456
이연법인세자산	992,385
기타비유동자산	2,411,151
자산총계	229,664,427

출처: 전자공시시스템 DART

단위를 조단위로 설정하고, 해당 재무재표를 간소화시키면 다음과 같은 표가 나오게 됩니다.

항목세분화를 하지 않고, 큰 틀에서 항목을 나눠 보았습니다.

[재무상태표]

제52기 2020. 12. 31 현재

(단위 : 조원, %)

구분		영업용 자산		금융·투자자산	
자산 (230) 100%	유동자산 (74) 32%	매출채권	25	현금	1
		재고자산	14	단기금융	30
		기타	4		
	비유동자산 (156) 68%	유형자산	86	장기금융	3
		무형자산	7	자회사	57
		기타	3		

손익계산서

제52기 2020. 01. 01 부터 2020. 12. 31 까지

(단위 : 조원, %)

매출액	166	100%
매출원가	117	70%
매출총이익	50	30%
판관비	30	18%
영업이익	20	12%
당기순이익	16	10%

정리된 재무상태표를 앞서 살펴본 손익계산서와 비교해서 읽어 보겠습니다.

매출액이 166조원이므로 1개월당 14조 정도로 볼 수 있습니다. 매출채권은 25조인데요. 대략 2개월 치가 조금 안 된다고 볼 수 있습니다. 보통 매출채권은 3개월 치 정도만 돼도 훌륭하다고 이야기하는데 2개월이 채 안 되는 금액은 아주 효율적으로 관리하고 있다고 볼 수 있습니다.

자산회전율은 매출액 나누기 평균 자산으로 구할 수 있습니다. 자산회전율은 효율성 비율이라고도 불립니다. 기업의 영업활동에 투입된 자산이 얼마나 효율적으로 사용되고 있는지를 알 수 있는 지표입니다.

자산회전율=매출액÷평균자산

삼성전자의 자산회전율은 0.65회로 보통 1회 이상일 때 효율적으로 사용되고 있다고 볼 수 있습니다. 업종에 따라서 다소 차이가 있을 수 있으므로 동종 업계 기업들과의 상대적 비교가 필요합니다. 자산회전율은 과거 수치와 비교해서 같은 수준으로 유지되거나 높아지는 추세가 좋습니다.

매출원가는 116조원입니다. 1년간 판매한 재고자산의 총액이 116조원이라는 겁니다. 매출원가를 12개월로 나누면 1달 동안 판매한 물건의 총액이 10조원 정도라는 뜻도 됩니다. 삼성전자의 재고자산은 14조원 1개월 치가 조금 넘는 금액입니다. 기업에서 생산하는 제품이 시장에서 인기가 많다면 창고에 쌓이는 시간이 적겠죠. 때문에 재고를 효율적으로 관리하는 것은 중요한 요소입니다.

그렇다면 재고를 효율적으로 관리하고 있는지는 어떻게 알 수 있을까요? 재고자산회전율로 알아볼 수 있습니다.

재고자산회전율=매출원가÷평균재고자산

보통 재고자산회전율이 1년에 4회 이상일 때 안정적인 기업이라고 평가할 수 있습니다. 삼성전자의 재고자산회전율은 8.96회입니다. 재고자산 평균 회전기간은 365일 나누기 재고자산회전율로 구할 수 있습니다. 재고자산 회전기간은 짧을수록 좋습니다. 삼성전자의 재고자산 회전기간은 40일입니다. 즉 재고자산이 연간 8번 회전되었고 매 40일마다 판매되었다는 것을 의미합니다. 특히 IT업계는 빠르게 기술이 발전하므로 재고자산의 가치가 급격히 감소하기 때문에 재고자산회전율이 중요합니다.

유동자산은 1년 이내에 현금화가 가능한 자산이라고 설명했습니다. 삼성전자의 재무제표에 적용시켜 보면 삼성전자의 자산 중 32%는 1년 이내에 현금화가 가능합니다. 2개월분이 채 안 되는 매출채권과 1달이 조금 넘는 재고, 나머지는 모두 현금성 자산입니다. 이렇게 유동자산을 평가해 보면 삼성전자는 재고순환이 원활하다고 볼 수 있습니다.

3. 악성 채권이나 재고는 어떤가?

자산이란 자본과 부채를 합한 것입니다. 자본과 부채의 차이점은 뭘까요? 둘 다 사업에 필요한 자금을 조달한다는 면에서는 동일합니다. 하지만 부채는 이자 지급과 원금 상환의 의무가 있습니다.

쓰는 것보다 빨리 돈을 벌어 빚을 갚을 수 있다면 문제가 되지 않지만 경영악화로 원금과 이자 상환의 압박을 느끼게 되면 그 부채를 갚기 위해서 높은 금리를 내면서 더 큰 금액을 빌릴 수 있는 다른 금융기관으로 옮겨 갈 수 있습니다. 그렇게 되면 더 큰 금액의 부채를 떠안게 되는 것이죠. 결국 부채는 계속 불어날 것이고, 회사의 매출로 감당할 수 없을 겁니다.

부채가 항상 나쁜 것만은 아닙니다. 대기업의 경우 중소, 중견기업보다 훨씬 많은 부채를 가지고 있죠. 여러분이 창업했을 때를 가정하여 생각해봅시다. 장사가 잘되어 사업을 확장하고 싶지만 쌓여 있는 자본만으로 확장의 여력이 안 될 수도 있습니다. 이럴 땐 부채를 통해 투자금을 마련하고 투자한 금액으로 사업을 확장하여 더 큰 이익을 얻을 수도 있습니다. 기업은 부채를 통해서 마련한 투자금으로 성장의 기회를 얻는 것입니다.

또 부채라는 것은 일반적인 생각과는 다르게 기업의 수익이 좋을 때 더 많이 발생하기도 합니다. 부채에 포함되는 매입채무가 그런 것입니다. 매입채무란 외상값입니다. 기업의 자금력이 좋고 신용도가 높으면 거래처에서 고가의 제품을 구매했을 때, 자금을 바로 지급하지 않고, 추후에 지급할 수 있도록 어음도 발행해 줍니다.

안정적인 벌이가 있고 신용점수가 높으면 카드사에서 한도를 늘려 주는 것처럼.

그럼 악성부채는 어떻게 구분할 수 있을까요? 매입채무처럼 이자가 나가지 않는 빚은 규모가 크지 않다면 대부분 문제가 없습니다. 오히려 규모보다는 어떤 금융기관에서 얼마만큼의 금리로 빌렸는지가 더 중요합니다. 대기업이라면 1달의 급여만 합쳐도 금액이 어마어마할 텐데 일한 뒤 1달 뒤에 급여를 지급해도 아무도 문제 삼지 않는 것처럼 말이죠.

부채는 유동부채와 비유동부채로 구분합니다. 유동부채는 1년 이내에 갚아야 하는 것이고 1년 이내에 갚지 않아도 되는 부채를 비유동부채라고 합니다.

재무상태표

제52기 2020.12.31 현재

(단위 : 백만원)

	제 52 기
부채	
유동부채	44,412,904
매입채무	6,599,025
단기차입금	12,520,367
미지급금	9,829,541
선수금	424,368
예수금	432,714
미지급비용	7,927,017
당기법인세부채	3,556,146
유동성장기부채	87,571
충당부채	2,932,468
기타유동부채	103,687
비유동부채	1,934,799
사채	31,909
장기차입금	150,397
장기미지급금	1,247,752
장기충당부채	503,035
기타비유동부채	1,706
부채총계	46,347,703
자본	
자본금	897,514
우선주자본금	119,467
보통주자본금	778,047
주식발행초과금	4,403,893
이익잉여금(결손금)	178,284,102
기타자본항목	(268,785)
자본총계	183,316,724
부채와자본총계	229,664,427

출처: 전자공시시스템 DART

삼성전자의 재무상태표를 다시 보겠습니다.

유동부채는 매입채무나 미지급비용처럼 경영활동을 통해 발생하는 항목들이 많습니다. 이런 항목은 이자를 지급하지 않아도 되는 무이자 부채입니다. 그렇지만 단기적으로 자본 안에서 나가야 하는 금액이기 때문에 기업이 지급할 여력이 있는지 체크해 봐야 합니다.

단기차입금은 금융기관 등 외부로부터 빌린 채무로서 상환 시기가 도래한 금액을 말합니다. 단기차입금은 이자가 발생하기 때문에 상환할 수 있는 정도의 금액인지 체크하는 것이 좋습니다. 만약 1년 이내로 갚아야 할 빚이 있는데 갚지 못하는 상황이라면 최악의 경우 파산을 하게 될 수도 있습니다.

선수금은 간단히 말해 미리 수령한 금액입니다. 기업에서 용역이나 상품을 팔기로 약속하고 부분대금을 지급한 경우입니다. 선수금이 부채로 들어가는 이유는 부분대금을 받고, 상품이나 용역을 지급하지 않아 자산에는 변동이 없기 때문입니다.

비유동부채는 1년이 지난 이후의 시점에 상환 의무가 도래하는 항목들을 말합니다. 비유동부채는 최소 1년 동안은 상환 압박 없이 유형자산이나 투자자산 등을 취득하는 등에 영업활동에 사용할 수 있는 부채입니다.

비유동부채는 크게 영업활동 통해 발생하는 부채와 사업에 필요한 자금의 조달로 인해 발생하는 부채로 나눌 수 있습니다. 장기차입금처럼 외부로부터 빌린 돈도 있고 퇴직급여충당부채처럼 직원들의 퇴직금에 사용될 금액도 있습니다. 퇴직금은 지급 의무가 있는 금액이기 때문에 비유동부채로 포함되어 미리 준비해 둬야 하는 금액입니다.

[재무상태표]

제52기 2020.12.31 현재

(단위: 조원, %)

구분		영업용 부채		금융부채	
부채 (46) 100%	유동부채 (44) 95%	매입채무	7	단기차입금	13
		미지급금	18	유동성 장기차입금	
		기타	6		
	비유동부채 (2) 5%	장기미지급금	1	장기차입금	
		충당부채	1	사채	
		기타			

앞서 살펴본 삼성전자의 재무상태표를 간소화하면 다음과 같은 표가 완성됩니다.

먼저 부채가 자본으로 감당이 가능한 수준인지 확인해 봐야 합니다. 확인을 위해서 자산과 함께 비교해 보겠습니다.

[재무상태표]

제52기 2020.12.31 현재

(단위: 조원, %)

구분		영업용 자산		금융·투자자산	
자산 (230) 100%	유동자산 (74) 32%	매출채권	25	현금	1
		재고자산	14	단기금융	30
		기타	4		
	비유동자산 (156) 68%	유형자산	86	장기금융	3
		무형자산	7	자회사	57
		기타	3		

앞서 봤던 자산 표와 비교해 보면 삼성전자의 자산은 230조원이고 부채는 46조원입니다. 우선 부채는 자산에 비해 많지 않은 수준이라는 걸 확인할 수 있습니다. 재무적 안정성은 부채비율로써 판단할 수 있습니다. 부채비율이 높다면 안전성이 낮고 과거에 비해 부채비율이 낮아졌다면 부채 상환을 많이 했다고 볼 수 있습니다.

부채비율=부채÷자기자본

총부채 금액을 자본총계 금액으로 나누면 됩니다. 삼성전자의 부채비율은 25%입니다. 부채비율이 200% 이하일 때 안정적인 기업이라고 판단합니다.

부채를 세부적으로 살펴보겠습니다.

삼성전자의 부채비율을 보면 1년 이내에 갚아야 하는 빚이 대부분이고 그중에서 매입채무나 미지급금과 같은 이자가 나가지 않는 무이자 부채가 차지하는 것을 확인할 수 있습니다.

그다음으로 차지하는 비율이 높은 항목은 단기차입금입니다. 12조원이나 되는데 이 단기차입금을 상환하는 데 문제가 없는지 확인하려면 유동비율을 구해 보면 됩니다.

유동비율=유동자산÷유동부채

삼성전자의 유동비율은 168%입니다. 보통 유동비율이 150% 이상이면 안정적인 기업이라 평가합니다.

단기차입금을 제외한 1년 이내에 갚아야 할 금액은 31조원인데 1년 이내에 현금화가 가능한 자산이 31조원 정도입니다. 부채와 현금자산의 금액이 동일하지만 삼성전자는 추가적인 영업이익으로 충당되는 자산이 있으므로 걱정할 정도는 아닙니다.

4. 유동자산이 유동부채보다 큰가?

앞서 살펴본 것처럼 부채는 기업이 망할 위험도를 측정할 수 있는 지표라고 볼 수 있습니다. 기업은 장사가 잘돼서 자산이 많으면 망할 일이 없습니다. 반대로 영업이 잘되지 않고 빚이 많으면 망할 수밖에 없겠죠. 기업에 부채가 있더라도 영업활동이 잘 이루어져서 부채를 갚을 재원이 있으면 괜찮습니다. 하지만 부채를 갚을 재원이 부족하고 자금을 지속적으로 조달하지 못하면 기업은 위험해집니다.

신문이나 뉴스를 통해 '어느 기업이 부도가 났다'라는 뉴스를 보신 적이 있을 겁니다. 부도는 어음이나 당좌수표를 제때 갚지 못하는 것을 의미합니다. 부도가 나면 기업은 신용도를 잃게 되고 대금 독촉과 잇단 고소/고발이 이어집니다. 그래서 부도는 기업의 도산이나 해산을 의미하는 단어로 사용합니다.

그렇다면 부도 위험이 있는 회사를 어떻게 알아볼 수 있을까요?

먼저 부실기업을 판단하는 척도 중 가장 대표적인 것이 부채비율입니다. 실제로 1997년 외환위기 때 한국의 30대 대기업들의 평균 부채비율은 500%였으며 이 중 16개가 부도가 났다고 합니다. 16개 기업 중 가장 먼저 부도난 한보철강의 부채비율은 1,000%였습니다.

두 번째는 유동비율입니다. 유동비율을 구하려면 유동부채와 유동자산의 값이 필요합니다.

유동부채는 기업이 1년 안에 갚아야 하는 돈, 유동자산은 1년 안에 현금화할 수 있는 자산입니다. 기업이 유동부채를 상환할 현금이 없다면 유동자산을 이용해서 갚을 수가 있겠죠. 유동비율이 높으면 적어도 1년 이내에 갚아야 하는 부채에 대해서는 위험성이 적다고 판단할 수 있습니다.

하지만 유동자산 중에는 기업에 위기가 닥치면 쉽게 현금화할 수 없는 재고자산이나 원재료 채권 등이 포함되어 있기 때문에 무조건 맹신해서는 안 됩니다. 그래서 유동비율의 의미를 올바르게 해석하기 위해서는 유동자산을 구성하는 개별항목을 따져 볼 필요가 있습니다.

유동비율이 같은 기업이라도 유동자산 구성항목에 유동성이 높은 자산인 현금과 매출채권 비중이 높은 기업과 상대적으로 유동성이 떨어지는 재고자산의 비중이 높은 기업의 위험성은 다르게 해석될 수 있기 때문입니다.

생산 기업이 자금의 압박으로 도산 위기에 직면할 때 설비자산 등과 같은 유형자산을 처분해서 위기를 넘기면 기업의 생산능력에 치명적인 영향이 미칠 수 있겠죠. 추가적으로 이익을 내기 위한 영업활동에 필요한 제품을 생산할 설비가 없어졌으니 말이죠.

그러면 기업의 유동성 즉 단기 부채를 갚을 수 있는 상환능력을 추가로 따져 볼 수 있는 지표가 뭘까요? 바로 운전자본입니다.

운전자본은 기업이 영업활동을 하는 데 필요한 자금을 의미합니다.

기업이 영업활동을 하다 보면 거래처에 물품이나 서비스를 판매할 때 외상으로 줄 수도 있고 어느 정도의 재고도 안고 있을 수 있습니다.

외상없이 현금으로만 100% 받을 수 있다면 기업에는 매출채권이 발생하지 않아 묶여 있는 자금이 없을 것입니다. 그런데 자금이 부족한 기업이라면 받아야 할 돈을 제때 못 받으니 외상으로 판매한 금액만큼 은행에서 빌려 오는 경우에는 금액+이자가 발생하므로 부채비용의 증가로 연결됩니다.

또 적정수준의 재고를 보유하고 있지 않으면 갑자기 주문량이 많아졌을 때 판매를 할 수 없겠죠. 주문생산만을 하는 기업이더라도 주문이 들어왔을 때 제작에 필요한 원재료 등을 보유하고 있을 것입니다. 즉 어떤 기업이라도 재고는 있기 마련이고 기업의 입장에서는 매출채권이나 재고를 많이 보유할수록 자금이 묶이게 됩니다.

그래서 기업은 항상 매출채권이나 재고자산을 적정 수준으로 유지하는 노력이 필요하고 그것을 유지하기 위해 들어가는 자금을 운전자본이라고 합니다.

매출규모가 같아도 운전자본에 들어가는 규모는 작을 수도 클 수도 있기 때문에 파악해야 합니다.

운전자본=재고자산(묶인 돈)+매출채권(받을 돈)

운전자본은 재고자산에 매출채권을 합한 금액입니다. 그리고 순운전자본은 다음과 같은 공식으로 구할 수 있습니다.

순운전자본=운전자본(묶인 돈+받을 돈)-매입채무(빌린 돈)

매입채무는 기업이 거래처에서 외상으로 원재료 등을 구매한 것입니다. 외상 비용은 나중에 지불해야 되기 때문에 재고자산에서 제외하는 것입니다.

순운전자본이 증가하는 것은 좋지 않습니다. 갑자기 매출이 늘어나서 증가했을 수도 있지만 외상으로 판매한 금액이 잘 회수되지 않거나 재고가 많이 쌓였거나 기업의 신용도가 떨어지는 등과 같은 사유로 인해서 거래처에서 외상을 잘 주지 않은 상황이 많기 때문입니다. 그래서 운전자본이 지속적으로 증가하는 것은 바람직하지 않습니다.

그럼 운전자본이 증가한 원인을 어떻게 알 수 있을까요? 삼성전자의 자산 항목과 부채 항목을 함께 살펴보겠습니다.

[재무상태표]

제52기 2020. 12. 31 현재

(단위: 조원, %)

구분		영업용 자산		금융·투자자산	
자산	유동자산	채권/재고	43	금융	31
	비유동자산	유무형자산	96	투자	60
부채	유동부채	채무/미지급금	31	단기차입	13
	비유동부채	장기미지급금	2	장기차입	

먼저 회사가 가지고 있는 단기부채의 지급 여력이 있는지 보겠습니다. 유동자산에서 유동부채를 빼면 회사가 1년 이내에 갚아야 할 부채를 상환하고 남는 금액을 알 수 있습니다. 삼성전자는 유동부채를 상환한 후 30조가 남습니다.

매출채권과 재고자산의 합산 금액에서 매입채무를 차감하면 영업활동을 위해 묶여 있는 금액을 추정해 볼 수 있습니다. 삼성전자는 연간 32조원의 자금이 영업을 위해 묶여 있습니다.

예금 등의 금융자산에서 단기차입금을 빼면 기업이 1년 이내에 갚아야 할 차입금을 갚고 난 뒤 여유로운 자금이 얼마 정도 되는지 알 수 있습니다. 삼성전자는 18조원 정도의 여유자금이 있습니다.

지금까지 살펴본 내용은 모두 회사의 단기적 재무 안정성에 대한 부분입니다. 장기적인 재무적 안정성은 어떻게 따져 볼 수 있을까요?

장기부채는 미래에 상환 의무가 있는 부채입니다. 기업이 앞으로 영업활동을 통해서 지속적으로 이익금을 발생시킬 여력이 없다면 상환에 지장이 있을 것입니다. 따라서 장기부채의 유무형의 자산이나 투자자산의 매각으로 자금을 조달할 수 있는지 확인해 봐야 합니다.

앞의 표를 보면 삼성전자는 비유동자산이 비유동부채보다 월등히 크다는 걸 확인할 수 있습니다. 유사시에도 충분히 대비할 수 있는 여력이 있다고 볼 수 있습니다.

5. 회사가치는 얼마까지 줄 수 있는가?

앞서 살펴본 내용들을 토대로 재무적인 안정성을 파악했다면 결론적으로 이 회사의 가치가 어느 정도인지 궁금해지실 겁니다.

지금부터 기업의 가치를 평가할 수 있는 방법을 알아보겠습니다.

회사가치 평가 방법

회사의 가치를 평가하는 방법은 다음과 같습니다.

① 자산가치 평가방법

자산가치 평가방법은 기업이 현재 보유하고 있는 총자산을 기업가치로 보고 순자산의 가치를 자기자본의 가치로 평가하는 방법입니다. 자산가치 평가방법은 비교적 단순하고 객관적이라는 장점을 가지고 있으나, 기업의 수익창출능력을 반영하지 못하는 단점을 가지고 있습니다.

예를 들어 여러분이 카페를 창업한 뒤 매각을 하려는 상황이라고 가정해 보겠습니다. 매장의 보증금과 커피 머신 등과 같은 설비들도 모두 매각하고 대략 5억원 정도를 얻을 수 있고 이 금액에서 부채를 갚고 난 뒤 3억 5천만원 정도가 남는다면 이 카페는 3억 5천만원 정도 되는 가게라고 볼 수 있습니다.

② 수익가치 평가방법

수익가치 평가방법은 기업이 보유한 자산을 가지고 미래에 얼마만큼의 수익을 낼 수 있는지 즉 미래의 수익창출능력을 기업가치로 평가하는 방법입니다. 수익가치 평가 방법만 해도 10가지가 넘습니다. 달성할 수 있을지 없을지 모르는데 미래 소득 흐름을 추정해서 현재의 가치를 판별하기 때문에 미래 추정이 늘어날수록 신뢰성이 다소 떨어질 수 있다는 단점이 있습니다.

여러분이 매달 4천만원 정도의 매상을 올리고 있는 가게에 투자할 생각이 있고 최소 10%의 투자 수익률을 기대하고 있습니다. 지금까지의 흐름상 1년간 약 5억원의 이익이 발생될 것이라고 예상할 때 50억을 투자하면 10% 즉, 5억원의 수익을 얻을 수 있을 것입니다.

③ 시장가치 평가방법

시장가치 평가방법은 기업의 재무상황과 미래 수익창출 가능성을 기초로 시장메커니즘을 통해 기업의 가치를 평가합니다. 상장기업의 경우 증권시장에서 주식가격이 형성되는데, 이러한 증권시장에서의 주가는 바로 주식발행기업의 시장가치가 됩니다. 동종업계나 비슷한 규모의 다른 상장기업들과 비교하여 가치를 평가하는 것입니다.

그러나 이 방법은 비교대상이 되는 상장기업의 산정 시 평가자의 주관적인 판단이 개입되고 시장의 수요, 공급의 법칙에 따라 시장가격이 형성되고 변동되므로 정확한 것은 아닙니다.

삼성전자의 재무제표를 보고 다음과 같이 정리할 수 있습니다.

1) 자산가치=자산-부채=184조원
2) 수익가치=PER×당기순이익=494조원/현재 시가총액 474조원(2021년 7월 12일 기준)
3) 시장가치=보통주+우선주=488조원

A. 삼성전자의 현재 시가총액은 474조원이며, 자산가치 대비 고평가, 수익가치 대비 저평가, 시장가치 대비 저평가가 된 것을 확인할 수 있습니다.

자산가치는 자산-부채=자본 즉 순자산을 의미하며, 빚 없이 순수한 자본을 의미합니다.

순자산과 시가총액을 비교함으로써 현재 주가가 자산가치의 대비를 비교하면서 판단할 수 있습니다.

B. 수익가치는 주가수익비율인 PER와 당기순이익의 곱으로 확인 가능하며, 여기서 주가수익비율은 1주당 수익의 몇 배가 되는가를 나타내는 지표이며, 당기순이익은 매출액에서 매출원가, 판매비, 관리비 등을 빼고 여기에 영업 외 수익과 비용, 특별 이익과 손실을 가감한 후 법인세를 뺀 것을 의미합니다.

수익가치와 현재 시가총액을 비교하면서 기업의 수익 대비 현재 거래되고 있는 주식의 가격이 고평가/저평가되는지 체크하면서 매매가 가능합니다.

C. 시장가치는 보통주(보통 일반회사들이 발행하고 있는 주식의 대부분을 차지하고 있는 것으로 우선주나 후배주와 같은 특별한 권리내용이 정해지지 않은 일반주식)+우선주(보통주보다 재산적 내용에 있어서 우선적 지위가 인정된 주식)의 합으로 구할 수 있으며, 시장가치는 즉 현재 시가총액과 비슷하게 움직입니다.

후배주: 보통주가 먼저 일정률의 이익 배당을 받은 후 잔여가 있는 경우에 배당을 받게 되는 주식

지금까지 기업의 재무적 안정성과 가치를 평가하는 방법을 알아봤습니다.

기업가치를 따진다는 것은 과거에 산출된 결과로 앞으로의 전망을 예측하는 것입니다. 지표나 평가 방법도 다양합니다. 집을 팔려고 내놔도 어떤 사람은 내놓은 값에 아주 만족하는 반면 어떤 사람은 너무 비싸다고 생각하죠.

주식거래가 이루어지는 과정도 같습니다. 주식 가치를 높게 평가해서 매수하려는 사람이 있고 주가가 하락할 것이라고 예상하거나 수익을 충분히 얻었다고 판단해서 매도하려는 사람이 있어야 거래가 이루어집니다.

앞서 주가라는 것은 미래의 가치를 선반영한다고 설명했습니다. 미래에 큰 가치가 있다고 생각하는 기대감이 반영된 것이지요. 우리는 숫자로써 나타난 값을 분석해서 미래를 대략적으로 유추할 수 있습니다. 그러나 기대감은 숫자로써 분석이 되는 영역이 아닙니다. 주식투자가 어려운 이유가 이런 것 때문이죠. 때문에 이러한 분석 결과는 100% 맹신하기보다는 참고 자료로서만 생각하시는 것이 좋습니다.

정확하고 완벽한 분석은 아니라도 보유하고 있는 주식이나 전에 투자했던 주식에 적용시켜서 분석해 보세요. 그렇게 데이터가 쌓이다 보면 앞으로 여러분의 투자에 더 좋은 결과가 있을 것이라 생각합니다.

주식닥터의 실전 단기매매 전략

분봉을 활용한 단기매매

단기매매 전략은 기본적 분석을 배제하고 기술적 분석에 중점을 두어 수급과 심리 분석을 통해서 매매 수익을 올리는 전략입니다.

주식투자에서 흔히 말하는 목표가와 손절가는 지지와 저항을 보고 판단합니다. 기본적으로 지지와 저항을 볼 줄 모르는 투자자라면 단기매매 전략을 구사하기 매우 힘듭니다. 보다 알기 쉽게 그림을 통해서 매매전략을 알아보도록 하겠습니다.

당일 단타 또는 스윙 매매를 할 때 수급이 터진 종목을 검색해서 매매를 합니다. 매매를 진행할 종목 검색은 전일대비 거래량 상위 종목 또는 전일대비 등락률 상위 종목에서 종목을 검색하면 됩니다.

단기매매는 일봉보단 분봉을 보고 매매를 진행하게 되기 때문에 분봉으로 지지와 저항을 판단하면서 매매를 진행해야 합니다.

단기투자로 분봉을 볼 땐 보통 3분봉/5분봉/15분봉을 많이 참고합니다.

전일대비등락률 상위

[0181] 전일대비등락률상위

◉전체 ○코스피 ○코스닥 | ◉상승률 ○상승폭 ○보합 ○ 하락률○ 하락폭 ☑상하한포함 거래대금 전체조회 조회

종목 전체조회 거래량 전체조회 신용 전체조회 가격 전체조회 시가총액 전체조회 ☑자동

순위	분	신	종목명	현재가	전일대비	등락률	매도잔량	매수잔량	거래량	체결강도	횟수	L일봉H
1			흥아해운	2,625	↑ 605	+29.85		24,117,354	228,097	0.00	2	
2			부산가스	80,300	↑ 18,500	+29.94		1,936,144	26,188	0.00	5	
3			중앙에너비스	18,950	↑ 4,350	+29.79		113,736	2,000,341	69.29	3	
4			우진	10,600	↑ 2,430	+29.74		384,318	24,907,782	102.40	3	
5			지에스이	2,435	▲ 465	+23.60	219,112	36,051	28,010,875	89.59	1	
6			엔피	8,730	▲ 1,390	+18.94	13,694	16,753	12,547,405	88.12	3	
7			파인디앤씨	3,080	▲ 480	+18.82	94,546	20,867	8,577,261	100.77	1	
8			나노씨엠에스	105,000	▲ 16,000	+17.98	1,841	1,327	1,579,889	98.32	1	
9			에스엘바이오	1,110	▲ 166	+17.58	370,849	217,849	49,043,733	95.50	2	
10			버킷스튜디오	2,930	▲ 435	+17.43	163,931	118,548	29,095,080	84.97	2	
11			HRS	8,440	▲ 1,250	+17.39	33,415	27,892	20,581,200	90.85	2	
12			엠벤처투자	1,290	▲ 190	+17.27	292,756	89,691	4,126,678	329.84	1	
13			한국선재	13,900	▲ 1,950	+16.32	264,211	253,156	17,862,901	123.08	1	
14			위메이드맥스	10,100	▲ 1,350	+15.43	44,380	11,685	2,416,845	111.96	1	
15			서울가스	178,500	▲ 23,000	+14.79	2,054	947	87,053	120.57	1	

출처: 키움증권 코스콤

전일대비등락률 상위 검색창에서 종목별로 분봉을 보면서 지지와 저항을 찾아보도록 하겠습니다. 다음 차트를 보면 지지와 저항을 15분봉을 통해서 확인할 수 있습니다. 여기서 매매 전략은 지지구간에서 매수세가 얼마나 들어오는지와 하방으로 밀리지 않고 저항구간의 매물을 뚫고 지지를 받는지 확인하면 됩니다.

지지와 저항 1

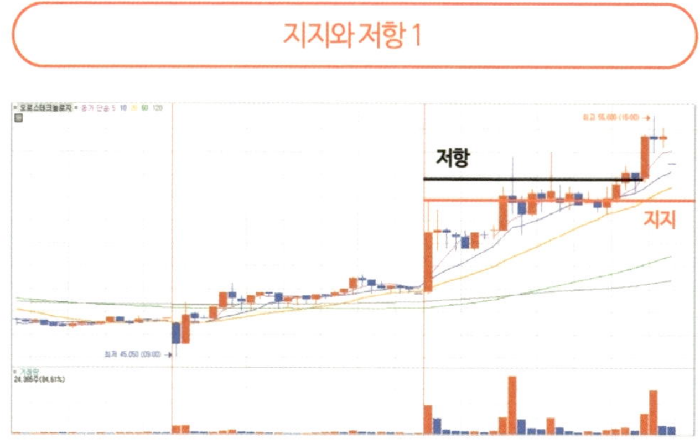

출처: 키움증권 코스콤

다음 차트를 보겠습니다. 저항구간을 돌파하면서 엄청난 수급이 붙는 걸 확인할 수 있습니다. 이 타이밍이 바로 매수 적정 시점입니다. 매수 체결과 함께 바로 수익이 날 수 있는 자리입니다. 매물 돌파 자리이기 때문에 투자자들이 불기둥을 보고 좇아 들어올 겁니다. 그 이후 다음 봉에서 주가가 주춤하는 모습이 보이는데요. 이 구간이 매도 구간입니다.

지지와 저항 2

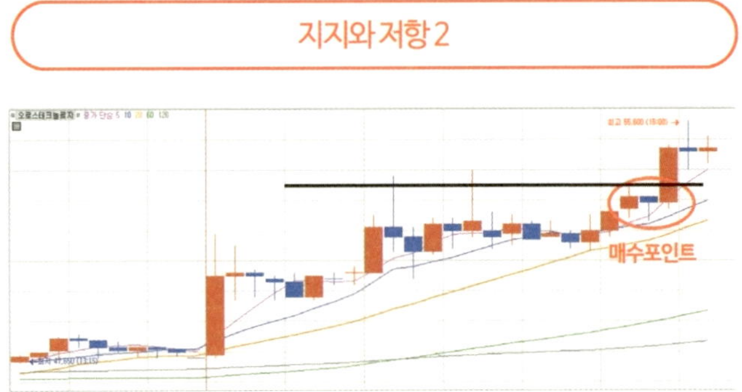

출처: 키움증권 코스콤

이 차트를 확인해 보면 박스권 움직임에서 옆으로 횡보하는 모습이 포착됩니다.

이때 지지와 저항구간이 명확하게 그려지고 있는 상황에서 매수 타이밍은 언제 잡는 게 좋을까요?

지지와 저항 3

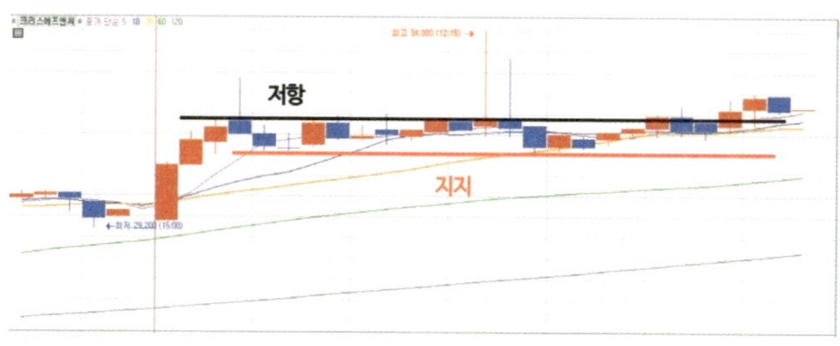

출처: 키움증권 코스콤

다음 차트와 같이 검은색 저항 구간을 뚫고 눌러 주면서 매도물량이 많이 나오지 않는 타이밍을 매수 타이밍으로 잡을 수 있습니다.

저항선을 뚫고 나서 음봉으로 강하게 눌러 준다면 속임수일 수 있으니 그다음 눌림목까지 확실하게 체크하고 넘어가는 것이 좋습니다.

지지와 저항 4

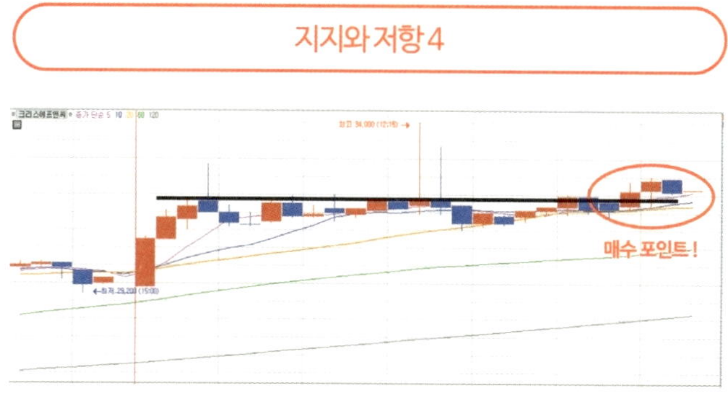

출처: 키움증권 코스콤

이 차트의 경우 지속적으로 상승하는 차트 움직임인데 여기서 어떤 타이밍에 매수를 잡아야 될까요?

가장 중요한 포인트는 바로 지지선과 저항선이 명확한 구간까지 기다렸다가 저항 매물을 강하게 뚫고서 수급이 붙는 타이밍에 매수를 잡아야 합니다.

지지와 저항 5

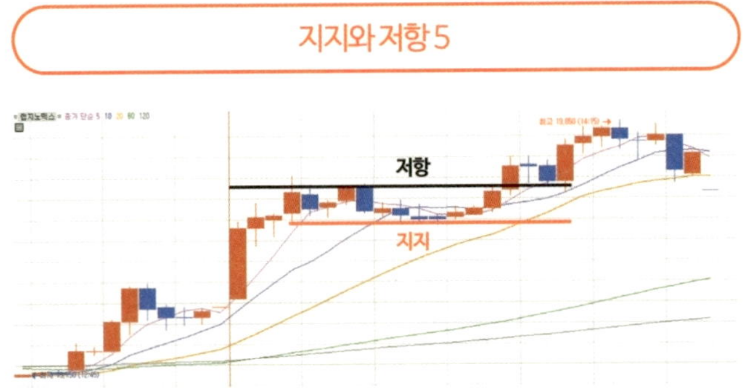

출처: 키움증권 코스콤

다음 차트를 보면 매수 포인트 구간에서 양봉으로 강하게 저항을 뚫고 음봉으로 눌림목을 짧게 주는 구간이 있습니다. 이때 매도물량이 많지 않기 때문에 2차적으로 매수세가 붙게 되는 겁니다.

바로 이 구간이 정확한 단기 매수 타이밍이 됩니다.

지지와 저항 6

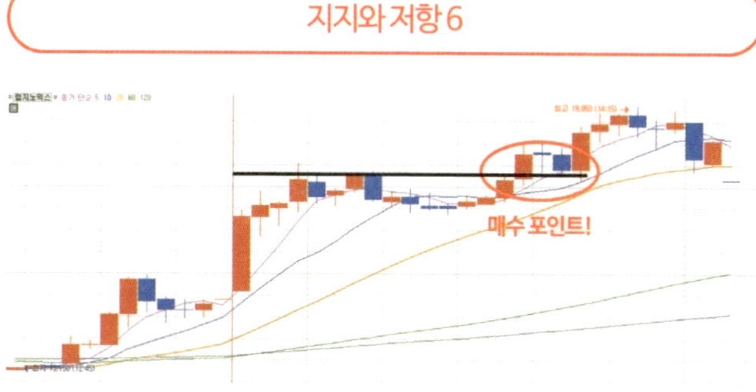

출처: 키움증권 코스콤

지지와 저항 7

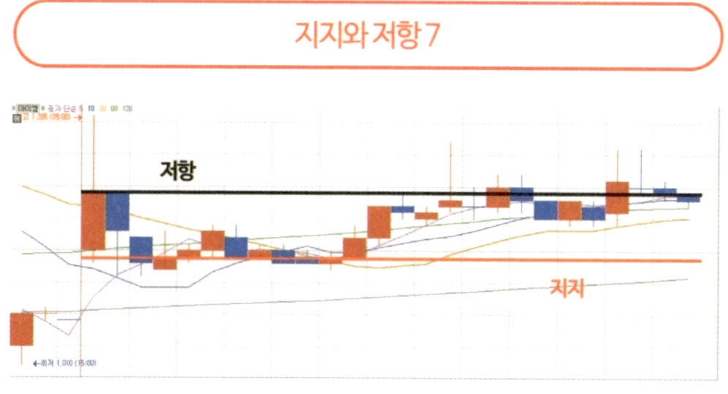

출처: 키움증권 코스콤

기본적으로 단기매매를 할 때 주의해야 할 점은 자본이 묶이지 않게 하는 것입니다. 매일 급등이 나올 종목은 있고 매일 수익 볼 종목은 있습니다. 그렇지만 내가 투자금이 없다면? 아무런 의미가 없겠죠.

그렇기 때문에 반드시 장 종료 전에는 최소 30% 이상은 현금화를 시켜 놓으시길 바랍니다.

이 차트를 보면 오전 급등 이후 눌림을 주다가 다시 반등을 주는 차트 흐름입니다. 이때는 저항 구간을 만들어 줄 때까지 기다렸다가 돌파 후 눌림 주는 타이밍을 노려보면 됩니다.

지지와 저항 8

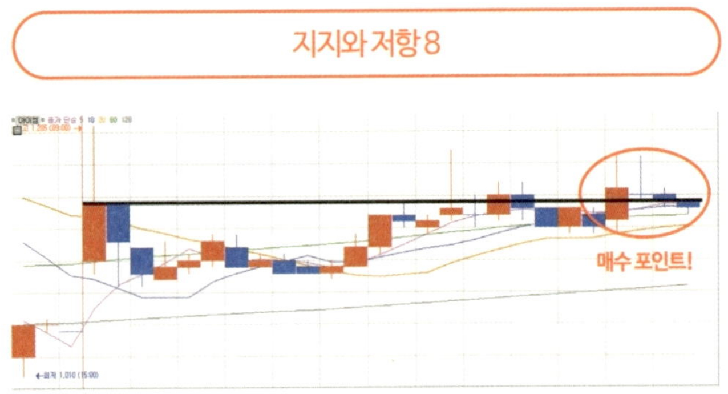

출처: 키움증권 코스콤

이 차트를 확인해 보면 위 꼬리는 달렸지만 저항 구간을 돌파한 자리가 보입니다. 이때 슈팅이 강하지 못했기 때문에 음봉으로 조정을 주는 모습이지만 이 타이밍이 매수 타이밍으로 진입해야 합니다.

지지와 저항 구간을 만들기 위해서 수급이 붙었기 때문에 다시 고점 저항 매물을 돌파하기 위한 수급이 유입될 것입니다.

지지와 저항 9

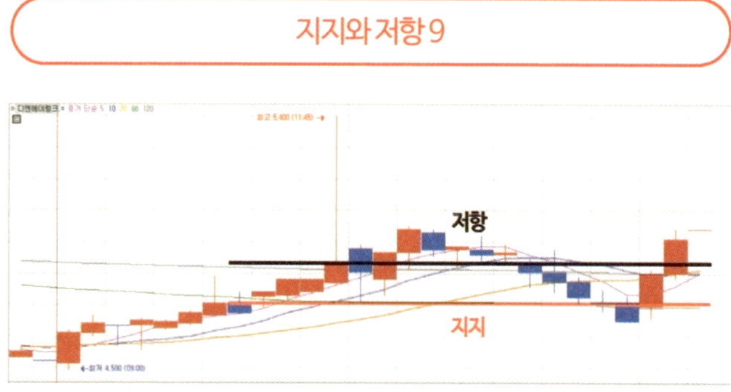

출처: 키움증권 코스콤

이 차트를 보게 되면 강한 슈팅 이후 눌림을 줬다가 마지막에 다시 양봉으로 수급이 유입되는 걸 확인할 수 있습니다. 이건 바로 하단선인 4천800원 부근에서 매수세가 강하다는 걸 의미합니다. 그럼 저 상황에서 매수는 언제 잡아야 될까요?

지지와 저항 10

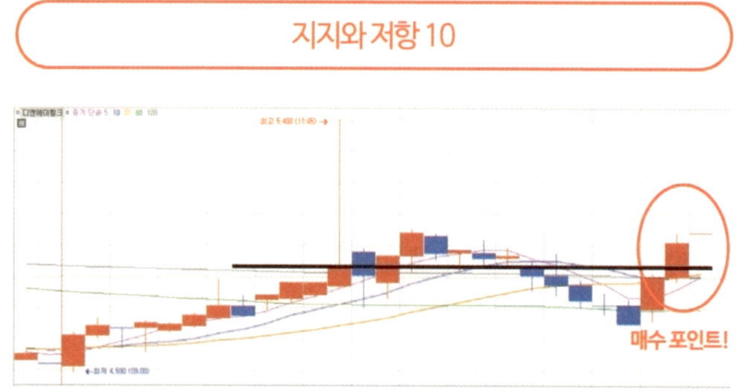

출처: 키움증권 코스콤

이 차트에서 마지막에 양봉으로 저항선 매물을 소화하고 난 뒤 그다음 음봉이 나올 가능성이 높습니다. 바로 그 자리를 노리면 됩니다.

저 구간은 슈팅 이후 충분한 조정을 받았기 때문에 음봉이 나오는 구간에서 매도물량이 강하지 않을 것입니다. 그 이유는 이미 매물 소화가 되었고 지지선에서 매수세가 유입되면서 이미 상승 수급이 유입되었기 때문입니다.

지지와 저항 11

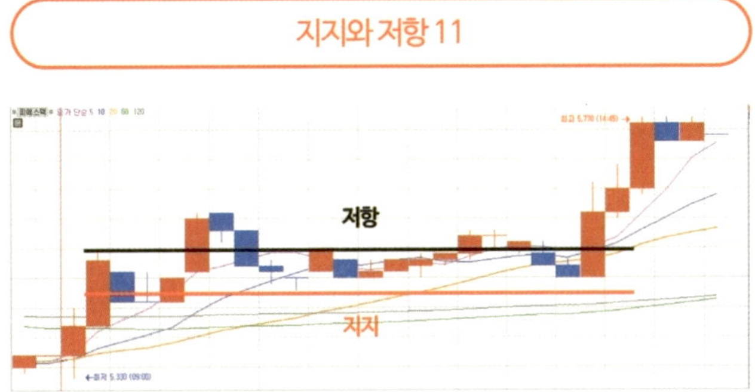

출처: 키움증권 코스콤

이 차트를 보게 되면 지지와 저항구간을 만들어 주면서 양봉으로 마지막 강하게 치고 올라가는 모습을 확인할 수 있습니다.

섣불리 매수하지 않고 지지와 저항을 만들어 주기를 기다린 다음 저항구간 돌파 구간에서 매수를 잡아야 합니다.

지지와 저항 12

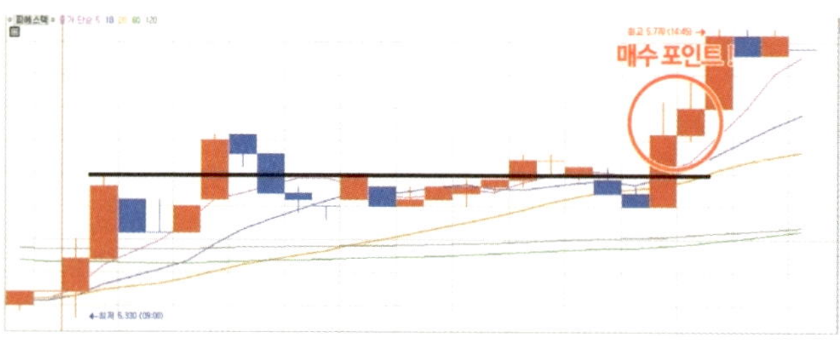

출처: 키움증권 코스콤

이 차트에서 강하게 저항선을 뚫고 안착시키는 구간에서 더 강한 수급이 유입되는 걸 확인할 수 있습니다. 바로 이 구간이 매수 타이밍입니다.

분봉으로 움직이는 차트 흐름이라서 시간에 쫓기는 투자자라면 대응하기 어려울 수 있습니다. 하지만 소액으로 꾸준하게 연습하다 보면 계좌가 달라지는 것을 직접 느끼게 될 것입니다.

지지와 저항 13

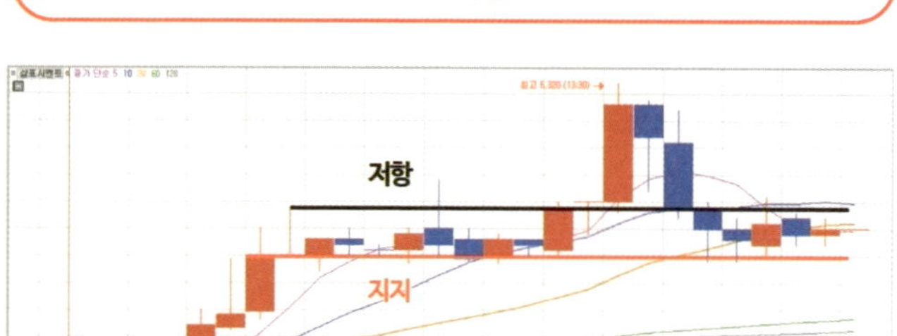

출처: 키움증권 코스콤

이 차트를 살펴봅시다.

지지선을 차트 상단에서 만들어 주고 나서 저항구간을 강하게 뚫고 올라서는 걸 볼 수 있습니다.

이제는 매수 타이밍이 언제인지가 보이십니까?

저항구간을 수급으로 뚫고서 안착시킬 때가 바로 매수 타이밍이 됩니다.

지지와 저항 14

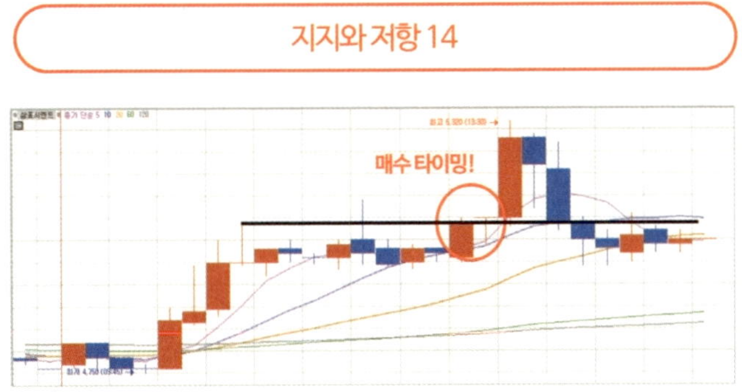

출처: 키움증권 코스콤

이 차트를 살펴보면 아찔한 매수 타이밍이 정확하게 포착되는 걸 확인할 수 있습니다. 그러나 여기서 주의해야 할 점은 저항선을 뚫고 나서 강한 수급이 유입되고 나서 다시 흘러내릴 때 매수를 진행하면 안 된다는 것입니다.

만약 주가가 더 올라가려고 했다면 다시 저항구간까지 주가 조정이 이루어지지 않았을 것이기 때문입니다.

그렇기 때문에 이 차트와 같이 흘러내린 다음 매수는 자제하는 것이 좋습니다.

지지와 저항 15

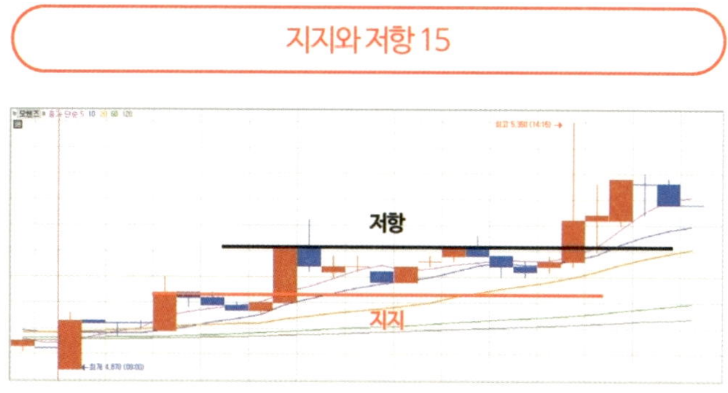

출처: 키움증권 코스콤

이 차트에서는 분봉으로 확인했을 때 상승추세가 유지되는 것을 볼 수 있습니다. 저항구간을 뚫을 때 강한 슈팅 양봉이 발생되는 모습이 나오는데 이때 바로 따라붙지 마시고 숨 고르기 구간에서 매수 타이밍을 잡으셔야 합니다.

지지와 저항 16

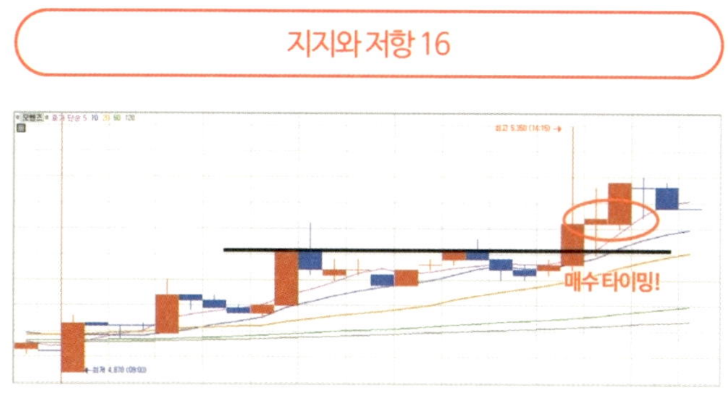

출처: 키움증권 코스콤

이와 같은 숨 고르기 구간에서 매수 타이밍을 잡는 게 좋습니다. 발생되는 시점에서 따라 붙게 되면 차익 매도물량 때문에 손실을 볼 수 있고 고점에서 매수가가 잡힐 위험이 있기 때문에 반드시 눌림목 구간에서 매도 강도를 체크하고 매수하는 것이 바람직합니다.

지지와 저항 17

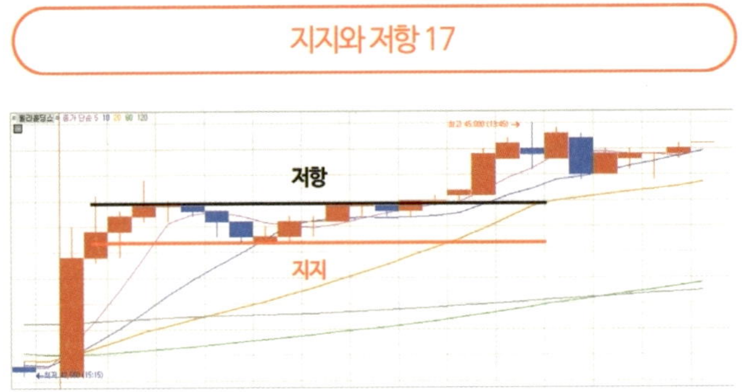

출처: 키움증권 코스콤

이 차트에서 지지와 저항을 만들어 주고 그다음 저항을 뚫어 주는 흐름을 볼 수 있습니다.

이때 가장 적정한 매수 타이밍은 언제일까요?

지지와 저항 18

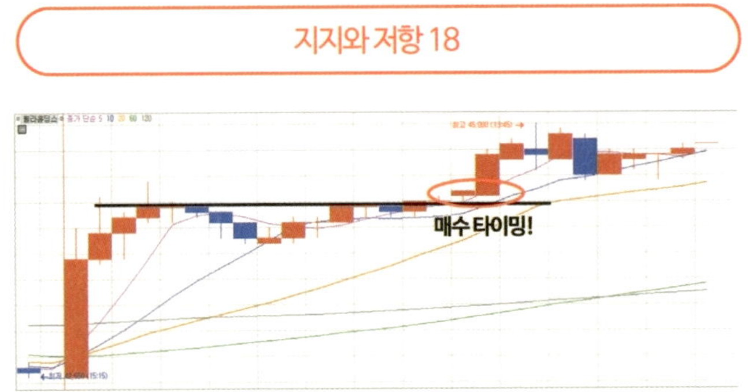

출처: 키움증권 코스콤

이 차트를 보면 저항을 뚫으면서 단봉으로 치고 올라가는 모습이 보입니다.

주가가 고가임에도 불구하고 매도물량이 많지 않다는 의미라서 조금의 매수세로도 슈팅이 발생될 수 있다는 의미입니다. 그렇기 때문에 단봉구간에서 매수 타이밍을 잡는다면 가장 적절한 매수타이밍이 됩니다.

이렇게 몇 가지의 예를 들어서 단기매매 전략을 세워 봤습니다. 종목선정부터 매수와 매도까지는 꾸준한 연습이 필요합니다. 처음부터 큰 금액으로 매매를 하기보다는 100만원에서 200만원 정도의 소액으로 투자 연습을 진행하고 최소 3개월 이상 꾸준하게 매월 수익 창출이 되었을 때부터 투자금을 조금씩 늘려 나가길 권장드립니다.

소액으로 매매가 잘되다가 큰 금액으로 투자할 때 오히려 슬럼프가 오는 경우도 많습니다.
이런 경우 슬럼프를 극복하기 위해 매매를 1주일 정도 쉬어가는 것도 슬럼프를 극복하는 좋은 방법이 될 수 있습니다.

무엇보다도 단기매매를 진행할 때 분할매수를 하는 것이 좋지만 한 종목에 올인해서 물타기를 계속할 경우 투자금이 묶여 크게 손실을 보는 경우가 많습니다. 단기투자자가 매매를 할 때 가장 경계해야 할 부분입니다.

단기매매를 진행하더라도 2~3종목 포트폴리오를 구성하고 물타기 없이 매매를 진행하는 게 좋습니다.

갭을 메우기 위해 주가는 올라간다

갭을 통한 매매

갭(Gap)이란 무엇일까요?

갭은 기본적으로 갭상승과 갭하락으로 나뉩니다.

여기서 말하는 갭상승은 일반적인 갭상승과는 다른 개념입니다. 일반적인 갭상승은 전일 종가보다 오늘 시가가 높게 시작하는 것을 말하며, 무언가 호재가 발생되어 매도물량보다 매수물량이 많은 경우를 의미합니다.

완전한 갭상승 즉, 전일 고가보다 오늘 저가가 높게 마감된다면, 완전한 갭상승 마감이 됩니다.

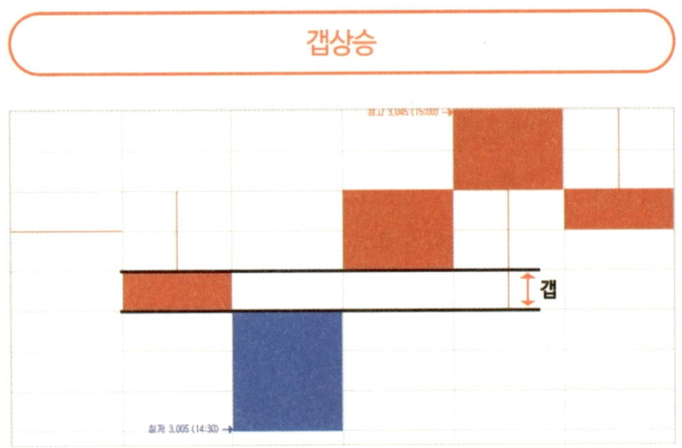

출처: 키움증권 코스콤

이렇게 완전한 갭상승 마감이 되면 중단기적으로 주가는 조정이 오게 됩니다. 즉 완전한 갭상승을 메우기 위한 주가 조정 말이죠.

그렇기 때문에 완전한 갭상승 마감 종목은 매매에 주의를 기울일 필요가 있습니다.

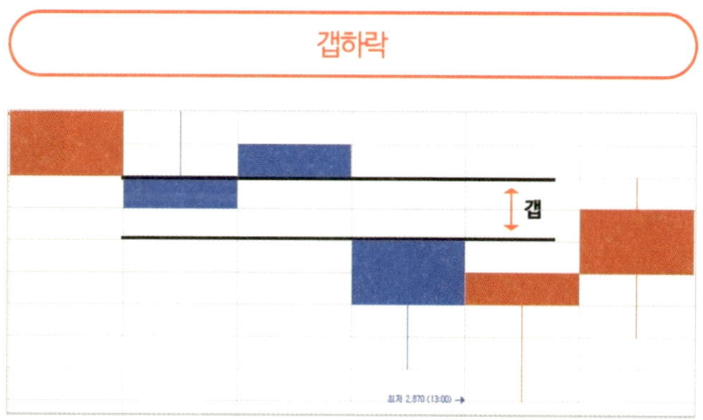

출처: 키움증권 코스콤

반대로 일반적인 갭하락은 전일 종가보다 오늘 시가가 낮게 시작하는 것을 의미합니다.

1~2% 수준의 갭하락은 특별한 악재 없이도 이루어질 수 있지만, 보통 3% 이상의 갭하락이 발생된다면 분명한 악재가 노출이 되었기 때문입니다.

주식닥터는 일반적인 갭하락은 매매에 적용시키지 않습니다. 완전한 갭하락으로 매매전략에 활용합니다.

그렇다면 완전한 갭하락은 어떤 모습일까요?

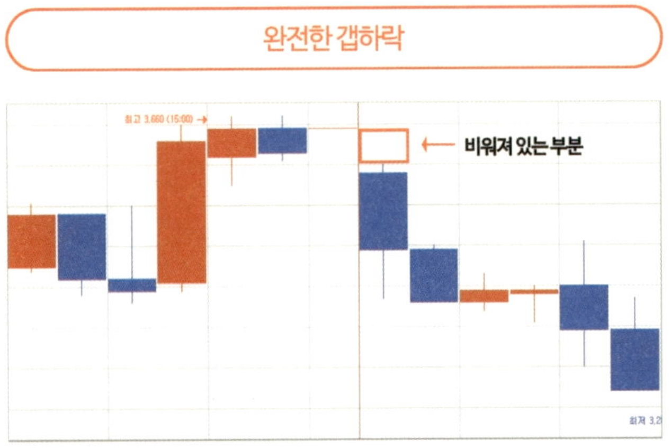

출처: 키움증권 코스콤

그림을 보시면 전일 저가 대비해서 오늘 고가가 텅텅 비워져 있죠. 이게 완전한 갭하락의 모습입니다. 중단기적으로 주식닥터는 저 갭을 메우기 위해서 주가상승이 올 것이라고 보는 겁니다. 이 방법은 실전 적용에서도 매우 잘 먹히는 전략입니다.

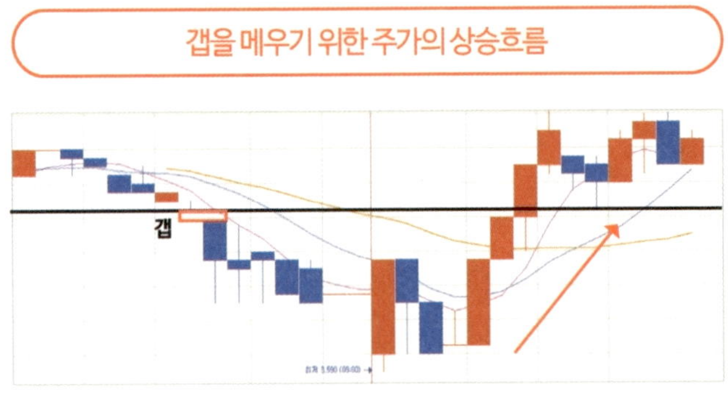

출처: 키움증권 코스콤

정확하게 갭을 메우기 위한 주가상승 흐름이 나타나는 모습이죠.

왜 이런 현상이 발생되는 걸까요?

완전한 갭상승의 경우 너무 급하게 주가가 올랐다고 보는 겁니다.
갭상승이 발생하는 건 오전 9시 장시작전 동시호가에서 매수세가 많기 때문에 급하게 매수가 이루어진 만큼 일정 상승기가 지나고 조정기에서 물량이 다시 빠지는 원리입니다.

반대로 완전한 갭하락의 경우 급하게 주가가 빠졌기 때문에 다시 투심이 살아나는 시점에 갭을 메우기 위해 주가상승이 이루어지는 원리고요.

이런 원리를 활용해서 투자에 적용하면 적중률은 그 어떤 매매 방법보다 높을 겁니다.

완전한 갭하락 종목을 찾아 실전 매매에 적용해 보기

완전한 갭하락 종목을 매매할 때 필수적으로 보셔야 하는 게 있습니다.

1) 조건 1

20일선을 이탈한 이동평균선 역배열 종목이어야 합니다.

실전 매매에 적용시켜 보니, 이동평균선이 정배열인 상황에서는 완전한 갭하락을 메우기 위한 주가상승은 이루어지나 보유기간이 너무 길어졌습니다.

따라서 역배열 종목을 선택하시는 게 좀 더 보유기간을 짧게 전략적으로 노리실 수 있습니다.

2) 조건 2

환기 종목/증거금 100% 종목/동전주식/관리종목/우선주 등은 피하는 게 좋습니다.

용어 숙지가 안 된 분들을 위해서 피해야 하는 종목들을 간단하게 정리해 드리겠습니다.

✔ 단기과열종목

거래소에서 단기적인 급등 과열현상이 지속되는 종목의 과도한 추종매매와 불공정거래를 예방하기 위해서 도입된 제도인데요.

지정요건은 주가, 회전율, 변동성, 괴리율 등을 고려하여 지정 예고되고 10매매거래일 이내 다시 동일요건을 충족하는 경우로 단기과열종목으로 지정되면 3거래일 간 정규시장의 접속매매 방식이 30분 단위의 단일가 매매 방식으로 변경됩니다.

✔ 투자주의종목

투기거래의 개연성이 있는 종목을 공표하여 일반투자자들의 뇌동매매를 방지하고 잠재적 불공정거래에 대한 경각심을 고취시키는 것인데요.

지정요건은 소수지점, 소수계좌 거래집중 종목, 15일간 상승종목의 당일 소수계좌 매수관여 과다종목 등의 요인으로 지정됩니다.

✔ 투자경고종목

특정종목의 주가가 비정상적으로 급등하는 경우 투자자에게 주의를 환기시키고 불공정거래를 사전에 방지하기 위하여 지정하는데요. 지정요건은 초단기급등, 단기급등, 투자주의종목 반복지정 등 다양한 요인들이 있습니다.

이렇게 투자경고종목으로 지정되면 해당종목을 매수할 때 위탁증거금을 100% 납부해야 하고 신용융자나 대용증권으로 종목을 매수할 수 없는데요. 주가가 추가적으로 급등하는 경우에는 매매거래정지나 투자위험종목으로 지정될 수 있습니다.

✔ 투자주의 환기종목

투자주의 종목과는 다른 개념으로 상장사가 공시 위반이나 자본잠식 등의 이유로 상장폐지 가능성이 있는 종목을 표시해 둔 것인데요. 평균적으로 투자주의 환기종목으로 발표되면 절반 이상은 관리종목으로 지정되고 있습니다.

투자주의 환기종목은 직접적인 해제 사유가 발생하지 않으면 1년 동안 표시되기 때문에 가급적 환기 표시가 보이는 종목이라면 피하시는 것이 좋습니다.

✔ 증거금 100%

우선 증거금을 설명하기 전 예수금에 대한 이해가 필요합니다. 주식 예수금은 자신의 주식 계좌에 있는 순수한 현금입니다. 만약 계좌에 100만원을 입금했는데 특정 주식을 구매하는 데 50만원을 쓰면 예수금은 50만원이 됩니다.

주식 증거금은 예수금보다 더 많은 금액을 주문할 수 있도록 하는 제도입니다. 가격이 100만원이고 증거금률은 20%인 종목을 구매한다고 가정했을 때, 계좌에 예수금이 20만원이 있다면 해당 주식을 구입할 수 있는 겁니다.

참고로 증거금은 종목마다 다르게 측정됩니다. 증거금률은 회사의 우량 여부 등을 판단하여 증권사에서 정한다고 합니다. 때문에 증권사는 자신들의 손실을 줄이기 위해서 변동성이 크고 비우량주인 경우 증거금률을 높게 측정하겠죠.

주식을 구매하기 전 시가총액 규모로 위험성을 판단하는 것처럼 증거금률을 통해서도 위험성을 판단해 볼 수 있겠습니다.

✔ 우선주

'우선주'는 보통주에 대비되는 주식입니다. 보통주란 말 그대로 보통 주식입니다. 주식 소유자는 주주총회에 참석해 기업의 주요 경영 사항에 대해 의결권을 행사하고 배당을 받고, 발행되는 신주를 인수하는 등 주주로서의 권리를 행사합니다.

반면 우선주는 보통주의 특징 중 일부를 빼고 다른 내용을 첨가했습니다. 이 때문에 주주 입장에서 보통주보다 나은 점도 있고, 못한 점도 있습니다. 우선주는 일반적으로 보통주보다 재산적 내용(이익, 이자배당, 잔여재산 분배 등)에 있어서 우선적 지위가 인정되는 주식입니다. 그 대가로 우선주 소유자는 주주총회에서의 의결권을 포기해야 합니다. 회사 경영에는 참여할 수 없다는 의미입니다. 이 때문에 우선주는 대개 회사의 경영참가에는 관심이 없고, 배당 등 자산소득에 관심이 높은 투자자를 대상으로 발행됩니다.

3) 조건 3

갭하락이 발생되었다고 바로 매수하지 말고 기다렸다가 최소한 20일 이동평균선과 60일 이동평균선을 돌파했을 때 매수 타이밍을 잡아야 합니다.

경험상 그냥 매수했다가는 몇 달간 보유해야 하는 상황이 발생될 수도 있습니다. 그만큼 매수 타이밍이 중요하다는 의미겠죠.

완전한 갭하락 발생 1

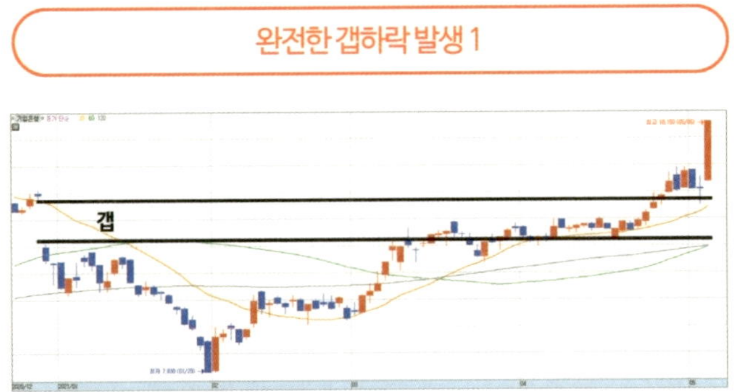

출처: 키움증권 코스콤

이 차트를 보시면 완전한 갭하락 발생 이후 갭하락을 메우기까지 걸린 기간은 대략 4개월 이상입니다.

노란색 선: 20일선
녹색 선: 60일선
회색 선: 120일선

20일선/60일선/120일선을 장기간에 걸쳐 천천히 뚫고 올라오는 게 보이실 겁니다. 이동평균선은 최소한의 매물대라고 보기 때문에 저기를 뚫지 못하면 매수세가 너무 없다고 봐야 하고 장기간 기다려야 하는 상황이 발생됩니다. 따라서 최소한의 매물대는 뚫고 매수 타이밍을 잡는 게 효율적이죠.

매물대: 매수물량과 매도물량이 많아 거래가 활발히 일어났던 가격대를 의미

4) 조건 4

최근 5거래일 동안 평균 거래량 10만 이상 종목을 선택합니다. 거래량이 너무 적으면 안정성도 떨어지고 나중에 매도할 때 빠져나오기도 힘든 상황이 발생할 수 있습니다. 이 부분은 주의를 요합니다.

인기 없는 연예인을 행사에 불러 주지 않듯 인기 없는 주식은 투자자들이 잘 안 찾는다는 의미이고 매수세가 쉽게 붙기 힘들다는 의미이기도 합니다.

5) 조건 5

하한가 종목은 피해야 합니다. 하한가로 갈 정도로 악재가 있던 기업은 완전한 갭하락을 메우기까지 너무 많은 시간이 필요합니다.

또한 추가적인 하락이 장기간 이어질 수 있어 매우 위험하기 때문에 반드시 피해 주셔야 합니다.

자 그럼 실제 주식닥터가 매매했던 종목을 살펴보면서 실전 투자를 준비해 주시기 바랍니다.

완전한 갭하락 발생 2

출처: 키움증권 코스콤

이 종목은 SK바이오사이언스라는 종목입니다. 신규상장한 지 얼마 안 돼서 공략했던 종목이죠. 개인적으로 완전한 갭하락 매매법으로는 자신 있기 때문에 여태까지 이 매매법으로 손실을 본 적은 거의 없는 것 같습니다.

완전한 갭하락 발생 이후 1달간 기다렸다가 저가 매수세 유입된 이후 20일선 매물 올라탈 때 매수 타이밍을 잡았습니다.

물론 단기간에 고수익으로 수익실현을 진행했습니다.

완전한 갭하락 발생 3

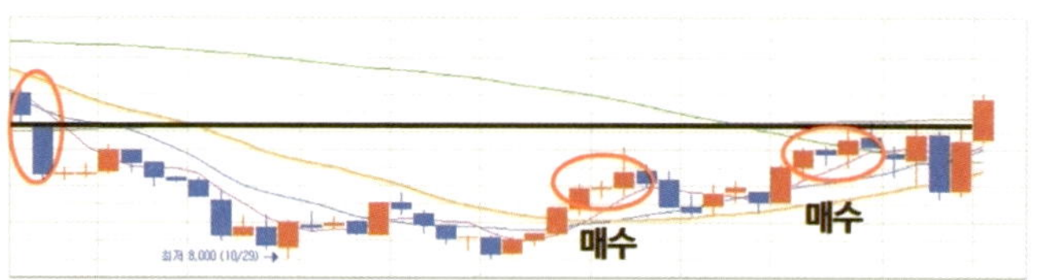

출처: 키움증권 코스콤

이 종목도 완전한 갭하락 발생 이후 약 4개월간의 추가 조정이 있었고, 매수 타이밍은 20일선과 60일선 돌파 시점에 한 번 잡았습니다.

그다음 보름 후 120일선 돌파 시점에 한 번 잡았는데, 보유기간은 약 30일 정도 되었고 수익률은 50%가 되었으니 이 정도면 보유기간 대비 만족할 만한 수익이라고 할 수 있겠죠.

독자분들도 완전한 갭하락 종목이 발생된다면 일단 관심종목에 넣어두시고, 조건 1~5 범위 안에 들어오는지를 체크해 보세요.

흘린 땀방울만큼 반드시 수익으로 보답되리라 생각됩니다.

결국 주식투자도 얼마만큼 내가 노력을 했고, 얼마나 더 알고 얼마나 더 공부했느냐에 따라서 수익률이 달라질 수 있습니다.

모든 일이 그렇듯 성공의 항아리에 물이 가득 차서 넘치기 전까진 절대 포기하지 마시고 끝까지, 그리고 될 때까지 연습 또 연습하셔서 매매하시면 꼭 보답받으실 수 있을 겁니다.

60일선을 빠르게 돌파하는 차트

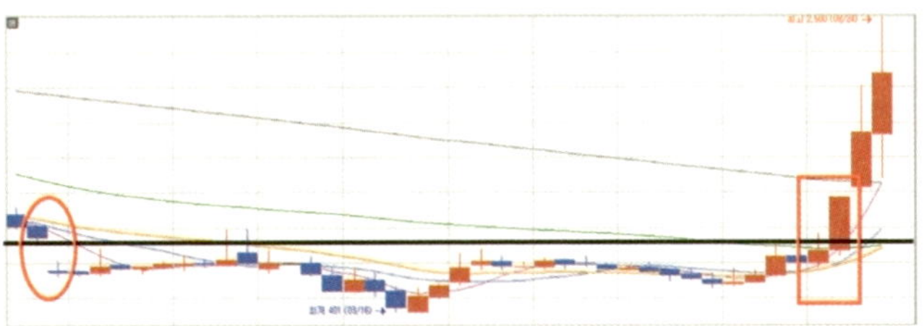

출처: 키움증권 코스콤

이 종목은 매수 타이밍 잡기도 전에 갭을 메워 버려서 놓쳐 버린 종목입니다. 가끔 이럴 때가 있습니다.

20일선 매물 뚫고 이제 타이밍 오겠다 싶었는데, 60일선 돌파하면서 너무 빠르게 상승해 버려서 매수 타이밍을 놓쳐 버렸죠.

그렇지만 종목이 하나도 아니고 이런 일이 발생되더라도 너무 낙심하실 필요는 없습니다. 가끔 "종목을 좀 더 쉽게 찾을 수 있는 방법 없나요?"라는 질문을 주시는 분들 계신데 당연히 있습니다.

증권사 HTS 다들 사용하실 겁니다. 증권사마다 '조건검색'이라는 게 있습니다. 내가 원하는 조건을 넣어서 바로 검출해서 확인할 수 있는 아주 유용한 기능입니다.

이래서 공부를 해야 된다니까요. 다음 조건 검색편에서 자세히 설명드리겠습니다.

교장쌤 매매 기법을 통해 수익률 70%를 기록한 차트

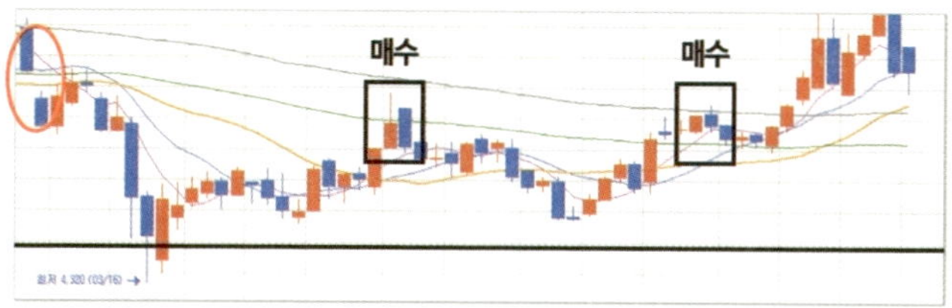

출처: 키움증권 코스콤

이 종목은 완전한 갭하락 발생 이후 60일선 돌파까지 약 3개월이라는 시간이 필요했습니다.

보유기간은 매수 후 약 2개월 정도 됐고 60일선 돌파 후 눌림목 자리에서 1차 매수, 120일선 돌파 후 눌림목 자리에서 2차 매수로 비중을 확대했죠. 보유기간은 약 30일 좀 넘었던 것 같네요.

수익률은 약 70% 정도였습니다. 보유기간 대비해서 수익률이 상당히 높게 잡혔던 종목입니다.

이런 종목은 진짜 효자죠. 증권사 추천주/전문가 추천주를 받아도 수익 보기 정말 힘들고, 무슨 '저평가 종목을 어떻게 골라야 한다', '장기투자 해야 된다' 등 책도 많이 보셨을 겁니다.

근데 결론은 수익이 나던가요? 수익 보기 쉽지 않으셨을 겁니다. 그런데 주식닥터의 매매법은 이렇게 수익이 발생이 됩니다. 재밌지 않으신가요?

즉, 경험보다 값진 교훈은 없다고 경험을 통해서 냈던 수익을 기반으로 교재를 만들었기 때문에 수익이 더 잘 날 수 있는 겁니다.

물론 주식투자에서 100%라는 건 없지만 그래도 이 정도면 해 볼 만하지 않을까 생각됩니다.

뭐든지 오래 하려면 일단 재밌어야 하고 재밌으려면 수익이 나야겠죠?

주식투자 재미없다고 하시는 분들은 손실을 보시고 너무 힘드니까 포기하려는 분들이 아닐까 싶습니다.

매수 진입이 빨라 보유기간이 길어진 차트

출처: 키움증권 코스콤

이 종목은 제가 매수 타이밍을 실수로 급한 마음에 빨리 잡아서 보유기간이 1달 넘게 길어진 종목인데요. 이렇게 매수 타이밍을 잘못 잡으면 보유기간이 길어집니다.

1차 매수 때 60일선 돌파 후 눌림목 타이밍을 기다려야 했는데, 돈을 빨리 벌고 싶어서 마음이 좀 급했나 봅니다.

2차 매수는 120일선 뚫는 거 보고 따라붙어서 크게 먹었는데 결론은 보유기간 60일 가까이 됐습니다. 수익률은 15% 좀 넘었습니다.

완전한 갭하락 매매법이 재밌는 게 매수 후 수익내기까지의 기간이 길거나 짧을 뿐이지 손절한 기억은 아직까진 없습니다. 수백 개의 종목을 모두 수익 실현한 기억밖에는 없네요.

물론 주식투자에 100%는 없습니다만 제 개인적 생각으로는 간다고 보는 겁니다.

실적 잘 내고 잘나가던 회사도 대표의 횡령 기타 등등의 사유로 순식간에 거래정지당하는 종목도 가끔 있습니다. 이런 경우는 참 난감하죠. 전 개인적으로 상장폐지 제도나 거래정지 제도가 좀 개선되어야 한다고 생각합니다.

투자자 보호 목적 아래 거래정지를 시키고 상장폐지 정리절차를 밟는데, 이건 좀 아닌 거 같아요.

만약 상장폐지를 시킨다면 관리종목에서 시켜야 투자자들이 피해를 안 볼 텐데 갑자기 멀쩡한 회사에 문제 있다고 거래정지시키고 상장폐지를 시켜 버린다면 상대적으로 정보에 취약한 개인투자자들의 피 같은 투자금은 어떻게 해야 하는 건가요?

그래서 관리종목이 있는 거 아닌가요. 이런 좋은 제도를 만들어 놓고선 막상 상장폐지는 관리종목 외에서 발생시키면 어떻게 리스크를 관리할 수 있는 건지 참 답답하더군요.

즉, 관리 종목에서만 상장폐지가 발생된다고 하면 리스크를 안고 "난 상장폐지되어도 관리 종목에서 크게 먹겠어!"라는 투자자가 있을 거고 "난 안정적인 종목이 좋아. 안정적으로 수익을 낼래"라고 생각하는 투자자가 있을 거라 생각됩니다.

관리종목만 안건들이면 상장폐지당할 이유도 없는 거죠. 순식간에 휴지 조각이 될 일도 없을 거고요.

갑자기 내가 보유한 주식이 상장폐지된다고 하면 하늘이 무너지는 기분일 겁니다. 진짜 우리나라 개인투자자분들 중 힘든 분들 많거든요.

퇴직금으로 주식투자하시는 분, 병원비 벌고자 수술비로 주식투자하시는 분, 개인회생 중에 지푸라기라도 잡아 보려고 주식투자하시는 분 등등. 좀 더 범국가적 차원에서 세심한 제도 마련이 필요하다고 생각합니다.

독자님들의 생각은 어떠신지요.

완전한 갭하락 발생 이후 긴 조정

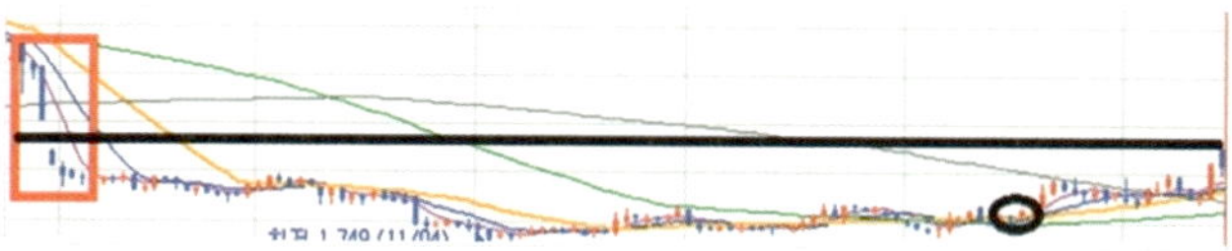

출처: 키움증권 코스콤

다시 차트를 살펴보도록 하겠습니다.

이 종목은 완전한 갭하락 발생 이후 약 5개월의 긴 조정이 있던 종목인데, 경험상 이렇게 조정이 길고 60일선 돌파까지 시간이 오래 걸린 종목은 목표 도달까지 오랜 시간이 필요해서 20~30% 정도만 수익 내고 나와야겠단 생각을 했습니다.

최종적으론 30% 수준의 수익 발생이 되었고 보유기간은 1개월이었는데, 역시나 갭을 메우는 데는 추가적으로 3개월 정도가 걸렸더군요. 그래서 갭을 전부 메우기 전에 어느 정도 수익 발생되었을 때 나왔습니다.

이렇게 상황에 따라서 너무 고집부리지 않고 적정 수준에서 수익 실현을 하고 나오는 것도 좋은 방법인 것 같습니다.

보유기간이 장기화되면, 매매 감각도 흔들릴 수 있기 때문에 적정 보유기간은 1~3개월 이내가 좋을 것 같네요.

기본적으로 포트폴리오를 짜실 때는 3~7종목이 적정합니다.

투자금이 1억 이상이라면 10종목 이상을 권장해 드립니다. 투자금이 너무 적다면 3종목을 권장해 드립니다.

투자금이 많으면 많을수록 종목 수는 조금 더 늘려서 리스크를 분산시키고 수익 회전을 시키는 데 집중하는 것도 좋은 전략 중 하나입니다.

투자금이 너무 적다면 종목 수를 줄이고 보유기간을 최대한 짧게 가져가시는 걸 추천해 드립니다.

내가 원하는 종목을 검출하기

조건검색

조건검색이란 무엇일까요?

원하는 데이터를 뽑아낼 때 미리 검색 조건을 지정하여, 짧은 시간에 효율적으로 원하는 조건에 맞는 종목을 추출해 냅니다.

이동평균선 정배열 종목만 검출하고 싶을 땐 원하는 수식을 넣어 종목을 검출할 수 있습니다.

조건 검색창

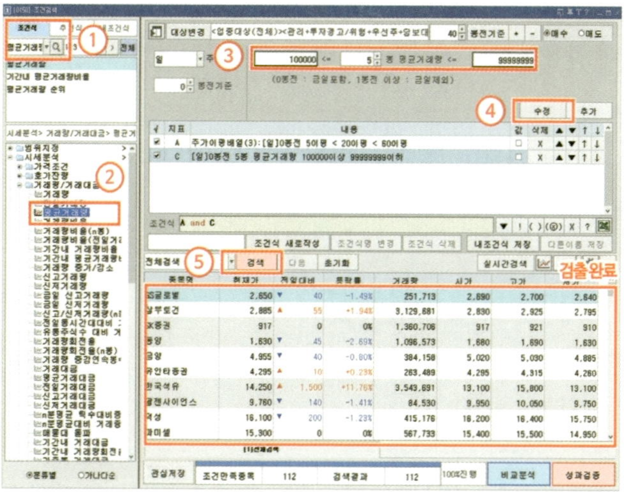

출처: 키움증권 코스콤

대부분의 증권사에는 조건검색을 무료로 활용해서 종목 검출이 가능하며, 설정은 PC에서 HTS로 하며, 검출된 종목은 PC와 휴대폰(MTS)에서 확인이 가능합니다.

처음에는 좀 복잡해 보이고 어려워 보일 수 있는데 막상 몇 번만 하시면 쉽고 별거 아니라는 걸 금방 알게 되실 겁니다.

복잡한 건 없고 검색창에 원하는 용어를 입력하셔서 종목을 검출하고 저장하여 매일 원하는 종목을 추출해서 확인할 수 있습니다.

기술적 분석인 캔들, 차트, 이동평균, 거래량뿐 아니라 시가총액, 영업이익증감, 부채비율 등 재무적인 부분도 함께 첨가하여 만들 수 있기 때문에 다양하게 사용하실 수 있습니다.

빠른 시간 안에 원하는 종목을 검출할 수 있기 때문에 직장인분들도 유용하게 활용하실 수 있습니다.

그럼 완전한 갭하락 종목 검출을 조건검색을 활용해 검출해 보도록 하겠습니다.

조건 검색 활용하기 1

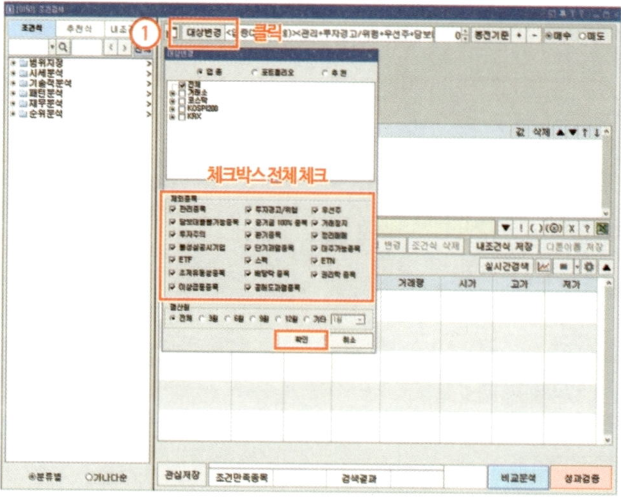

출처: 키움증권 코스콤

먼저 조건검색 화면에서 대상변경을 클릭하시면 체크 박스가 모두 비워져 있을 겁니다.

모두 체크를 하신 다음 확인 버튼을 눌러 주시면 됩니다.

제외종목으로 위험종목군들을 체크하여 리스크를 최소화하기 위함입니다. 리스크를 줄이는 투자가 수익에 가까운 투자기 때문에 최소한의 리스크는 피해 보자고요.

만약 HTS에서 조건검색을 못 찾겠다면 사용하시는 증권사에 전화하시면 알려 주실 겁니다.

지금 화면은 키움증권 화면이며 조건검색(0150) 화면입니다.

다음은 설정방법입니다. 복잡하지 않으니 책을 보고 한번 따라 해 보시면 금방 익히실 수 있을 겁니다.

조건 검색 활용하기 2

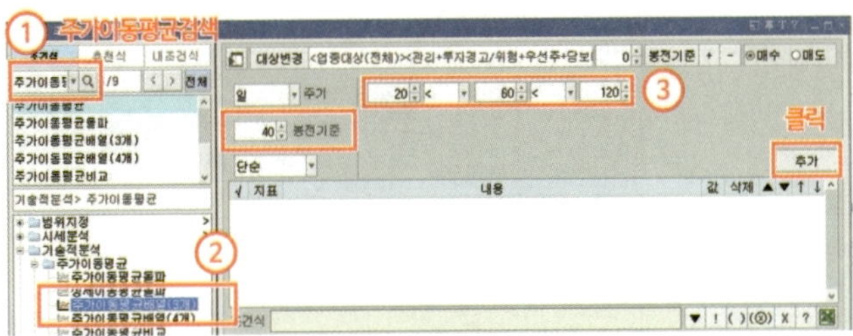

출처: 키움증권 코스콤

주가이동평균을 검색하시면 주가이동평균배열(3개)가 나옵니다.

여기서 유의하셔야 할 점은 40봉전 기준으로 맞춰 주시고, 20〈60〈120으로 변경하신 다음 수정버튼을 누르시면 됩니다.

조건 검색 활용하기 3

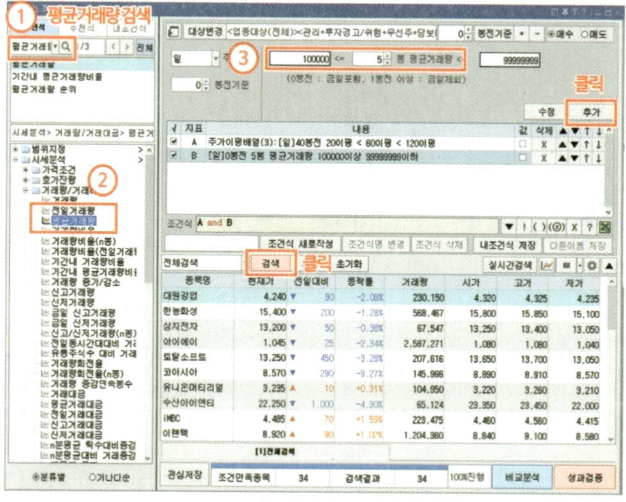

출처: 키움증권 코스콤

그다음 평균거래량으로 검색하셔서 ‘100000〈5봉 평균거래량 〈99999999’으로 변경하신 후 추가 버튼을 누르시면 됩니다.

그런 다음 내조건식 저장을 눌러서 원하는 이름으로 변경, 저장하시면 됩니다.

그럼 ‘검색’ 버튼을 눌러보겠습니다. 설정한 조건에 부합되는 많은 종목들이 검출된 것을 확인하실 수 있습니다. 한눈에 보더라도 매매할 만한 종목이 바로 보입니다.

조건 검색을 통해 검출된 종목

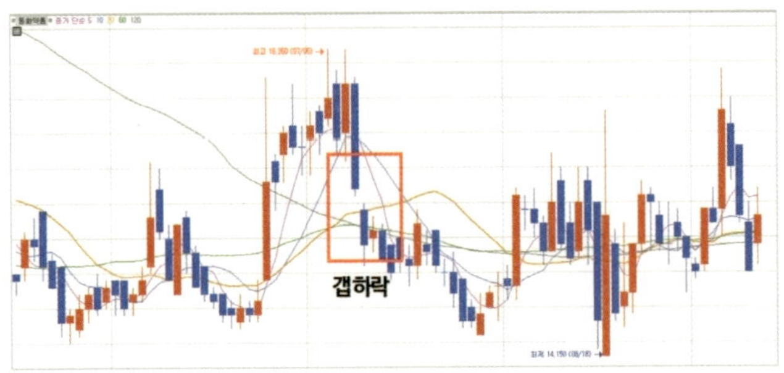

출처: 키움증권 코스콤

완전한 갭하락 발생 이후 아직 갭이 매워진 적이 한 번도 없고, 60일선과 120일선까지 돌파를 마친 종목이네요. 이 종목은 1~2개월 안에 갭을 메우기 위한 슈팅이 발생되겠군요.

이렇게 종목들을 살피셔서 완전한 갭하락 종목이 있는지 확인하시고 그중에서 매매 타이밍과 조건에 들어온 종목들을 검출하셔서 매매하신다면 지금보단 승률이 훨씬 높아질 것으로 생각됩니다.

조건검색 활용 방법을 다시 한번 정리해 보겠습니다.

1. HTS를 다운로드한다.
   (키움증권 홈페이지: https://www3.kiwoom.com/h/customer/download/VChannelHts4View)
2. 검색창에 '조건검색'을 검색한다.

3. '주가이동평균배열(3개)'를 검색해서 일/40봉전기준/20〈60〈120을 설정 하고 수정버튼을 누른다.
4. '평균거래량'을 검색한 후 일/0봉전기준/100000〈=5봉 평균거래량〈=99999999을 설정하고 추가 버튼을 누른다.
5. '대상변경'을 클릭해서 체크 박스를 모두 체크하고 확인을 누른다.
6. '내조건식 저장'을 클릭한 후 '완전한 갭하락'이라고 이름을 저장한다.
7. '검색' 버튼을 누른다.
8. 검색된 종목에서 '완전한 갭하락' 종목을 찾는다.

실시간 검색은 장중에 실시간으로 검출되는 종목들을 확인할 수 있습니다.

조건 검색 실시간

1 [0156] 조건검색실시간 - 완전한 갭하 분석

완전한 갭하락 이탈삭제 등록

종목수:31 ☑자동삭제 ☐종목연동 ☐소리 뉴스 관심

조건 주가이평배열(3):[일]40봉전 20이평 < 60이평 < 120이평 비교분석

대상 <업종대상(전체)><관리+투자경고/위험+우선주+담보대출 지표분석

종목명	현재가	대비	등락률	거래량	삭제
삼부토건	3,310	▲ 110	+3.44	13,802,977	X
범양건영	6,950	▲ 350	+5.30	5,030,840	X
국제약품	7,710	▼ 180	-2.28	154,960	X
써니전자	3,740	▲ 55	+1.49	752,100	X
코리아써키트	13,850	▼ 50	-0.36	152,315	X
남선알미늄	4,050	▲ 80	+2.02	10,997,176	X
유니크	8,280	▼ 50	-0.60	172,800	X
더존비즈온	91,900	▼ 700	-0.76	208,828	X
코리아나	4,880	▲ 30	+0.62	155,101	X
콤텍시스템	1,375	▲ 5	+0.36	1,561,247	X
세종공업	10,100	▲ 120	+1.20	2,759,521	X
아이씨디	15,850	▲ 150	+0.96	217,733	X
파워로직스	9,850	▲ 410	+4.34	7,181,491	X
알에프텍	8,440	▲ 20	+0.24	3,371,334	X
일신바이오	6,690	▼ 110	-1.62	2,420,203	X
유니퀘스트	12,000	0	0	131,724	X
비츠로셀	16,350	0	0	82,641	X
모바일어플라	4,405	▲ 20	+0.46	430,513	X
HDC현대EP	6,360	▲ 50	+0.79	154,194	X
남화토건	12,450	0	0	134,089	X

출처: 키움증권 코스콤

'실시간 검색'을 눌렀을 때의 화면입니다. PC에서 설정이 끝났다면 MTS에서도 확인이 가능합니다.

MTS 검출 모습

출처: 키움증권 코스콤

이 화면이 휴대폰(MTS)에서 검출된 모습입니다.

이제 PC뿐만 아니라 휴대폰에서도 검출이 가능합니다! 이해되셨나요? 한 번만 PC에 설정해 두시면 휴대폰으로 직장에서도 여행 가서도 실시간으로 종목을 확인하실 수 있습니다.

주식 용어 사전

BPS 주당 순자산. 기업의 총자산에서 총부채를 뺀 순자산을 발행 주식 수로 나눈 것

EPS 주당순이익. 기업이 벌어들인 당기순이익을 기업이 발행한 총 주식 수로 나눈 값

HTS 컴퓨터용 주식 매매 프로그램

IR 전문가 기업의 가치를 극대화하기 위해 투자자를 대상으로 커뮤니케이션 활동을 하는 사람

KOSDAQ 중소벤처기업을 위한 주식시장으로 미국의 나스닥(NASDAQ)을 본떠 이름 지어졌으며 유가증권 시장과는 규제 조치가 별개로 이루어지는 시장

KOSPI 한국종합주가지수는 한국거래소의 유가증권시장에 상장된 회사들의 주식에 대한 총합인 시가총액의 기준시점과 비교시점을 비교하여 나타낸 지표

MTS 모바일용 주식 매매 프로그램

PBR 주가순자산비율. 주가를 주당 순자산 가치로 나눈 비율

PER 주가수익비율. 주가를 주당순이익으로 나눈 수익성 지표

ROE 자기자본이익률. 경영자가 기업에 투자된 자본을 사용하여 어느 정도의 이익을 올리고 있는지 나타내는 지표

ㄱ

가치주 실적이나 자산에 비해 기업가치가 상대적으로 저평가되어 낮은 가격에 거래되는 주식

감사보고서 회사의 재산이나 업무의 집행 상태를 검토하고 그 결과를 보고하기 위해 작성한 문서

개미투자자	개인투자가를 비유적으로 이르는 말
개인대주제도	개인투자자에게 매도 증권을 대여해 주는 제도
갭상승	전날의 고가보다 더 높은 가격으로 형성된 시가
갭하락	전날의 저가보다 더 낮은 가격으로 형성된 시가
거래량	주식이 거래된 양
결손금	기업의 경영활동 결과 순자산이 오히려 감소하는 경우에 그 감소분을 누적하여 기록한 금액
경기방어주	경기변동에 둔한 주식
골든크로스	단기 이평선이 장기 이평선과 교차하여 상승하는 것
공매도	주식이나 채권을 가지고 있지 않은 상태에서 행사하는 매도 주문
관리종목	기업의 경영상태가 크게 악화되어 상장폐지기준에 해당하는 종목 중 거래소가 특별히 지정한 종목
관망	현금을 보유한 채로 매매를 하지 않고 지켜보는 상태
급등주	주식등락에 대한 다양한 환경적 요인에 의해 호재를 이루어 단기간에 가치가 상승하는 주식

ㄴ

노란색 선	20일선
녹색 선	60일선
뇌동매매	투자자 자신이 확실한 예측을 갖지 못하고 시장 전체의 인기나 다른 투자자의 움직임에 편승하여 매매에 나서는 것

ㄷ

단기투자	단기간에 수시로 주식을 사고파는 매매 방법

대박주 주식 주가가 매우 큰 폭으로 오른 주식 또는 앞으로 주가가 크게 오를 가능성이 있는 주식

대형 우량주 대형주 중에서 빠른 급성장을 보이지는 못하지만 저성장 기업보다는 빠른 성장을 보이는 주식

데드크로스 단기 이평선이 장기 이평선과 교차하여 하락하는 것

데이트레이딩 주식의 단기 차익을 얻기 위한 초단타 매매

동전주 동전으로 살 수 있을 정도로 가격이 싼 주식. 주가 1천원 미만의 주식

ㅁ

매도 주식을 파는 것

매매 주식을 사고파는 것

매물대 매수물량과 매도물량이 많아 거래가 활발히 일어났던 가격대를 의미

매수 주식을 사는 것

매집 어떤 의도를 갖고 일정한 주식을 대량으로 사 모으는 것

매집구간 주가를 올려서 큰 시세를 얻기 위해서 주가를 올리고 내리면서 사 모으는 구간

모멘텀 탄력, 가속도라는 뜻. 주가상승 또는 하락추세의 원동력을 표현할 때 사용하는 용어. '상승, 하락 모멘텀이 강하다'라고 표현

무차입 돈이나 물건 따위를 꾸어 들이지 않는 것

물타기 매수한 주식의 주가가 하락할 때 추가로 매입하여 평균매입단가를 낮추려는 행위

ㅂ

박스권 주가가 일정한 가격 폭 안에서만 움직일 때

반락 오르던 시세가 갑자기 떨어짐. 반대어 반등

배당 기업이 이익의 일부분을 주주에게 돌려주는 것

배당금 주식을 보유하고 있는 투자자들에게 회사가 이익 중 일부를 분배해 주는 것

배당률 1주당 배당 금액

배당성향 배당금을 당기순이익으로 나눈 값에 100을 곱한 값(배당성향이 높을수록 회사가 이익금을 충실하게 투자자들에게 공유했다는 의미)

보통주 우리가 일반적으로 거래하는 주식

본전 찾기 심리 손실을 만회하기 위해서 더 큰 위험을 감수하는 심리

분할매수 첫 매수에서 목표한 수량을 전부 사지 않고 점진적으로 매수하는 것

블루칩 주식시장에 수익성, 성장성, 안정성이 높은 대형 우량주

비중축소 투자자의 포트폴리오 전체 가치 중에서 어떤 특정증권이 너무 많은 비중을 차지하고 있거나 투자대상으로서의 매력이 감소되었다고 느낄 경우 그 증권의 포지션을 감소시키는 것

ㅅ

사내유보 기업의 순이익 가운데 기업 안에 적립되는 금액. 사내유보로 쌓인 자금은 이자나 배당금을 지급할 필요가 없어 기업에 유리한 자금

상장폐지 주식시장에 상장된 주식이 매매 대상으로서 자격을 상실해 상장이 취소되는 것

상한가 그날 거래 가능한 가격 중 제일 높은 가격

선물 상품이나 금융자산을 미리 결정된 가격으로 미래에 인도, 인수할 것을 약속하는 거래

성장주 가치주의 반대 개념. 현재 가치는 낮지만 성장 가능성이 커 높은 가격에 거래되는 주식

세력주 주식시장에서 영향을 줄 수 있는 힘을 갖고 있는 세력이 장을 주도하는 주

손절매 주가가 떨어져서 손해를 감수하면서도 자신이 매입한 가격 이하로 주식을 처분하는 일

수급 수요와 공급

수혜주 특정한 주제나 쟁점, 사건에 영향을 받아 가격이 오르는 주식

순환매 어떤 주식의 주가가 상승하면 그 주식의 관련 종목도 주가가 상승하게 되어 순환적으로 매수하려고 하는 분위기

시가 당일의 처음 거래된 가격

시가총액 주가와 발행주식 수를 곱한 것. 기업의 가치를 평가하는 지표

시간외 매매 정규장이 열리는 시간 외에도 매매가 가능하도록 만든 제도

시초가 시가와 같은 의미

신고가 투자자가 설정한 기간 동안 가장 높은 가격(보통 52주(1년) 신고가 또는 상장 이후 신고가 등이 의미가 있음)

실망매물 주가가 상승해야 하는 시점에서 상승하지 않을 때 투자자들의 실망에 의해 나오는 매물

ㅇ

악재 주가가 하락할 수 있는 조건, 이슈

애널리스트 주식 종목, 경제 시황, 시장 및 경영 현황 등을 분석하는 직업

연결손익계산서 기업이 1년 동안 손해를 봤는지 이익을 봤는지 설명해 주는 지표

연결재무제표 지배기업과 종속기업의 자산, 부채, 자본, 이익 등을 합쳐서 하나의 재무제표로 작성하는 것. 자회사로 편입된 기업의 재무까지 통들어 기재해야 함

예수금 현재 보유하고 있는 현금

옐로우칩 블루칩보다 조금 못한 중저가 우량주 중에 양호한 실적으로 주가상승 기회가 있는 종목

옵션 상품이나 유가증권 등의 특정 자산을 미리 정해진 조건으로 사거나 팔 수 있는 권리. 이를 매매하는 것을 옵션거래라고 함

외국인 및 기관의 수급 대한민국의 주식을 매매하는 외국인들과 기관들의 매매 동향(외국인은 외국에 있는 투자은행, 펀드, 연기금 등을 말하며 기관 투자자는 증권사, 자산운용사 등이 고객의 자산으로 투자하거나 은행, 보험 등이 고객의 예금이나 보험금 등을 이용하여 투자함)

우량주 실적과 현금 흐름이 좋고 경영이 안정적인 회사의 주식을 의미

우선주 기업이 배당을 하거나 해산할 경우 잔여재산을 배분 등에서 다른 재산보다 우선으로 받을 수 있는 주식

이동평균선 일정 기간 동안 주가가 평균적으로 이동한 흔적을 연결해 만든 선

인플레이션 통화량이 팽창하여 가치가 폭락하고 계속적으로 물가가 올라 일반 대중의 실질적 소득이 감소되는 현상

ㅈ

자사주 매입 자신이 속해 있는 회사의 주식을 자사가 매입하는 것

작전주 주가조작 의도로 작전세력끼리 주식을 사고팔아 주가가 올라가는 주식

장기투자	일정 기간 이상 투자를 하면서 수익을 얻는 매매 방법
재료 소멸	주가 움직임에 영향을 미치는 뉴스가 사라지는 것. 재료의 종류에는 유상증자, 무상증자, 수주계약, 실적, 파이프라인, 신제품 개발, 조회공시 등이 있음
재료주	배당, 증자, 무상 교부 등과 같은 기대가 있는 주식
재무제표	기업의 경영 성적과 재정 상태 등에 대한 회계 정보로 작정된 회계 보고서
종가	당일의 마지막으로 거래된 가격
종합주가지수	대한민국에 상장된 모든 주식을 대상으로 산출한 지수. 우리나라 주가 수준과 주가 동향을 나타냄
주가변동	특정 기간 동안 주가가 상승 또는 하락한 정도
주도주	전망이 있거나 인기 있는 종목
주식형 펀드	투자금의 대부분을 주식에 투자하는 펀드

ㅊ

차익실현	매수 가격과 매도 가격 간에 차액이 발생하여 이익을 얻는 것
차익실현매물	차익실현이 가능한 매물
초단타 매매	같은 말로는 당일매매. 주식을 매수한 당일에 매도하는 매매 기법
추격매수	주가가 상승한 후에 더 큰 상승을 바라고 추가로 매수하는 것

ㅌ

테마군	주식시장에 상장된 주식 중 하나의 주제를 가진 사건에 의해 같은 방향으로 주가가 움직이는 종목들
테마주	'테마'를 이루는 주(즉, 새로운 사건이나 현상이 발생하는 순간 이슈로 주목받는 종목권)

ㅍ

펀더멘탈 기업의 성장 가능성과 영업이익, 매출, 재무상태 등을 분석한 가치를 의미

포트폴리오 자산을 분배해서 투자하는 것

ㅎ

하한가 그날 거래 가능한 가격 중 제일 낮은 가격

호가 팔거나 사려는 물건의 값을 부르는 것

호가창 주식을 매매하려고 넣은 주문의 가격을 표시한 창

호재 주가상승의 요인이 되는 재료

홀딩력 주가변동에도 팔지 않고 가지고 있는 것

횡보 주가의 큰 변동이 없이 일정한 가격대에서 옆으로 움직이는 것. 바코드 모양

후배주 보통주가 먼저 일정률의 이익 배당을 받은 후 잔여가 있는 경우에 배당을 받게 되는 주식